塔湖·書
TOWER LAKE BOOK

主　编　潞　潞　朱晋平
编　著　韩沛奇　刘新华

06

Reading plan

一生读书计划

哲学书架

主　编 - 潞　潞　朱晋平
编　著 - 韩沛奇　刘新华

山西出版传媒集团　山西教育出版社

目 录

不可不读的经典大师

002 《淮南子》 …………………………………………………… 刘安
007 《论自由意志》…………………………………〔古罗马〕奥古斯丁
013 《忏悔录》……………………………………〔古罗马〕奥古斯丁
017 《沉思录》………〔古罗马〕马可·奥勒留·安东尼·奥古斯都
023 《理想国》………………………………………〔古希腊〕柏拉图
029 《形而上学》……………………………〔古希腊〕亚里士多德
035 《阳明学述要》 ……………………………………………… 钱穆
041 《苏格拉底的申辩》……………………………〔古希腊〕柏拉图
046 《论优美感和崇高感》…………………〔德〕伊曼努尔·康德
051 《判断力批判》…………………………〔德〕伊曼努尔·康德
056 《纯粹理性批判》………………………〔德〕伊曼努尔·康德
061 《存在与时间》…………………………〔德〕马丁·海德格尔
067 《林中路》………………………………〔德〕马丁·海德格尔
071 《悲剧的诞生》………………〔德〕弗里德里希·威廉·尼采
078 《查拉图斯特拉如是说》………〔德〕弗里德里希·威廉·尼采
084 《作为意志和表象的世界》………………〔德〕阿图尔·叔本华
090 《人生的智慧》…………………………〔德〕阿图尔·叔本华

095 《单行道》……………………………〔德〕瓦尔特·本雅明
101 《存在与虚无》……………………………〔法〕让·保罗·萨特
106 《存在主义是一种人道主义》……………〔法〕让·保罗·萨特
111 《蒙田随笔》…………………………………………〔法〕蒙田
117 《第一哲学沉思集》……………………………〔法〕勒内·笛卡尔
123 《权力论》 ………………………………〔英〕伯特兰·罗素
129 《通往奴役之路》……………………………………〔英〕哈耶克
134 《人性论》…………………………………………〔英〕休谟
139 《道德情操论》……………………………〔英〕亚当·斯密
144 《君主论》……………………………〔意〕尼科洛·马基雅维里
150 《新教伦理与资本主义精神》…………〔德〕马克斯·韦伯
156 《乌托邦》……………………………………〔英〕托马斯·莫尔
161 《神学政治论》……………………………………〔荷〕斯宾诺莎
167 《时间简史》……………………………〔英〕斯蒂芬·威廉·霍金
172 《开放社会及其敌人》…………………………〔英〕卡尔·波普尔
177 《小逻辑》…………………………………………〔德〕黑格尔
182 《宗教的本质》……………………………………〔德〕费尔巴哈
187 《共产党宣言》……………………………〔德〕卡尔·马克思
192 《第二性》……………………………〔法〕西蒙娜·德·波伏娃
197 《社会契约论》……………………………〔法〕让-雅克·卢梭

当代经典哲学阐释

204 《时间与自由意志》……………………………〔法〕亨利·柏格森
209 《创造进化论》……………………………〔法〕亨利·柏格森
213 《科学的反革命》……………………………………〔英〕哈耶克
217 《中国思想史》 ……………………………………………葛兆光
221 《沉重的肉身》 ……………………………………………刘小枫
226 《周国平论人生》 …………………………………………周国平

232 《南怀瑾讲演录》…… 南怀瑾
238 《欧洲哲学史上的经验主义和理性主义》…… 陈修斋
244 《东西文化及其哲学》…… 梁漱溟
250 《知识论》…… 金岳霖
256 《中国哲学的特质》…… 牟宗三
261 《中国哲学简史》…… 冯友兰
266 《论语新解》…… 钱穆
270 《西西弗的神话》……〔法〕阿尔贝·加缪
276 《忏悔录》……〔法〕让-雅克·卢梭
280 《西方哲学史》……〔英〕伯特兰·罗素
283 《人生中不可不想的事》……〔印〕克里希那穆提
288 《哲学的慰藉》……〔英〕阿兰·德波顿
293 《身份的焦虑》……〔英〕阿兰·德波顿
297 《疯癫与文明》……〔法〕米歇尔·福柯
303 《规训与惩罚》……〔法〕米歇尔·福柯
307 《恋人絮语》……〔法〕罗兰·巴特
313 《单向度的人》……〔美〕赫伯特·马尔库塞
318 《人为什么活着》……〔日〕稻盛和夫
323 《人的问题》……〔美〕托马斯·内格尔
329 《恐惧与颤栗》……〔丹〕索伦·克尔凯郭尔

有趣的哲学世界

336 《这个世界会好吗》…… 梁漱溟
340 《湖上闲思录》…… 钱穆
345 《思想之剑》…… 赵汀阳
350 《新知言》…… 冯友兰
354 《天人之际——中西哲学的困惑与选择》…… 张世英
360 《中国古代哲学的逻辑发展》…… 冯契

366 《哲学的精神》 …………………………………………………… 冯友兰
371 《生命的学问》 …………………………………………………… 牟宗三
376 《佛教常识答问》 ……………………………………………… 赵朴初
382 《人性的，太人性的》…………〔德〕弗里德里希·威廉·尼采
386 《生命是什么?》 ………………………〔奥〕埃尔温·薛定谔
391 《宽容》………………………………〔美〕亨德里克·威廉·房龙
396 《等待戈多》…………………………〔爱尔兰〕萨缪尔·贝克特
402 《思想家》………………………………………〔英〕布莱恩·麦基
406 《一生的学习》…………………………………〔印〕克里希那穆提
410 《帕斯卡尔式的沉思》…………………〔法〕皮埃尔·布尔迪厄
415 《你的第一本哲学书》…………………………〔美〕托马斯·内格尔

阅读，感受喜悦

潞潞

听编辑说这套丛书即将再版，这真是一个好消息，甚至多少让我有些意外。四年前，《一生读书计划》问世之际，正是电子书及各种线上阅读对传统纸媒大举倾覆之时，形势不可谓不严峻。作为主编，我知道这套丛书的编撰和运行已然跨过四个寒暑，团队集中了各个学科的优秀学者和编辑，他们日复一日为这套丛书贡献着思想和体力。我担心这么好的一个选题能否实现，更隐隐担忧它问世以后的命运。幸运的是出版者毅然决然坚守初衷，这套丛书如期和读者们见了面。

编辑当初，我们即预想到这套书不会“大红大紫”，因为这不是为市场流行制作的，并不企图为此赚个“盆满钵满”，这应该是为读书人和爱书人准备的一份礼品，符合他们的心意就好，是他们心头一条长久流淌的清澈的溪水。让人欣慰的是，尽管互联网时代大潮凶猛，阅读平台和阅读方式呈现种种演变，但万变不离其宗，纸媒阅读说到底还是阅读的“根儿”，不可能被不断翻新的花样所取代。《一生读书计划》能够再版，表明了读者的认可，表明了这套丛书的生命力。读者的不离不弃，是对我们最大的厚爱和奖赏。

《一生读书计划》到读者手里已经四年了，其间不断有一些反馈，比如，一些重要的作家或作品漏选了，一些新的更有时代感的作品需要补充，一些观点不够严谨需要商榷，等等。为此，再版时梳理了这些反馈，并做了补充和修订，以便尽可能使其完美，尽可能让读者满意。

既是作者又是读者的最著名爱书人博尔赫斯说：“身为读者的喜悦是超乎作者之上的，因为读者不需要体验种种烦恼焦虑：读者只要感受喜悦就好了。”作为编者，此时，我们的喜悦也是不言而喻。

2016 年 5 月

总 序

阅读，一种可能的生活?

▨潞潞

四年前，这套书的策划者孙轶女士跟我探讨是否有这种可能，像搞一个图书超市或图书馆那样，里面分门别类摆放着若干书架，读者可以根据自己的需求想看什么看什么，广告语似乎可以是：只要抽出你想看的，其余由我们来做。当然这是戏说，后来的广告语那要精彩得多。

开始，我觉得这个想法有点像读书指南，好像别人有搞过的。但是孙女士坚持她的想法，且让我听来和以往那些读书指南很是不同，尤其她把这套丛书命名为“一生读书计划”，不仅仅是读书，还涉及人生、涉及人的一生该如何度过。这可不是一个读书范畴的问题了。

想想，人生和读书还真是一个越来越掰不开的事儿。现代人如果从七岁读书算起，这是晚的，许多孩子两三岁读书都不稀奇。幼儿园、小学、中学、大学、硕士、博士、博士后，成人教育，个人爱好，一直到七老八十老眼昏花、皓首穷经、手不释卷，人之一生何其短暂，而读书生涯又何其漫长。说一生读书，一点都不夸张，孙女士要把一生读书做个规划，不是件容易的事。

转眼间，这套丛书已然堂皇矗之，付梓而出。对此让人不禁肃然起敬。当初孙女士热情邀请我做主编，我很是惶然，因为我只是个褊狭的读者，最多能在有限范围内说点话。好在有诸位学者和专家的参与，他们以专业眼光和判断力遴选出各类佳作，毫不吝惜贡献出自己的学识和睿见。

这是一个庞大的工程，大致分为两大系列，纵向看有“小学生书架”“中学生书架”“大学生书架”“女性书架”等，横向看有“经济书架”“国学书架”“法律书架”“文学书架”等，且可以一直繁衍下去。其纵横交错，编织细密，既像一张大网，把茫茫书海里有价值的真金白银捞取上来，又像一张巨细无遗的地图，古今中外、东西南北无不覆盖，给读书人以路标和方向，亦使胃口不同的读者拥有了可选择的佳肴。

中国古代有成语曰：“汗牛充栋”“学富五车”，以谓书之多，其实就是一堆刻了字的竹片儿，放到现在，大概连一个小芯片也存不满。多即是少，少即是多，少有少的难处，多有多的麻烦。“文化大革命”期间书遭劫难，我曾连夜手抄一本借来的诗集，不知东方之既白。现在多少人却在书市中四顾茫然，面对滚滚书海不知所措。套用莎士比亚的话，选择，还是选择，是个问题。

我是一个褊狭的读者，谁都可能是褊狭的读者，这是人的个性使然。书也有书的个性。把这么多的个性统一起来，然后各取所需其乐融融，难于蜀道之难。比如有人喜欢“经典”、有人为了“实用”、有人贪图“好看”，怎样在三者上找到平衡点，始终让编者们颇费踟蹰。有本书给了编者很好的启示，这本书叫《苏菲的世界》，你可以说它是小说，也可以说是哲学。人们想象中，哲学该是多么枯燥乏味，许多读者为此却步。但这本书里，从古希腊哲学到西方的中世纪、文艺复兴、浪漫主义、弗洛伊德等等，都通过一个小女孩爱丽丝漫游仙境般的故事娓娓道来。作者乔斯坦·贾德是挪威一个高中哲学教师，大概他对中学生讲授哲学之难有深切体会，所以写出这样一部融艺术与哲学、通俗与深奥为一体的书来，他也因此成为一位知名作家。此书自 1986 年出版以来，销量达几百万册，成为全世界的畅销书。

比如，在“文学书架”里，人们耳熟能详的《红楼梦》等未选入，而入选了一些不那么艰深、名气也不够大的书，它们可能是一般读者更感兴趣的。按照法国符号学家罗兰·巴特的观点，供市场消费的通俗小说应该排除文学之列，我个人同意罗兰·巴特的说法，但在编这本书的过程中，我还是赞同那种更宽泛的做法，即很多通俗小说之类也摆进了文学书架。我们最终还是要相信读者，经典不会因为通俗而消失，阳春白雪和市场并非不能共存。

我的一位朋友曾在文章里问：阅读是一种生活吗？他说不知道。其实很多人愿意在书斋里度过一生，只是没有这种幸运而已。阿根廷作家博尔赫斯八岁时写出第一篇神话故事，此后一生都在读书和写书中度过，当他成为国家图书馆馆长时已经双目失明，这是他的宿命。尽管如此，他仍然继续买书，充实他的私人书架。他甚至断言：世界就是一本书。

我个人觉得，阅读起码是一种生活方式。人生虽然短暂，但消磨起来，也有许多空虚，读书不失为一种好的选择。再者，中国人一向注重传统，书本中尽是前人的经验和智慧；中国人注重人际关系，读书恰恰可以调整和疏离过于亲密和庸俗的人际来往；中国人向往城市化和现代化，岂不知在行囊里夹带一本书正是一个现代人和都市人所必备的。读书往小里说是一种个人生活方式，但连锁起来就可能成为一个民族的生活方式，而且可能内化为民族性格和精神。

阅读为什么不能成为一种生活呢？虽然它可能是奢侈的。

2011 年 8 月

前　言

“一生读书计划”丛书之《哲学书架》为哲学研究者和广大哲学爱好者重点推介了80本最适合他们阅读的古今中外优秀哲学经典以及大量的参考阅读书目。

哲学是什么?

翻开这本书，对每位读者而言，它意味着一个全新的时刻将被开启。从这一刻起，你便与世界上最有智慧的先哲大师及数以万计的思索者踏入了同一座思辨的城池——广袤、激烈、日新月异。

没错，对于“哲学”二字，我们很难简简单单地找几个形容词拼出一个公允的概念。这是哲学的“难”，因为它是诸多智慧的集合。早在古希腊时，人们用“philo-”（喜爱）和“sophia”（智慧）组成了“哲学”(philosophia）一词，“爱智慧”完成了人们对于哲学的最初想象。古希腊时期的自然派哲学家被认为是最早的哲学家，他们开始以理性辅佐证据的方式归纳出自然界的道理，有别于此前以宗教和神话的方式解释自然的传统。

与此同时，哲学在东方也产生了萌芽。西周的战乱促使人们更多地转向对“天下兴亡”的思考，具有社会抱负的士大夫走上了历史舞台。在“处士横议”的社会风气中，世人学子著书立说，形成了不同的学派，在中国文化史上形成了百家争鸣的空前繁荣的局面。这些不同的学派史称“诸子百家”，亦被视为中国哲学的滥觞。

无论东方还是西方，哲学都是人类智慧发展的必然方向。

回归到前文的问题本身——“哲学是什么”，一千个哲人给出一千个答案。本书选取了东西方哲学大家的思辨精华。虽然身处不同的时代、不同的国度，但在各家学说中仍然能够看到惊人的相通之处，着实为人所折服。

你或钟情于其中一家的判断，或在茫茫智者之言中难于找到令人信服的立足点。这些都不要紧，即便不打算攀登哲学的尖峰，至少它可以成为一种生活状态，时刻伴随着你的人生。这是哲学的“易”。哲学是一种武装，它于无形中左右了我们的思维方式，让人们更好地面对选择，更好地做出选择。从这种意义上看，哲学保护了我们不受世俗变迁的纷扰。

哲学是孤独的。当然，孤独并非孤立，也并非孤傲。在思辨的队伍中，有千千万万甘愿为之绞尽脑汁而乐在其中的老人与青年；在思辨的历史上，这门学科纵贯自然科学、社会科学的诸多角落，游刃有余。正因为如此，这门学科才确乎神秘又迷人。

哲学在每一刻都是新的。此刻，你拥有了哲学，哲学拥有了你。

不可不读的经典大师

《淮南子》

刘安　著

关于作者

刘安（前179—前122），系汉高祖刘邦之孙，淮南厉王刘长之子。文帝十六年（前164），文帝把原来的淮南国一分为三封给刘安兄弟三人，刘安以长子身份袭封为淮南王，时年16岁。

刘安是西汉知名的思想家、文学家，他才思敏捷，好读书鼓琴，潜心治国安邦，著书立说。

刘安求贤若渴，礼贤下士，淮南国国都寿春因此成了文人荟萃的文化中心，《淮南子》即是刘安"招致宾客方士数千人"撰写而成的。刘安招募的数千门客中最具才华的八个人，号称是淮南王府上的"八公"，是完成《淮南子》一书的主力。《淮南子》虽为多人合作完成，但"为人好书"、"善为文辞"的刘安，则被公认为名副其实的"主编"，书中必定有他亲自撰写的文章，也大体上反映了他本人的思想，因此《淮南子》又名《刘安子》。

刘安撰作《淮南子》，其所针对的就是初登基的汉武帝刘彻。刘彻志在尊王攘夷，削诸藩、破匈奴，实施"大有为"之政。刘安的治国思想是“无为而治”，对道家思想加以改进，不循先法，不守旧章，遵循自然规律制定了一系列轻刑薄赋、鼓励生产的政策，善用人才，体恤百姓，使淮南国出现了国泰民安的景象，从而保护刘氏诸王集团裂土称王的既得利益。

刘安好黄白之术，常召集道士、儒士、郎中以及江湖方术之士炼丹制药，曾与“八公”在寿春北山铸炉炼丹，偶成豆腐，刘安因之被尊为“豆腐鼻祖”。明朝李时珍在《本草纲目》中也说：“豆腐之法，始于前汉淮南王刘安。”

尽管刘安的治国政策得到百姓的拥护，但在独尊儒术的时代，他所奉行的道家思想屡遭谗言。汉武帝元狩年（前122），武帝以刘安“阴结宾客，拊循百姓，为叛逆事”等罪名派兵入淮南，刘安被迫自杀。

荐读理由

《淮南子》又称《淮南鸿烈》、《鸿烈》或《刘安子》，是我国西汉时期创作的一部论文集。该书在继承先秦道家思想的基础上，综合了诸子百家学说的精华，对后世研究秦汉时期的文化起到了不可替代的作用。

《淮南子》内容涉及政治学、哲学、伦理学、史学、文学、经济学、物理、化学、天文、地理、农业水利、医学养生等领域，包罗万象，《汉书·艺文志》将它列入杂家。作为西汉时期一部影响巨大的社会百科全书，《淮南子》蕴含了丰富的史学研究价值和精神智慧，是汉代道家学说最重要的一部代表作。然而流传至今的《淮南子》散佚多篇，只剩下《内篇》21篇了。

《淮南子》吸取了《老子》、《庄子》，特别是《黄老帛书》的思想精华，成为集黄老学说之大成的理论著作。它不仅对“道”、“天人”、

“形神”等问题提出了独特见解，同时又在春秋时的“气”说与战国中期黄老之学的“精气”说的基础上，提出了“元气论”的概念和系统的宇宙生成论。

《淮南子》继承了先秦道家的思想，并加以唯物主义改造。在本体论方面，书中认为：宇宙之气“清扬者薄靡而为天，重浊者凝滞而为地”，阳为日，阴为月，阴阳分化为四体，这是明确的宇宙构成论，在近代科学出现以前，几乎成为中国古代唯物主义公认的定论。《淮南子》还对先秦道家“无为而治”的观点进行积极的改造和阐释，明确指出“无为”不是无所作为，而是因势利导的主动行为。

《淮南子》继承并发挥了先秦儒家“仁者爱人”的原始人道思想。《主术训》说：“国之所以存者，仁义是也。”这一观念来自先秦儒家，而又高于先秦儒家，特别是对“人道”、“人类”概念的使用，在中国文化史上有重要的价值。《淮南子》也主张“以民为本”。《泰族训》提出以仁义治国：“所谓仁者，爱人也；所谓知者，知人也。爱人则无虐刑矣，知人则无敌政矣。治由文理，则无悖谬之事矣。刑不侵滥，则无暴虐之行矣。”这可以视为是对孔孟“德政”、“仁政”学说的进一步弘扬。

《淮南子》继承、发展了商鞅、韩非的历史进化观，提出社会生活是变迁的，法令制度也应当随时代变迁而更改，即令是“先王之制，不宜则废之”。《淮南子》认为法令制度的制定，应适应人群之需要，应考虑大势所趋、人心所向。这显然是比先秦法家更进步的观点，之所以如此，也是儒法融合的结果。

在医学方面，《淮南子》倡导阴阳五行学说。首先，论述了阴阳概括万事万物的发生、发展和变化，与《黄帝内经》中的阴阳学说一脉相承。其次，阐明了五行的属性及其生、克、乘、侮的规律。此外，书中还以五行所属的方位论及人体的形体特征及勇怯、智愚、寿夭等。

《淮南子》在阐明哲理时，旁涉奇物异类、鬼神灵怪，保存了一部分神话材料，像“女娲补天”、“后羿射日”、“共工怒触不周山”等古代神话主要靠本书才得以流传。

总之,《淮南子》作为中国历史上最重要的哲学著作之一，对中华文化的传承与发扬起到了至关重要的作用。它的思想数千年来传承不息，很多思想依然被现代人看作是至理名言。要了解中国古代哲学，此书不可不读。

先睹为快

《原道训》:“所谓无形者，一之谓也；所谓一者，无匹合于天下者也。卓然独立，块然独处，上通九天，下贯九野，圆不中规，方不中矩，大浑而如一。”

《天文训》:“积阳之热气生火，火气之精者为日；积阴之寒气为水，水气之精者为月……日者，阳之主也；月者，阴之宗也。”

《本经训》: “天地宇宙，一人之身也；六合之内，一人之制也。”

《人间训》:“患至而后忧之，是犹病者已胣而索良医也。虽有扁鹊、俞跗之巧，犹不能生也。”

《本经训》:“四时者，春生夏长，秋收冬藏，取予有节，出入有时。”

《原道训》指出:“是故圣人将养其神，和弱其气，平夷其形，而与道沉浮俯仰。”

《素问·生气通天论》云:“天地之间，六合之内，其气九州，九窍、五藏、十二节皆通乎天气。”

延展阅读

《离骚体》

本书是刘安奉汉武帝之命所著，是中国历史上最早对屈原及其《离骚》作出高度评价的著作。

《论自由意志》

〔古罗马〕奥古斯丁　著

关于作者

奥古斯丁（354—430），古罗马著名神学家、作家，教父思想的集大成者。奥古斯丁的著作堪称“百科全书”，代表作有《三位一体论》、《论秩序》、《上帝之城》、《忏悔录》等。

奥古斯丁出生于北非（现在的阿尔及利亚）。父亲是很有地位的异教徒，但财产不多，贪恋世俗；母亲却是忠诚的基督徒。父母迥异的性格使得奥古斯丁兼有两种性情：一种是放纵于性欲中；一种是专诚向上，追求真理。

青年时代，奥古斯丁在迦太基学习修辞学，19 岁便开始研读《圣经》。随后，他转为信奉摩尼教长达九年，使得身为基督徒的母亲十分痛心。在这期间，奥古斯丁结识了一位女子，与她同居 14 年之久，并育有一私生子。后来，奥古斯丁因怀疑摩尼教理智上的效能而对这一教门十分失望，转而研究新派的怀疑哲学。这是他一生中道德水平最低的时期，在此期间，他又与另一女子结上了非法之缘。

奥古斯丁的“悔改”是在 386 年，他离开了情妇，辞去教职，隐居在一处山庄，与友人探讨哲学，写成许多论文。387 年，奥古斯丁正式加入基督教，391 年在希波城受职为神父，395 年升任主教。在任职期间，奥古斯丁创建了第一所修道院作为训练教会领袖人才的场所，其余生则致力于写作布道、宣讲福音、救济贫弱、反驳异教等事业。

奥古斯丁提出著名的“三位一体论”思想，即上帝创造了一切。在上帝创造一切以前，一切都不存在，包括时间。上帝是独立于时间以外的绝对存在，无论是过去、现在、将来，对上帝来说都是现在。神是三位一体的存在，圣父、圣子、圣灵虽有别，但共有一体，本质上是一。奥古斯丁以神的本性作为讨论三一神的基础，以《圣经》为本，发展出神是绝对存在、单一不可分的观点。

奥古斯丁认为一切美源自上帝。美是分等级的：最高的、绝对的美是上帝；其次是道德美；形体美是低级的、相对的美。低级有限的形体美本身并无独立价值，只是通向无限的绝对美的阶梯。美体现为整一、和谐，而整一与和谐是上帝按照数学原则创造出来的，因而美的基本要素是数。这个观点明显受到毕达哥拉斯学派的影响。在美和丑的问题上，他主张美是绝对的，丑是相对的。

奥古斯丁主张艺术应抛弃现实世界而反映上帝，以达到为宗教服务的目的。造型艺术用于装饰教堂，诗和音乐应赞美上帝；人欣赏艺术作品实际上是欣赏艺术作品中所包含的上帝的理念。他认为世俗艺术是不真实的，它会挑起人的邪恶欲望，使人远离绝对美的上帝。

荐读理由

本书收录了奥古斯丁的两篇作品：《独语录》及《论自由意志》。

《独语录》是奥古斯丁与自己理性的对话，反映了他在哲学体系上的最早努力。整篇著作开始于讨论灵魂，对灵魂的探讨逻辑地导向考察真理、谬误、普遍的怀疑、灵魂的不朽以及理智知识的起源问题。

而理智的起源则是上帝的“理智之光”。《论自由意志》，则主要回答恶的来源问题。在这篇对话中，奥古斯丁反驳摩尼教的恶是实体的说法，提出恶是虚无，是善的缺乏，认为人作恶或是行善都是意志的自由选择，而人也因此会得到幸福或不幸。此外，奥古斯丁还针对有人把世间的苦难、痛苦、不幸等种种现象都归结到上帝身上的看法，作出了反驳。

奥古斯丁提出自由意志与恶的起源直接相关。但是，奥古斯丁要追问其起源的“恶”并不是作为“幸福生活指南”的传统伦理学意义上的“恶”，也不是“不完善”或“不好”意义上的恶，而是要为这种“不好”承担起后果的恶。这意味着奥古斯丁所要追问的恶是一种隐含责任于自身的恶，从根本上说，这种恶就是罪。迫使和推动奥古斯丁提出自由意志问题的，是作为人类众罪之源的“第一罪”，即《圣经·创世纪》里所记述的“原罪”。

奥古斯丁将原罪理解为一切罪的源头和根据，从而为对一切罪进行道德上或法律上的惩罚和谴责确立了根据，而这在根本上为一切伦理学和法学奠定了可靠的基础。《论自由意志》在奥古斯丁思想中乃至在整个西方思想史中之所以意义重大，就在于它实际上是对《圣经·创世纪》里的“原罪”说的重新理解和阐释，由此在哲学上把以《圣经》信仰为核心的犹太—基督文明所隐含的罪责伦理学确立起来，开辟了伦理学的新时代。

由于人的绝对权利、绝对尊严和绝对责任都是以自由意志的存在为前提的，因此，如果说奥古斯丁对自由意志的追问意味着人开始了对自己的自由存在的觉悟，那么，也可以说人由此开始了对自己的绝对权利、绝对尊严和绝对责任的意识。而这正是近代启蒙哲学的核心工作和伟大贡献。

奥古斯丁对自由意志的追问不仅开辟了哲学的新维度，而且首先为伦理学奠定了新的基础，使伦理学不再仅限于充当“生活指南”，而是一门承担起确立人的绝对权利、绝对尊严和绝对责任的根据这一使命的学问，开始了伦理学的历史性转变。奥古斯丁对自由意志的追问完全是出于他对基督教“原罪”说的信仰和理解。在这个意义上，奥古斯丁对自由意志的追问遥远地召唤了近代哲学。

奥古斯丁的思想在许多方面都有着很明显的新柏拉图主义的色彩。他看重永恒的形而上的事物，轻视感官可及的事物；看重理论性的冥思，轻视实用的知识；坚持要从感官的奴役下解放以达到灵魂的净化。

奥古斯丁的宗教神秘主义美学思想对后世产生了很大的影响。他对世俗艺术的攻击涉及虚构、想象、构思、象征和形象等文艺理论。他提出的“原罪”与“救赎”说、光照说、秩序说等对后来的许多文艺流派产生了巨大的影响。

先睹为快

伊：请告诉我，上帝岂非恶的原因吗？

奥：你若将你所指的恶说明是哪一种，我便给你回答。我们用“恶”一词，来指两种恶，一是作恶，二是受恶的害。

伊：我要知道此二者。

奥：你若知道或相信上帝是善的——别的想法便是不可的——神决不能作恶。再者我们若承认上帝是公义的——否认此点，便是恶了——他必赏善罚恶。刑罚对受刑罚的人乃是祸。因此，若没有人受到不公平的刑罚——这是我们所必须相信，因我们相信，凡事都有上帝的安排——上帝就决不是第一种恶的原因，而是第二种恶的原因。

伊：那不由上帝负责的恶，另有别的原因吗？

奥：必然如此；恶不能无因而存在。但若你问原因是什么，问题就没有答案。因为原因不只是一个，但每个作恶的人，就是自己恶行的原因。你若对此不予信服，请记得我刚才所说的话，恶行受上帝的公义所处罚。除非恶行是出于故意，它受罚就不算是公义的了。

伊：我想除非人是学着犯罪，他就不会犯罪。如其为然，我要知道我们是从谁学着犯罪。

奥：你想教育是件好事吗？

伊：没有人能说教育是件坏事。

奥：它可能既不是件好事，也不是件坏事吗？

伊：我想它是件好事。

奥：恰对，因为知识是由它传授或激起的，除了教训以外，没有人能学到什么。你同意吗？

伊：我想由教训所学到的，无不是善。

奥：那么我们不得说，恶是学到的。学与教相辅而行。

伊：人若没有学到恶，怎能作恶呢？

奥：也许是因他弃绝教训，远离了学识。不拘怎样，教训既是件善事，而教训与学识又相辅而行，显然恶不可能是学到的，假如它是学到的，它就必是教训的一部分了，而教训就必不是件善事了。但你自己承认它是善的。所以恶不是学到的，去问我们从谁学到作恶，乃是无用的了。假如恶是学到的，我们是要学到避免恶行，而不是学到作恶。因此作恶无非是违反教训。

伊：我想教训实在是有两种，一种是叫我们学习行善，另一种是叫我们学习作恶。当你问我教训是不是件善事时，我那喜爱善的心占据了我整个的注意力，我只想到那涉及行善的教训。所以我回答说，教训是件善事，如今我发觉另有一种教训，确实是恶的，我要知道它的原因安在。

奥：至少你认为了解是纯善吗？

伊：我看不出人有什么比了解更优秀的东西。我想它显然是善的。我决不能说，了解是恶的。

奥：人受教训而不了解，你设想他曾学到了什么吗?

伊：否，当然不会。

奥：若了解都是善的，而且人除非了解，他就没有学到什么，那么学总是好的。因为凡学习者就了解，而凡了解者就行善。所以若有人要找出我们学习的原因来，实际上他是要找出我们行善的原因来。你休要想发现使人作恶的教师罢。人若是恶的，他就不是教师；他若是教师，他就不是恶的。

延展阅读

《上帝之城》

本书是作者的另一部精品。书中主要论述了神的照管及人类的历史，提醒神的国度是属灵及永垂不朽的，而不是世俗世界任一国家能取代的。《上帝之城》可以说是第一部历史神学书。此书显示出奥古斯丁不仅是哲学家、神学家、护教士，更是道德家、政治思想家，亦同时是文学家和戏剧批评家、时代和历史之评释家。此书左右了整个中世纪的政治发展。全书共22卷，历经14年才完成。前10卷为基督教作有力的辩护，反驳异教主义及罗马爱国主义。后12卷论世俗之城及上帝之城的源起、发展及指归。世俗之城因不自爱、藐视上帝终必衰弱，上帝之城则以神爱为本必然兴旺长存。

《忏悔录》

〔古罗马〕奥古斯丁　著

《忏悔录》是奥古斯丁最为传诵的著作，是表现其美学思想的重要作品。

关于作者

见《论自由意志》之“关于作者”。

荐读理由

奥古斯丁的《忏悔录》是一篇诗意浓厚的长篇祷文，自始至终以上帝为谈话对象。不管是东方还是西方，自古以来有很多著名传记，但是要找出一部不替书中人物文过饰非、不为自己扬善隐恶的作品，已经很不容易，而专门以贬责自己、暴露自己罪行和弱点为内容的传记，奥古斯丁的《忏悔录》也许是基督教文学作品中绝无仅有的一部。

《忏悔录》创作于 397 年。全书分为 13 册。作者在书中描写了自己生命和心理的成长过程，表现了最真实的情感和人格。奥古斯丁扮演了一个灵魂解剖家的角色，将自己的灵魂放在上帝的祭坛上，作精密而彻底的解剖。奥古斯丁相信上帝是洞悉人心、明察秋毫的神，因此与上帝对话时是毫无隐瞒的。

《忏悔录》第一、二册叙述奥古斯丁的幼年及童年，忆及童年时代他所喜爱的一些恶作剧的游戏和对师长及父母的反抗态度。这一切，据作者自述，都使他看出人性上的败坏。第三册写作者在迦太基的学生时代。这期间他开始对西赛罗的文学作品发生兴趣，并信奉摩尼教。第四册写作者已经完成学业，初次在故乡塔加斯特城担任教师职务，作者感悟到人爱慕相对的善，如情爱或友谊等，超过爱慕那绝对的善、上帝永恒的爱。

第五至七册描写奥古斯丁在罗马、米兰的经历。这期间，奥古斯丁仍旧以教授修辞学为业，开始研究新柏拉图主义的学说。第八册也许是《忏悔录》全书最重要的一册，因为这里记载了作者悔改回归基督教的经过。第九册作者用大部分篇幅写他母亲的生平。第十至十三册中，奥古斯丁不再写个人的事迹或灵性经验，而用全部篇幅讨论哲学和神学。

《忏悔录》亦是奥古斯丁提出的“秩序”说、“上帝创世”说的具体表达。新柏拉图主义认为，宇宙是一个有序和谐的世界，一切都源发于“太一”，一切又都回归到“太一”。对奥古斯丁来说，太一就是上帝，人也在这个宇宙的存在链条之中。世界既然是有序的，一切顺从秩序的就是善的，一切违背秩序的就是恶的。

《忏悔录》可以看作是奥古斯丁的个人自传，但作者的目的是在追寻自己思想上、信仰上和灵性生活上每一点改变的痕迹。等他悔改归主，加入大公教会，他知道他的灵命已经坚立在磐石之上，已经到达了他所追求的终点。从此以后，奥古斯丁将他的信仰组织为神学系统，贡献给当代及后世教会。

先睹为快

主，你洞烛人心的底蕴，即使我不肯向你忏悔，在你鉴临之下，我身上能包蕴任何秘密吗？因为非但不能把我隐藏起来，使你看不见，反而把你在我眼前隐藏起来。现在我的呻吟证明我厌恶自己，你照耀我，抚慰我，教我爱你，向往你，使我自惭形秽，唾弃我自己而选择你，只求通过你而使我称心，使你满意。

主，不论我怎样，我完全呈露在你的面前。我已经说过我所以忏悔的目的。这忏悔不用肉体的言语声息，而用你听得出的心灵的言语、思想的声音。如果我是坏的，那末我就忏悔我对自身的厌恶；如果我是好的，那末我只归功于你，不归功于自己，因为，主，你祝福义人，是先“使罪人成为义人”。为此，我的天主，我在你面前的忏悔，既是无声，又非无声。我的口舌缄默，我的心在呼喊。我对别人说的任何正确的话，都是你先听到的，而你所听我说的，也都是你先对我说的。

主，我的爱你并非犹豫不决的，而是确切意识到的。你用言语打开了我的心，我爱上了你。但是天、地以及负载的一切，各方面都教我爱你，而且不断地教每一人爱你，“以致没有一人能推诿”。你对将受哀怜的人更将垂怜，而对于已得你哀怜的人也将加以垂怜，否则天地的歌颂你，等于奏乐于聋聩。

但我爱你，究竟爱你什么？不是爱形貌的秀丽、暂时的声势，不是爱肉眼所好的光明灿烂，不是爱各种歌曲的优美旋律，不是爱花卉膏沐的芬芳，不是爱甘露乳蜜，不是爱双手所能拥抱的躯体。我爱我的天主，并非爱以上种种。我爱天主，是爱另一种光明、音乐、芬芳、饮食、拥抱，在我内心的光明、音乐、馨香、饮食、拥抱：他的光明照耀我心灵而不受空间的限制，他的音乐不随时间而消逝，他的芬芳不随气息而散失，他的饮食不因吞啖而减少，他的拥抱不因久长而松弛。我爱我的天主，就是爱这一切。

这究竟是什么呢？

我问大地，大地说："我不是你的天主。"地面上的一切都作同样的答复。我问海洋大壑以及波臣鳞介，回答说："我们不是你的天主，到我们上面去寻找。"我问飘忽的空气、大气以及一切飞禽，回答说："安那克西美尼斯说错了，我不是天主。"我问苍天、日月星辰，回答说："我们不是你所追求的天主。"我问身外的一切："你们不是天主，但请你们谈谈天主，告诉我有关天主的一些情况。"它们大声叫喊说："是他创造了我们。"我静观万有，便是我的咨询，而万有的美好即是它们的答复。

延展阅读

《三位一体论》

本书是奥古斯丁唯一不涉及时代争议性话题的巨作。他致力于探索默想教义，是自拉丁教父以来一套极具分量的"三一论"神学作品。与希腊早期长老的教导相反，他认为神圣的"三位"是完全平等的，只在彼此的关系上有分别。他认为圣灵是"爱"，使圣父与圣子联合，因此也把三位一体与教会结合在一起。借着新柏拉图主义及《圣经》的启示，他探讨了三位一体在人身上的类比，即记忆、理解力与意志的内在关系。

《沉思录》

〔古罗马〕马可·奥勒留·安东尼·奥古斯都　著

普利策奖获得者盖瑞·威尔斯曾说："1992 年，我问克林顿，除了《圣经》，哪本书对他影响最大。他略微沉思了一下，回答说：'马可·奥勒留的《沉思录》。'"

关于作者

马可·奥勒留·安东尼·奥古斯都（121—180），罗马帝国五贤帝时代最后一个皇帝（161—180 年在位），是一位著名的"帝王哲学家"。马可·奥勒留不但是一个很有智慧的君主，同时也是一个很有造诣的思想家。更值得一提的是，他虽然向往和平，却具有非凡的军事领导才干。

奥勒留在一个很有政治势力的富庶家庭中长大。童年时期，他受到当时的罗马皇帝哈德良的注意，因而得到特殊的照顾，在希腊文学和拉丁文学、修辞学、哲学、法律、绘画方面均得到很好的教育。奥勒留 6 岁即升为骑士，7 岁进入罗马的萨利圣学院学习，并在这里得到各种文化的精英教育。奥勒留从小就表现出探索万物本原的兴趣，11 岁时，他便有意身着古代希腊与罗马哲学家们常穿的简陋长袍，模仿他们的生活方式。

奥勒留在 161 年 3 月 7 日继位成为罗马帝国皇帝。但是，他坚持同养兄维勒斯一道继承皇位，出现了在罗马帝国的历史上第一次由两位具有同等地位和权力的皇帝共执朝政的局面。

任期伊始，罗马帝国战争不断，并发生多次自然灾害。163 年，奥勒留入侵亚美尼亚，虽然此时整个帝国传染病泛滥，但他还是成功地把日耳曼游掠部族赶出罗马领土。由于这些战争，奥勒留在位时国库亏空超前，皇帝的生活也日渐拮据。166 年，奥勒留遣使中国汉朝，这是中国与罗马首次正式交往。

作为体恤民情的法律实践者，奥勒留在任期间颁布大量法令，作出诸多司法决定，并从民法当中删除不合理的条款。同时，奥勒留普建慈善机构，甚至出售私人珠宝用于赈灾。虽然如此，古罗马帝国却始终动荡不安，战争频发，军队内讧。奥勒留常年率军征战，利用辛劳当中的片暇，他不断写下与自己心灵的对话，从而著就了永悬后世的《沉思录》。直至奥勒留战死沙场的前夜，他仍在和朋友们一起谈论宇宙、神灵与人生的深奥哲理，请求他们留下自己的箴言。

177 年，奥勒留战死沙场。这位罗马帝王一生戎马倥偬，战功赫赫，但他真正的历史性成就仍在于他的哲学思考。奥勒留也是晚期斯多葛学派的代表人物之一。

罗素曾经这样评价奥勒留："马可·奥勒留是一个悲怆的人。在一系列必须加以抗拒的欲望里，他感到其中最具有吸引力的就是想要隐退去过一种宁静的乡村生活的那种愿望。但是实现这种愿望的机会始终没有来临。"

荐读理由

《沉思录》是马可·奥勒留与自己的 12 卷对话，书中内容大部分是他在鞍马劳顿中所写。《沉思录》是斯多葛哲学学派的一个里程碑。

《沉思录》来源于作者对身羁宫廷的自身和自己所处混乱世界的感受，表达了作者对那种摆脱了激情和欲望、冷静而达观的生活的追求。马可·奥勒留在书中阐述了灵魂与死亡的关系，解析了个人的德行、解脱以及个人对社会的责任，主张要常常自省以达到内心的平静，要摈弃一切无用和琐屑的思想，正直地思考；不仅要思考善、思考光明磊落的事情，还要付诸行动。

在《沉思录》的第一篇，奥勒留列举了许多对他的人格产生重大影响的人，他们是他的祖父、父亲、母亲、家庭教师和一些哲学家。令人感兴趣的是，奥勒留所列举的自己得到的教益大多是否定性的。如，他的母亲教给他不要在心中产生报复的念头；他的家庭教师使他“学会了不在运动场上加入某一方——无论是蓝队还是绿队，也不要为格斗比赛的任何一方叫好——无论他们执方盾还是圆盾”；拉斯蒂克斯告诫他“不要因为虚荣而撰写冥思玄想的文字，或慷慨激昂地谈论道德，不要故作热情洋溢”；阿波罗尼乌斯教导他“不要让心依赖于偶然机遇”。

在这本《沉思录》里，作者好似一个异常严峻而又平和的人站在镜子前面，告诫镜子里头的自己，书中“你……”的句式就是最好的明证。这不是简单的内心独白和情绪倾诉，这是自己与自己的交谈，这是解剖灵魂对自己进行告诫。比如他在书中这样对自己说：“你错待了自己，你错待了自己，我的灵魂，而你将不再有机会来荣耀自身。每个人的生命都是足够的，但你的生命却已近尾声，你的灵魂却还不去关照自身，而是把你的幸福寄予别的灵魂。”

马可·奥勒留把他身上所发生的一切事情都不看成是恶的，认为痛苦和不安仅仅是来自内心的意见，并且是可以由心灵加以消除的。他对人生进行了深刻的哲学思考，热诚地从其他人身上学习他们最优秀的品质——果敢、谦逊、仁爱……他希望人们热爱劳作，了解生命的本质和生活的艺术，尊重公共利益并为之努力。《沉思录》是从灵魂深处流淌出来的文字，朴实却直抵人心。

《沉思录》与古罗马人注重实践、崇尚理性的性格相契合。因为《沉思录》，奥勒留被称为“偶像们的偶像”。当美国前总统克林顿被问及哪本书对他影响最大时，他略作沉思便回答道，是奥勒留的《沉思录》，足见此书非凡的魅力。

先睹为快

从我的祖父维勒斯，我学习到弘德和制怒。

从我父亲的名声及对他的追忆，我懂得了谦虚和果敢。

从我的母亲，我濡染了虔诚、仁爱和不仅戒除恶行，甚而戒除恶念的品质，以及远离奢侈的简朴生活方式。

从我的曾祖父那里，我懂得了不要时常出入公共学校，而是要在家里有好的教师；懂得了在这些事情上一个人要不吝钱财。

从我的老师那里，我明白了不要介入马戏中的任何一派，也不要陷入斗角戏中的竞争；我从他那学会了忍受劳作、清心寡欲、事必躬亲，不干涉他人事务和不轻信流言诽谤。

从戴奥吉纳图斯，我学会了不使自己碌碌于琐事，不相信术士巫师之言，驱除鬼怪精灵和类似的东西；学会了不畏惧也不热衷于战斗；学会了让人说话；学会了亲近哲学。我先是巴克斯，然后是坦德西斯、马尔塞勒斯的一个倾听者，我年轻时学习写过对话，向往卧硬板床和衣粗毛皮，从他，我还学会了其他所有属于希腊学问的东西。

从拉斯蒂克斯，我领悟到我的品格需要改进和训练，知道不迷误于诡辩的竞赛，不写作投机的东西，不进行烦琐的劝诫，不显示自己训练有素，或者做仁慈的行为以图炫耀；学会了避免辞藻华丽、构思精巧的写作；不穿着出门用的衣服在室内行走及别的类似事情；学会了以朴素的风格写信，就像拉斯蒂克斯从锡纽埃瑟给我的母亲写的信一样；对于那些以言词冒犯我，或者对我做了错事的人，一旦他们表现出和解的意愿，就乐意地与他们和解；从他，我也学会了仔细地阅读，不满足于表面的理解，不轻率地同意那些夸夸其谈的人；我亦感谢他使我熟悉了埃比克太德的言论，那是他从自己的收藏中传授给我的。

从阿珀洛尼厄斯，我懂得了意志的自由和目标的坚定不移；懂得了在任何时候都要依赖理性，而不依赖任何别的东西；懂得了在失子和久病的剧烈痛苦中镇定如常；从他，我也清楚地看到了一个既坚定又灵活，在教导人时毫不暴躁的活的榜样；看到了一个清醒地不以他解释各种哲学原则时的经验和艺术自傲的人；从他，我也学会了如何从值得尊敬的朋友那里得到好感而又丝毫不显得卑微，或者对他们置若罔闻。

从塞克斯都，我看到了一种仁爱的气质，一个以慈爱方式管理家庭的榜样和合乎自然地生活的观念，看到了毫无矫饰的庄严，为朋友谋利的细心，对无知者和那些不假思索发表意见的人的容忍：他有一种能使自己和所有人欣然相处的能力，以致和他交往的愉快胜过任何奉承，同时，他又受到那些与其交往者的高度尊敬。他具有一种以明智和系统的方式发现和整理必要的生活原则的能力，他从不表现任何愤怒或别的激情，完全避免了激情而同时又温柔宽厚，他能够表示嘉许而毫不啰嗦，拥有渊博知识而毫不矜夸。

从文法家亚历山大，我学会了避免挑剔，不去苛责那些表达上有粗俗、欠文理和生造等毛病的人们，而是灵巧地通过回答的方式、证实的方式、探讨事物本身而非词汇的方式，或者别的恰当启示，来引出那应当使用的正确表达。

从弗朗特，我学会了观察仅仅在一个暴君那里存在的嫉妒、伪善和口是心非，知道我们中间那些被称为上流人的人一般是相当缺乏仁慈之情的。

从柏拉图派学者亚历山大，我懂得了不必经常但也不是无需对人说话或写信，懂得了我没有闲暇；懂得了我们并不是总能以紧迫事务的借口来推卸对与自己一起生活的那些人的义务。

延展阅读

《古希腊罗马哲学讲演录》

武汉大学哲学系教授邓晓芒著。本书是作者 2006 年在西南政法大学给研究生举办的五次系列讲演的录音整理稿，尽可能地保留口头讲演的现场感，用深入浅出的语言向非哲学专业的听众描述了古希腊罗马哲学思想发展的主要线索。本书最大的特点是简洁、清晰，以最短的篇幅完整地呈现出这一段哲学史丰富而复杂的内容，既便于记忆，也有助于提高读者对哲学思想的概括能力和分析水平，是广大西方哲学爱好者和研究生备考人员不可多得的参考书。

《理想国》

〔古希腊〕柏拉图　著

《理想国》是柏拉图最重要的一部哲学对话，是西方哲学史乃至西方思想史上最具奠基性的经典之一。

关于作者

柏拉图（前427—前347），古希腊伟大的哲学家，是西方客观唯心主义的创始人。他一生著述颇丰，其哲学思想主要集中在《理想国》和《法律篇》中。他和他的老师苏格拉底、学生亚里士多德并称为“古希腊三大哲学家”。

柏拉图出身于雅典贵族家庭，青年时师从苏格拉底。公元前399年，苏格拉底受审并被判处死刑，使得柏拉图对当时的政体完全失望，于是开始游历意大利、西西里岛、埃及、昔兰尼等地以寻求知识。

约公元前387年，柏拉图结束旅行返回雅典，并在雅典城外西北角的圣城阿卡德米创立了自己的学校——阿卡德米学院，该学院成为西方文明最早的有完整组织的高等学府之一，后世的高等学术机构也因此而得名，同时，它也是中世纪时在西方发展起来的大学的前身。学院存在了900多年，直到公元529年被查士丁尼大帝关闭为止。学院培养出了许多知识分子，其中最杰出的是亚里士多德。

柏拉图是西方教育史上第一个提出完整的学前教育思想并建立了

完整的教育体系的人，其教学体系呈金字塔形。理性的训练是柏拉图教学思想的主要特色。在教学过程中，柏拉图始终以发展学生的思维能力为最终目标。为了发展理性，他设立了全面而丰富的课程体系，以学生的心理特点为依据，把学生划分为几个年龄阶段，并分别授以不同的教学科目。在教学内容上，柏拉图接受了雅典以体操锻炼身体、以音乐陶冶心灵的和谐发展的教育思想，为儿童安排了简单的读、写、算、唱歌，同时还十分重视体操等体育训练项目。根据其教学目的，柏拉图吸收和发展了智者的“三艺”及斯巴达的军事体育课程，总结了雅典的教学实践经验，在教育史上第一次提出了“四科”（算术、几何、天文、音乐），其后成为古希腊课程体系的主干和起源，支配欧洲的中等与高等教育长达1500年之久。

柏拉图的哲学体系博大精深，对其教学思想影响尤甚。柏拉图认为世界由“理念世界”和“现象世界”组成。理念世界是真实的存在，永恒不变。而人类感官所接触到的现实的世界，只不过是理念世界的微弱的影子，它由现象所组成，而每种现象因时空等因素表现出暂时变动等特征。由此出发，柏拉图提出了以理念论和回忆说为基础的认识论，并将它作为教学理论的哲学基础。

荐读理由

《理想国》又译作《国家篇》、《共和国》等，是柏拉图的一篇重要对话录，共10卷。这部“哲学大全”不仅是柏拉图对自己此前哲学思想的概括和总结，而且是当时各门学科的综合，它探讨了哲学、政治、伦理道德、教育、文艺等各方面的问题，以理念论为基础，建立了一个系统的理想国家的方案。

柏拉图把国家分为三个阶层：生产者、武士和统治者。生产者创造社会必需品；掠夺与安全需要产生了武士，武士擅长战争术和统治术；统治者统治社会，料理城邦事务。在柏拉图眼中，生产者阶层的人民是低下的，可以欺骗的。他赋予了统治者无上的权力，甚至统治者“为了国家利益可以用撒谎来对付敌人或者公民”。自由民处于哪一个等级不取决于财富，也不取决于出身，而是以天资为基础。三个等级的划分有道德上的必然性，对应着三种美德：生产者特有的节制美德；武士特有的勇敢美德，同时有节制的美德；统治者特有的智慧美德，三种美德构成国家道德上的善。还有第四种美德——正义，它与前三者相结合，代表一种和谐的秩序。

《理想国》讨论的主题是正义。在政治学中，他把解决什么是正义的问题放在最优先的地位。他从个人生活开始，探询什么东西给人的生活带来善和正义，然后论证国家生活不过是个人生活的放大，进而讨论国家生活中的正义，即从个人道德入手论述政治学。柏拉图认为一个好的国家应该具备智慧、勇敢、自制、正义这四种德性。国家的智慧要求统治者有治理整个国家的知识，只有少数人才具有这样的智慧；国家的勇敢属于保卫它的卫士；国家的自治是一种和谐，当统治者与被统治者能够和谐一致，这个国家就达到了自治。

柏拉图把世界划分为可感世界与可知世界。那些只爱好具体事物如美的声调或形象的人只有意见而无知识，只有那些认识美自身即美的理念，而且将其与具体事物区分开，而不互相混淆的人才是有知识的人。

为了构建理想国，培养有知识的人，柏拉图设计了一套理想的教育课程体系，除了体育和音乐这两门初等课程之外，必须学习算术、平面几何、立体几何、天文学和谐音学等五门课程，按照这个次序将灵魂从可感世界逐步引向哲学，其目的是为了培养国家的统治人才，促成他们的灵魂转向。

《理想国》一书在哲学史乃至人类思想史上产生了广泛深远的影响，堪称西方第一部政治学著作。柏拉图在其中讨论了国家的起源、性质和结构等根本问题，还区分了不同的政体，比较它们的优劣得失，寻找它们的历史发展规律。更重要的是，柏拉图设计了一幅政治蓝图，既带有乌托邦的理想色彩，又有阶级国家的痕迹，对西方政治思想具有难以估量的影响。

先睹为快

（苏：我听了克法洛斯的话颇为佩服。因为想引起他的谈锋，于是故意激激他。我说：）亲爱的克法洛斯，我想，一般人是不会以你的话为然的。他们会认为你觉得老有老福，并不是因为你的性格，而是因为你家财万贯。他们会说“人有了钱当然有许多安慰”。

克：说得不错，他们不信我的话，也有他们的道理。不过，他们是言之太过了。我可以回答他们，像色弥斯托克勒回答塞里福斯人一样。塞里福斯人诽谤色弥斯托克勒，说他的成名并不是由于他自己的功绩，而是由于他是雅典人。你知道他是这样回答的：“如果我是塞里福斯人，我固然不会成名，但是，要让你是雅典人，你也成不了名。”对于那些叹老嗟贫的人，可以拿同样这些话来回敬他们。一个好人，同时忍受贫困、老年，固然不容易，但是一个坏人虽然有钱，到了老年其内心也是得不到满足和宁静的。

苏：克法洛斯啊！你偌大的一份家当，大半是继承来的呢，还是你自己赚的？

克：苏格拉底，就自己赚钱而言，那我可以说是介于祖父和父亲之间。我的祖父克法洛斯，继承的财产跟我现有的一样多，经他的手又翻了好几番，而我的父亲吕萨略斯，把这份家私减少到比现在还少。至于我，只要能遗留给这些晚辈的家产，不比我继承的少——也许还稍微多点儿——我就心满意足了。

苏：我看你不大像个守财奴，所以才这么问问。大凡不亲手挣钱的人，多半不贪财；亲手挣钱的才有了一文想两文。像诗人爱自己的诗篇，父母疼自己的儿女一样，赚钱者爱自己的钱财，不单是因为钱有用，而是因为钱是他们自己的产品。这种人真讨厌。他们除了赞美钱财之外，别的什么也不赞美。

克：你说得在理。

苏：真的，我还要向您讨教一个问题。据您看有了万贯家财最大的好处是什么？

克：这个最大的好处，说起来未必有许多人相信。但是，苏格拉底，当一个人想到自己不久要死的时候，就会有一种从来不曾有过的害怕缠住他。关于地狱的种种传说，以及在阳世作恶，死了到阴间要受报应的故事，以前听了当作无稽之谈，现在想起来开始感到不安了——说不定这些都是真的呢！不管是因为年老体弱，还是因为想到自己一步步逼近另一个世界了，他把这些情景都看得更加清楚了，满腹恐惧和疑虑。他开始扪心自问，有没有在什么地方害过什么人？如果他发现自己这一辈子造孽不少，夜里常常会像小孩一样从梦中吓醒，无限恐怖。但一个问心无愧的人，正像品达所说的：晚年的伴侣心贴着心，永存的希望指向光明。他形容得很好，钱财的主要好处也许就在这里。我并不是说每一个人都是这样，我是说对于一个通情达理的人来说，有了钱财他就用不着存心作假或不得已而骗人了。当他要到另一世界去的时候，他也就用不着为亏欠了神的祭品和人的债务而心惊胆战了。在我看来，有钱固然有种种好处，但比较起来，对于一个明白事理的人来说，我上面所讲的好处才是他最大的好处。

延展阅读

《法律篇》

本书是作者的另一部精品。《法律篇》是柏拉图所著《理想国》、

《政治家篇》和《法律篇》三部曲中最后一部力作，共12卷，集中反映了晚年柏拉图对其生平思想轨迹的反思。《法律篇》大致全面地反映了古希腊，特别是雅典城邦的建立、地理位置、政府结构、选举制度等情况。对话内容涉及法律、宗教、教育、历史、哲学、艺术、伦理、外交、贸易、家庭、婚姻、技艺、公民生活等。前3卷主要讨论立法的宗旨和立法者必须具有的素养和条件。第4卷到第12卷分别论述各种法律和法律制度。

《形而上学》

〔古希腊〕亚里士多德　著

关于作者

亚里士多德（前384—前322），世界古代史上最伟大的哲学家、科学家和教育家之一，柏拉图的学生，亚历山大的老师。马克思曾称亚里士多德是古希腊哲学家中最博学的人物，恩格斯称他是古代的黑格尔。

亚里士多德出生于色雷斯的斯塔吉拉。公元前366年，亚里士多德被送到雅典的柏拉图学院学习。在雅典跟柏拉图学习哲学的20年，对亚里士多德来说是个很重要的阶段。在雅典的柏拉图学院中，亚里士多德努力地收集各种图书资料，勤奋钻研，甚至为自己建立了一个图书室。柏拉图称亚里士多德是“学院之灵”。在学院期间，他在思想上与老师柏拉图产生了分歧。柏拉图晚年时，师生间的分歧逐步增大，经常发生争吵。

公元前347年，柏拉图去世。两年后，亚里士多德离开柏拉图学院，开始游历各地。公元前343年，他受马其顿国王腓力二世的聘请，担任王子亚历山大的老师。根据古希腊著名传记作家普鲁塔克的记载，亚里士多德对这位未来的世界领袖灌输了道德、政治以及哲学的教育。在亚里士多德的影响下，亚历山大大帝始终对科学事业十分关心，对知识十分尊重。

公元前335年，亚里士多德回到雅典，建立了自己的学院——吕克昂学院。亚里士多德教授哲学，并在学院内建造了当时一流的图书馆和动植物园等。亚里士多德非常重视教学方法，他反对刻板的教学方式，经常带着学生在花园林荫大道上一边散步、一边讨论哲理，因此后人把亚里士多德学派称作“漫步学派”。

这一时期，亚里士多德著作颇丰，主要是关于自然和物理方面的自然科学和哲学，而语言的使用也要比柏拉图的《对话录》晦涩许多。他的很多作品都是以讲课的笔记为基础，有些甚至是他学生的课堂笔记，因此有人将亚里士多德看作西方第一个教科书的作者。

亚历山大死后，雅典人开始奋起反对马其顿王朝的统治。由于和亚历山大的关系，亚里士多德不得不因为被指控不敬神而逃到加而西斯避难。一年之后，即公元前322年，亚里士多德因病去世。关于他被毒死，或者由于无法解释潮汐现象而跳海自杀的传言是完全没有史实根据的。

亚里士多德一生勤奋治学，从事的学术研究涉及逻辑学、修辞学、物理学、生物学、教育学、心理学、政治学、经济学、美学等，并写下大量的著作。他的著作堪称古代的百科全书，相传有400到1000部，代表作有《工具论》、《形而上学》、《物理学》、《伦理学》、《政治学》、《诗学》等。他的思想对人类产生了深远的影响。他创立了形式逻辑学，丰富和发展了哲学的各个分支学科，对科学作出了巨大的贡献。

荐读理由

《形而上学》是亚里士多德重要的哲学著作，由吕克昂学院第十一代继承人安得洛尼可编成。中文译名“形而上学”取自《易传》中“形而上者谓之道，形而下者谓之器”一语。

《形而上学》共十四卷，由于是他的学生根据笔记整理而成，因而结构松散，各卷之间缺少连贯性，不成系统。不过这丝毫没有降低它的重要性，它依然是哲学研究的可靠资料，书中的许多问题一直有着极为重要的影响。

卷一总结了亚里士多德之前西方哲学的发展，是一部最早论述西方哲学史的文献。亚里士多德开篇就讲“求知是人类的本性”，认为智慧或真实的知识是关于原因的知识，尤其是关于终极原因的知识。它在总结了前人关于原因的种种理论之后，提出了“四因说”，认为事物存在和变化的主要原因有四种，即形式因、目的因、质料因和动力因。形式因指事物内在的或本质的结构形式；目的因指事物变化发展所追求的内在目的；质料因指构成事物的材料；动力因指促使事物发展变化的动力。

卷四讨论了形而上学的定义。亚里士多德认为形而上学研究的是“作为存在的存在”，考察万物的本原或终极原因。在卷三和卷七中，亚里士多德讨论了实体问题，批判了柏拉图的理念论，认为理念不能在具体事物之外独立地存在，只能存在于事物之中。他承认个体事物的重要性，但与柏拉图一样认为个体事物不能被认识，有关个体事物的知识实际上是对一般属性的认识。在不同的地方，从不同的角度出发，人们对实体的看法也不一致。亚里士多德认为，属性所系的个体事物是真实的实体。实体即主体，它不能用作谓语去说明别的范畴。在一切范畴中，实体是基本的范畴，其他的范畴都是以它为基础的。另一方面，属性隶属于个体，人们对个体事物的把握就是对一般属性的把握，因而一般属性或共相也是实体。在此意义上，事物的本质就是它的实体。

亚里士多德在卷八中讨论了质料问题，在卷九中讨论了潜能和现实问题。他认为，质料是潜能，它本身没有规定性，具有成为某物的可能性，它能够被形式所规定；形式是现实，具有现实性，被形式所规定了的质料就是现实。事物的变化实际上是由潜能到现实不断的转化过程。

在进一步分析事物变化的根本原因时，亚里士多德提出了“不动的推动者”这个概念。他认为变化过程不能是无限的，必须要有一个永恒不动的实体，它是纯形式和绝对的现实，它就是神，是万物变化的终极原因和根据，是“第一推动者”。亚里士多德的“第一推动者”的思想在基督教哲学中常被用来证明上帝的存在。

本书是西方思想最重要的经典文本，展示了人类理性对事物最普遍的本质和终极的原因的探索。本书最后考察了人类知识的形成，提出关于普遍知识的理论，从根本上奠定了西方哲学的基本范畴和问题。

先睹为快

求知是人类的本性。我们乐于使用我们的感觉就是一个说明；即使并无实用，人们总爱好感觉，而在诸感觉中，尤重视觉。无论我们将有所作为，或竟是无所作为，较之其他感觉，我们都特爱观看。理由是：能使我们识知事物，并显明事物之间的许多差别，此于五官之中，以得于视觉者为多。

在业务上看，似乎经验并不低于技术，甚至于有经验的人较之有理论而无经验的人更为成功。理由是：经验为个别知识，技术为普遍知识，而业务与生产都是有关个别事物的；因为医师并不为“人”治病，他只为“加里亚”或“苏格拉底”或其他各有姓名的治病，而这些恰巧都是“人”。倘有理论而无经验，认识普遍事理而不知其中所涵个别事物，这样的医师常是治不好病的；因为他所要诊治的恰真是些“个别的人”。我们认为知识与理解属于技术，不属于经验，我们认为技术家较之经验家更聪明（智慧由普遍认识产生，不从个别认识得来）；前者知其原因，后者则不知。凭经验的，知事物之所然而不知其所以然，技术家则兼知其所以然之故。我们也认为每一行业中的大匠师应更受尊敬，他们比之一般工匠知道得更真切，也更聪明，他们知道自己一举手一投足的原因（我们认为一般工匠凭习惯而动作——与非生物的动作相似，如火之燃烧——趁着自然趋向，进行各自的机能活动，对于自己的动作是不知其所以然的）；所以我们说他们较聪明，并不是因为他们敏于动作，而是因为他们具有理论，懂得原因。一般说来，这可算是人们有无理论的标记，知其所以然者能教授他人，不知其所以然者不能执教；所以，与经验相比较，技术才是真知识；技术家能教人，只凭经验的人则不能。

哲学被称为真理的知识自属确当。因为理论知识的目的在于真理，实用知识的目的则在其功用。从事于实用之学的人，总只在当前的问题以及与之相关的事物上寻思，务以致其实用，于事物的究竟他们不予置意。现在我们论一真理必问其故，如一事物之素质能感染另一些事物，而使之具有相似素质，则必较另一事物为高尚（例如火最热，这是一切事物发热的原因）；这样，凡能使其他事物产生真实后果者，其自身必最为真实。永恒事物的原理常为最真实原理（它们不仅是有时真实），它们无所赖于别的事物以成其实是，反之，它们却是别的事物所由成为实是的原因。所以每一事物之真理与各事物之实是必相符合。

延展阅读

《工具论》

本书是作者的另一部精品，公元1世纪由亚里士多德学派的安德洛尼可编辑成书。他们继承了亚里士多德的看法，认为逻辑学既不是理论知识，又不是实际知识，只是知识的工具。亚里士多德是许多学科的开创者。与柏拉图不同，他是学科的体系化者，后来许多哲学、科学体系的建立都是以他的体系为模式的。全书收集了亚里士多德6篇逻辑学著作：《范畴篇》、《解释篇》、《前分析篇》、《后分析篇》、《论辩篇》、《辩谬篇》，主要讨论了命题、范畴、三段论等问题，阐述了证明、定义、演绎等方法。《工具论》主要论述了演绎法，该书为形式逻辑奠定了基础，对这门科学的发展有很大影响。

《阳明学述要》

钱穆 著

关于作者

钱穆（1895—1990），字宾四，笔名公沙、梁隐、与忘、孤云，晚号“素书老人”、“七房桥人”，斋号素书堂、素书楼，江苏无锡人，现代历史学家、国学大师。中国学术界尊之为“一代宗师”。

晚清以来，随着社会历史条件的深刻变化和大规模的西学东渐，诸子之学的研究逐渐兴起。特别是“五四”前后，诸子研究蔚然成风。钱穆早年步入学术之门，也是在这一背景下，从子学入手，研究先秦诸子思想及诸子事迹考辨，最终完成了中国近代学术史上的名作《先秦诸子系年》。这部著作对先秦诸子年代、行事及学术渊源，以及对战国史的研究，都作出了极大的贡献，深得学术界的好评。陈寅恪称其“极精湛，心得极多，至可佩服”。顾颉刚则称赞其“作得非常精练，民国以来战国史之第一部著作也”。1930 年，钱穆因发表《刘向歆父子年谱》成名，被顾颉刚推荐，聘为燕京大学国文讲师，后历任北京大学、北平师范大学、西南联大等大学的教授。

1949 年，钱穆赴港，并任亚洲文商学院院长。第二年赴台北筹措学校经费，创办新亚书院，收留战乱流离的学生。钱穆秉承了中国传统知识分子经世救国的抱负，他坦言：“我创办新亚的动机，是因为当初从大陆出来，见到许多流亡青年，到处彷徨，走投无路，又不是人人都有机会到台湾来；而我觉得自己是从事教育工作的人，怎忍眼看他们失学。同时，也觉得自己只有这一条适当的路可以走。虽然没有一点把握，但始终认定这是一件应当做的事。”钱穆这种精神的传播已不仅仅限于香港，更是远播至美国、欧洲等地，“钱穆精神”也由钱穆的门下弟子更为发扬光大。

在繁忙的行政事务之余，钱穆并未放弃学术研究，出版了《国史大纲》、《中国思想史》、《宋明理学概述》、《庄老通辨》、《两汉经学今古文平议》、《孔子与春秋》、《论语新解》等著作。1971 年，钱先生用七年时间完成巨著《朱子新学案》。此书是他晚年的代表作。作者不仅深入论述了朱熹的学术思想，而且花大功夫系统梳理了朱子思想资料，夹叙夹议，精微邃密。作者把朱熹放在整个中国思想史上考察，突出了朱熹在中国思想史后半期的重要历史地位，同时连带地解决了朱子卒后 700 多年来学术思想史上争论不休、疑而未决的一些重要问题。钱先生完成《朱子新学案》以后，将 60 年来主要学术论文汇总，保持原貌，略作改订，编成《中国学术思想史论丛》，共八册。此外，他关于学术思想方面的论著汇集还有《中国学术通义》等。

1990 年 6 月，钱穆先生不满当时身为“立法委员”的陈水扁与台北市议员周伯伦指控他霸占政府建筑物，以 96 岁高龄之身毅然搬离原居素书楼，同年 8 月 30 日逝于台北市杭州南路新寓所。

荐读理由

王阳明，名守仁，字伯安，浙江余姚人。因早年筑室于故乡阳明洞中，所以自谓“阳明子”、“阳明山人”，世称“阳明先生”。明弘治十二年（1499）进士，历任知县、兵部主事、太仆少卿、江西巡抚，兵部尚书，以平定宸濠叛乱加封新建伯。明正德三年（1508）春，因得罪了宦官刘瑾，被贬谪为贵州龙场驿驿丞。王阳明于弘治十八年（1505）开始讲学，是全国有名的朱熹学派思想家，到龙场驿最初的三年，他处于逆境之中，万念俱灰，转而冷静思索，领悟孔孟之道，反省程朱理学，从而摆脱了“以经解经”的羁绊，经独立思考，创立了“知行合一”的学说，被称为“心学”。其学说的精髓在于“心即理”、“知行合一”和“致良知”，在其心学形成的过程中，“龙场悟道”至关重要，它奠定了王学的基石。王阳明在贵州创办了龙冈书院，又应邀主讲文明书院，一时之间，学子群聚，风气大开，对贵州教育特别是自由讲学之风，起了积极推动作用。后来的阳明书院、正学书院、南皋书院都继承了这一传统。

阳明心学主张“心外无物”、“心外无理”。一个比较有名的故事是说，“先生游南镇，一友人指岩中花树，问曰：‘天下无心外之物，如此花树在深山中自开自落，于我心亦何关？’先生回答说：‘你未看此花时，此花与汝心同归于寂；你来看此花时，则此花颜色一时明白起来，便知此花不在你的心外”（《王文成公全书》卷三）。虽然王阳明的这种观点经常被我们看作是主观唯心主义的错误论点加以批判，但部分研究学者对此却也提出了自己的看法，认为王阳明所谓无心则无外物，也许只是说，离却了人主观的灵明，天地万物就变成了无心之物、无意义之物，而无心之物或者说无意义之物就等于无物。

王阳明还提出了“知行合一”的认识论。“今人学问，只因知行分作两事，故有一念发动虽有不善，然却未曾行，便不去禁止”，“我今说个知行合一，正要人晓得一念发动处，便即是行了。发动处有不善，就将这不善的念克倒了，须要彻根彻底，不使一念不善潜伏在胸中，此是我立言宗旨”（《传习录》下卷）。其思想实质是恪守儒家伦理，努力成为圣人。

而现在人们常说的“格物致知”的修养学说，也是王阳明提出的。

“所谓致知格物者，致吾心之良知于事事物物也。吾心之良知，即所谓天理也。致吾心良知之天理于事事物物，则事事物物皆得其理矣。致吾心之良知者，致知也；事事物物皆得其理者，格物也。是合心与理而为一者也”。（《答顾东桥书》）“物者，事也。凡意之所发必有其上级，意所在之事谓之物。格者，正也。正其不正以归于正之谓也。正其不正者，去恶之谓也；归于正正者，为善之谓也。夫是之谓格。”（《大学问》）然“破山中贼易，破心中贼难”。

王阳明“心学”在历史上影响深远，王阳明之后的中国学者几乎都受其影响。顾炎武、王夫之等学者，曾国藩、李鸿章等重臣都恪守“格物致知”的心学理论，一生追求自律自省。

《阳明学述要》原名《王守仁》，初版于1930年。宋明六百年理学，宋代是创始，明代是结束。而王阳明之学尤为明代理学的重镇，理学在他手里达到了顶峰。钱穆先生把王阳明置于理学发展史中加以考察，以精炼的笔法，勾勒王学之大纲与流变，指出阳明思想的价值在于他以一种全新的方式解决了宋儒留下的“万物一体”和“变化气质”的问题，贡献了独特的“良知”理论。

钱穆讲王阳明心学，注重提醒读者“脱弃训诂和条理的眼光，直透大义，反向自心”，以求得王学之“真着精神处”。当明代中叶政治腐败、社会动荡、学术凋敝之际，王阳明高高举起一面知行合一的旗帜，重新设定了人生的出发点和归宿。“破山中贼易，破心中贼难。”王阳明先知般窥破芸芸众生心中之“贼”，他要让人心回到“无善无恶”的纯真地段，走入健全的感性生活，享受天理的荣耀、完美和永恒。如康德所言“在我上者灿烂星空，道德律令在我心中”，王阳明的句句箴言足以让熙熙攘攘的众生驻足聆听。无论你是一个风华正茂的学子，还是一个事业有成的巨擘，在你人生的旅程中匆匆行走的时候，不妨翻阅这本充满智慧和思辨的书，它会让你得到心灵的澄静和精神的富足。

先睹为快

大凡一家学术的地位和价值，全恃其在当时学术界上，能不能提出几许有力量的问题，或者与以解答。自然，在一时代学术创始的时候，那时学者的贡献，全在能提出问题；而一时代学术到结束的时候，那时学者的责任，全在把旧传的问题与以解答。宋明六百年理学，大体说来，宋代是创始，而明代则是结束。王守仁尤是明代学者里的重镇。到他手里，理学才达顶点，以后便渐渐地衰落了。所以评论王学的价值和地位，要看他解答问题的一面。那些问题，是从北宋时早已提出，积叠讨论，遗传下来的。现在要讲王学，先讲宋学里面留下的几个问题。

大体扼要地说来，宋代学者所热烈讨论的问题，不外两部：一部是属于本体论的，一部是属于修养论的。他们虽说是意见分歧，不相统一；但是到底有他们全体一致的见解。他们有全体一致的见解，所以成其为一时代的学风；他们的意见分歧，不相统一，便在共同的学风下面保存着他们各人的精神和面貌。他们对于本体论共同的见解是“万物一体”，他们对于修养论共同的见解是“变化气质”，许多问题便从这上面发生。

最先提出“万物一体”的主张的，可说是周濂溪的《太极图说》，其次便是张横渠的《西铭》。分歧的意见，也便从这里引逗。依据常识的观念，万物只是万物，各个个体是各自分离，各自独立的。现在要说各个体并不各自分离，各自独立，像一般的见解。各个体的内质实在是一个更大的全体，而各个体乃其全体之一相。譬如耳目口鼻，只是人面的一相。要叫人弃掉小我的成见，认识大我的真理。这一番理论如何的说起，这一种证据如何的找寻？这是周濂溪、张横渠提出的问题，而为一辈宋儒所热心的讨究的。

延展阅读

《传习录注疏》

《传习录》是王阳明的重要著作，集中体现了他的心学思想。邓艾民先生的王阳明研究是80年代大陆王阳明研究最重要的成果之一，其《传习录注疏》即使放在今天，仍然是阳明学研究的一流著作。邓著最大特色在于将《传习录》与《阳明全书》作了严密的对照比堪，同时将《传习录》上、中、下三卷打通，对其中互有思想关联的条目作了统一之观察和考辨，这就为从整体上把握阳明思想提供了极大的方便。邓著的另一个重要特色在于其视野从阳明学扩展到了阳明后学，也就是说，他通过对王门各主要弟子的著作及其思想的了解，进而观察王门弟子对《传习录》有何评论或新的阐发，由此向人们“立体”地展示出阳明学的思想展开之进程。

《苏格拉底的申辩》

〔古希腊〕柏拉图　著

关于作者

见《理想国》之“关于作者”。

荐读理由

公元前399年，一个叫莫勒图斯的年轻人在雅典状告哲学家苏格拉底，指控他“亵渎神明”、“腐化青年”。于是，苏格拉底被传讯，在500人组成的陪审团面前作了著名的申辩。但申辩并没有挽救苏格拉底的性命，他最后被判处死刑。

苏格拉底之死和耶稣之死，为西方文明打下了两个基调。而苏格拉底之死之所以成为西方哲学史上的核心事件，首先归功于柏拉图的《苏格拉底的申辩》。《苏格拉底的申辩》记录了苏格拉底在审判庭上的发言。它由三部分组成：第一部分是苏格拉底针对原告的控诉所作的辩词；第二部分是苏格拉底在被判有罪后，发言表态，自择刑罚；第三部分是苏格拉底的诀别，这个时候，法庭经过投票表决，判苏格拉底死刑。

苏格拉底被控诉的罪名之一是“不信本邦崇敬的神灵，另奉新的灵机”。事实上，苏格拉底与雅典人的根本分歧并不在于是否信神、是否引入新神，而在于“信的是怎样的神”。苏格拉底说，“我这样一个人是神灵赐给城邦的”，“所以我到现在还在到处奔波，还在遵照神的意旨检验我认为智慧的每一个人，不管他是本邦公民还是外邦侨民。如果我发觉某人并不智慧，我就协助神指出他不是智慧的人”。如果苏格拉底屈服于雅典人的意志，放弃哲学研究，不再考查别人，这才是对神的不虔诚。恰恰是出于对神的虔诚，苏格拉底才会敢于坚持自己的行为，才会有这样的表示：“雅典公民们，我敬爱你们，但是我要服从神灵胜过服从你们，只要我还有一口气在，还能动弹，我绝不会放弃哲学，绝不停止对你们的劝告，停止给我遇到的你们任何人指出真理。”政治哲学家斯特劳斯认为，苏格拉底引进的其实不是新神，而是哲学的理念。他把对美好生活的追求和对神的虔诚结合起来了。

在这篇申辩篇里，苏格拉底阐明了自己的哲学使命。在雅典人看来，苏格拉底是个蛊惑青年、败坏城邦的智者，企图打破雅典人安逸的生活。正是在苏格拉底的申辩中，雅典人感到苏格拉底对他们安乐生活的威胁，他原来是个“摧毁者”。所以，雅典人才要不惜一切去判处苏格拉底死刑。苏格拉底与雅典人的矛盾是哲学与政治不可避免的矛盾，哲学颠覆了政治存在的基础，而苏格拉底之死就成了政治对哲学的报复。

苏格拉底选择的对自己的惩罚是死刑。在苏格拉底看来，死亡并非法庭对自己的惩罚。对死亡的惧怕是以不知为知，因为人们并不知道死亡是好还是坏，却把死亡当作最大的坏事来惧怕它。在申辩篇的最后，苏格拉底告别雅典公民，并再一次谈到了死亡：“我去死，你们去活。这两条道路哪一条比较好，谁也不清楚，只有神灵知道。”他甚至教育雅典人道：“如果我们用另一种方式考察，那就会看到很有理由希望死是一件好事。”苏格拉底对待死亡如此地超脱还因为他并没有把生与死的问题放在第一位去考虑。在苏格拉底看来，生与死的问题不应该是人首先要考虑的，一个人应该把善恶对错放在第一位。

在这场著名的审判中，雅典法庭的权威在苏格拉底的从容淡定、侃侃而谈下显得黯然失色。苏格拉底之所以为自己申辩，一方面是出于对雅典政治的尊重，更多的或许是要借此机会继续履行自己的哲学使命。至此，《苏格拉底的申辩》中的苏格拉底和《福音书》中的耶稣一样，早已化作一种思想符号。

先睹为快

我的朋友，我也是一个人，像任何人一样，是血肉之躯，而不是木头或者石头做的，像荷马诗句里写的。我也有家人，是的，我有家，也有小孩子，三个，一个刚刚接近成年，另外两个现在还小。但是我不会带他们到这里来博取你们的同情，争取可以被释放。我为什么不这么做呢？不是出于自高自大或者对你们大家不够重视，我们先不讨论我怕不怕死这类问题，我只是觉得不管对我，对你们大家，还是对我们城邦来讲，这么做都很不合适。一个像我这样大把年纪的人，而且有一个号称智者的名声，不管我是不是配得上这个称谓吧，我都觉得我不应该做贬低我自己的事。不管怎么样，这个世界上人们相信，苏格拉底多少比其他人高一点点。如果你们中间那些因为智慧或者勇气或者其他美德，被认为是优秀人物的人，用这种方式辱没他自己，这种行为也是可耻的！我看到过一些久负盛名的人，当他们被判刑的时候表现得简直难以让人理解：好像他们觉得自己死了是很了不得的一件事似的，好像别人不判他刑他就会长生不老。我想说这些人是我们城邦的耻辱。假设有外人来我们城市，看到这些人，他们会怎么想呢？可能应该会说：看看吧，这些就是雅典人的精英，他们自己给予这些人荣誉和职位，可是这些人还不如一个婆娘！我想说这种事情不应该是名人做的，如果他们这么做的话，你们也不应该允许。在判刑的时候，不要更喜欢判那些沉默的人，而是判那些重复无聊表演的人，他们使我们的城市蒙羞！

或者我们换个角度考虑这个问题，我们会看到有很多很好的理由让我们相信死亡是很好的事情，因为死亡无非是两种可能情况之一：或者他就是空空的一无所有也一无所知，或者，他就是像人们说的，是灵魂的一种迁移，从这个世界，到另外一个世界。现在你想象一下有一种无知无觉的状态，就像一个人沉睡得连一个梦都没有的时候，那死亡真的是一种巨大的收获了，如果一个人可以做一个选择，是愿意选那些无梦的沉睡，还是他一生中其他的日日夜夜。我觉得任何一个人，不只是我们这些平常人，包括那些国王们，都会觉得自己一生很少有什么时候比那样沉睡的时候更幸福。如果死亡就是那样的沉睡，我觉得那真是一种巨大的收获，那时候永恒都只是一场沉睡。但是，如果死亡是一个去往另外一个世界的旅程的话，据说那里有所有死去过的人，哦，朋友们，裁决者们，那真是太爽了，还有比这更好玩的事吗？如果真的每一个去往那个世界的朝圣者来到地下的世界，他都会摆脱尘俗对他的判决而去面对一个真正的法官，在那个世界给他判决，这些裁决者将是米诺斯、拉大曼图斯、爱阿库斯、特里扑勒姆斯，以及其他的神之子。这些人自己一生正直，为了他们做一个这样的朝拜确实也是值得的。

所以啊，我的裁决者们。高兴一点看待死亡吧，并且记住一个真理：没有什么坏事会危及一个正直的人，不管是生前还是死后，他和他所有的一切都不会被神所抛弃，我将面临的死亡也不是偶然来到的。只是我看得很清楚，死亡并且解脱对我来讲是更好的选择，所以神意没有给出任何阻止我的信号。也因为这个原因，我并不责怪我的原告，还有判我死刑的人们，他们没有做伤害我的事，当然他们所有人对我也本来就是不怀好意，因此我会有一点不喜欢他们。

分别的时刻来到了，我们会各走各的路，我去死，而你们继续活着，哪一条路更好，只有神才知道。

延展阅读

《斐多篇》

本书是柏拉图通过苏格拉底的学生斐多的回忆，讲述苏格拉底临刑前一天的言行。文章主要通过苏格拉底与他的两个朋友——西米阿斯与克贝的谈话证明灵魂不朽这一命题。

《论优美感和崇高感》

〔德〕伊曼努尔·康德　著

本书是大学里读康德哲学的第一本必读书，也是一本通向康德哲学深奥殿堂的入门书。

关于作者

伊曼努尔·康德（1724—1804），德国哲学家、天文学家、星云说的创立者之一、德国古典哲学的创始人、德国古典美学的奠定者。

康德出生于东普鲁士的哥尼斯贝格，从小在教会办的学校接受教育。1740 年他进入哥尼斯贝格大学神学院，1745 年毕业后当了 9 年的家庭教师。从 1755 年开始，康德一直在哥尼斯贝格大学任教，1770 年晋升为教授。

康德一生没有离开哥尼斯贝格，每天生活极有规律。他每天下午都要在一条街道（后来被命名为“康德小道”）上散步，他准时到当地居民可以按照他出来的时间校正手表的程度。但是，他那刻板、平静的表面生活与他的丰富多彩而又充满着革命思想的内心世界形成了强烈的反差。他在创造了深刻反映启蒙精神的批判哲学之后，又明确地提出了“什么是启蒙运动”这一至今还吸引着哲学家的问题；他一生中只有一次离家到一个一百公里外的城市旅行，但他却像一个阅历丰富的旅行家那样，在人类学著作中对各国风土人情作了详细而生动的描写；他是一个虔诚的教徒，但他的理性宗教观却被普鲁士政论指责为“歪曲蔑视《圣经》和基督教的基本学说”。

康德是卢梭的崇拜者，他与卢梭一样，是一个平民哲学家。他说：“我生性是个探求者，我渴望知识，急切地要知道更多的东西，有所发明才觉得快乐。我曾经相信这才能给予人的生活以尊严，并蔑视无知的普通民众。卢梭纠正了我，我想象中的优越感消失了，我学会了尊重人，除非我的哲学恢复一切人的公共权利，我并不认为自己比普通劳动者更有用。”

人们常说，康德的生平就是他的著作。康德的著作以1770年为界，分前批判时期和批判时期，批判时期的著作又分理论哲学和实践哲学的著作。理论哲学的著作有《纯粹理性批判》和它的简写本《未来形而上学导论》；实践哲学的著作有《道德的形而上学基础》、《实践理性批判》、《完全在理性范围内的宗教》和《道德形而上学》等。他的《判断力批判》是一部内容特殊的著作，其中关于审美判断和目的性判断的论述可以解释为联系理论理性与实践理性的媒介，也可解释为《纯粹理性批判》和《实践理性批判》的补充。

荐读理由

《论优美感和崇高感》是康德1763年写的一篇长文，次年在哥尼斯贝格作为单行本出版，是康德前批判时期最重要的美学著作之一。

本书分为四节，分别是：“论崇高感与优美感的不同对象”、“论人类的崇高与优美的一般性质”、“论崇高和优美在两性相对关系上的区别”、“论民族性——就其有赖于对崇高与优美的不同感受立论”。

康德在书中对两个美学范畴——优美感和崇高感，作了精当的分析，他对两者作出经典的比较和概括：美有两种，即崇高感和优美感。每一种刺激都是令人愉悦的，但却是以不同的方式；崇高感感动人，而优美感则迷醉人；崇高必定是伟大的，而优美却也可以是渺小的；崇高必定是淳朴的，而优美则可以是经过装扮和修饰的。

在康德的三大批判中，人们普遍认为第三批判即《判断力批判》是奠定近代美学理论的基石，即可大致将关于优美感和崇高感的讨论看成是通向判断力批判的钥匙，也可以将其视为康德晚年力图打通天人之际努力的早期尝试。康德在书中提出了很多重要的观点，如美感不是快感，但也不是思辨原则所推导出来的结论；人性之中也不尽都是美，等等。但需要注意的是，《论优美感和崇高感》中的一些提法只是当时流行的见解，作者是受时代所制约的。

通过本书，我们将会看到另一个较有趣味的康德。书中所展现的这位哲人，并不是一个枯涩无味的逻辑学家单纯在进行概念的推导，而是对人性的丰富多彩（及其不足）充满着敏锐的感觉。这一点对于了解康德的全部思想理论，是至关重要的。

康德的学生赫尔德，对《论优美感和崇高感》一书给予了高度的评价。他写道："康德整个是一个社会观察家，整个是一个完美的哲学家。……人和人性之中的伟大和美丽、两性的气质和动机、德行，还有民族性——这些就是他的世界，他非常之精密地注意到了细微的阴影，非常之精密地分析了最为隐蔽的动机，并且非常之精密地勾画出了许多细微的遐想——他整个就是人道之优美而崇高的哲学家。在这种人性哲学上，他是德国的沙夫斯柏里。"

先睹为快

人们各种悦意的和烦恼的不同感受之有赖于引起这些感受的外界事物的性质，远不如其有赖于人们自身的感情如何。愉快和不愉快就是由它所促动的。于是便会有：某些人的快乐对于别人却是痛苦，爱情的烦恼对人人都是一个谜，以及一个人所感到的激烈矛盾而另一个人却可以完全无动于衷。对于人性的这种特点的考察的视野，可以伸展得非常遥远，并且还隐蔽着一片既引人入胜而又富于教益的宝藏有待发掘。目前，我只把自己的目光投在这个领域中看来是特别例外的一些地方——而且即使在这方面，也更其是以一个观察者的、而不是以一个哲学家的眼光。

因为一个人只有满足了一种愿望时，才会发现自己是幸福的。所以使他能够享受巨大的满意（而又并不需要有突出才能）的那种感觉，就肯定是非同小可的了。那些大腹便便的人们，他们精神上最丰富的作家就是自己的厨师，而其所嗜好的作品则只见之于自己的窖藏；他们将会在庸俗的玩笑和下流的开心之中享受到同样活泼的欢乐，正有如感情高尚的人们如此之自豪地所做到的那些一样。一个懒惰的人喜欢听别人朗诵一本书，因为那很容易使他昏昏入睡。

因而真正的德行只能是植根于原则之上，这些原则越是普遍，则它们也就越崇高和越高贵。这些原则不是思辨的规律而是一种感觉的意识，它就活在每个人的胸中而且它扩张到远远超出了同情和殷勤的特殊基础之外。我相信，如果我说它就是对人性之美和价值的感觉，那么我就概括了它的全部。前者乃是普遍友好的基础；后者则是普遍敬意的基础。而当这种感觉在一个人的心中达到了最大的完满性的时候，那么这个人就确实该爱他自己和尊重他自己——但这是仅就他乃是他那博大而高贵的感觉所扩及于一切人之中的一个人而言。唯有当一个人使他自己的品性服从于如此之广博的品性的时候，我们善良的动机才能成比例地加以运用，并且会完成成其为德行美的那种高贵的形态。

有鉴于人性的弱点以及普遍的道德感对于绝大多数人心所能施加的力量之薄弱，天意便在我们身上安置了这类辅助性的冲动作为对德行的补充；它们在推动某些人并无原则地去做美好的行为的同时，也给另外那些受着原则所支配的人们以一种更大的驱策和一种更强的冲动去趋向于美好的行为。同情和殷勤乃是美好行为的基础，但它们或许会被一种庸俗的自私自利之压倒的重量所窒息；正如我们已经看到的，它们根本就不是德行的直接基础，尽管它们既然因为与之相关而受到尊敬，于是也就博得了它们的那种名声。因此，我可以称它们被采用的德行，而把那些有赖于原则的称之为真实的德行。前者是美妙动人的，而后者却是崇高而可敬的。受前一种感情所支配的人便是善心的；反之，人们却有权说一个依据原则而有德行的人的心是一颗高贵的心，而称他本人是一个正直的人。这种被采用的德行和真实的德行有着很大的相似之处，它们对好心好意的行为都带来一种直接的欣慰。好心的人依据直接的殷勤感，没有其他的想法而自由自在恬然自得地活下去，并对任何别人的困苦都感到由衷的同情。

荣誉感往往都被当作是激动型的情绪的一个标志，而我们就可以由此采取一种描述那样一种性格的立场来探索那种美妙感觉——它们大部分只不过是以炫耀为目的——的道德的后果。

延展阅读

《实用人类学》

本书是作者的另一部精品。

康德在本书中说："人能够具有'自我'的观念，这使人无限地提升到地球上一切其他有生命的存在物之上，因此，他是一个人。"本书可以说是康德写得最通俗的一本书，与康德其他著作的深奥、抽象和枯燥形成鲜明对比，这本书充满了情趣和机智，但同时又是极其深刻的。

《判断力批判》

〔德〕伊曼努尔·康德　著

关于作者

见《论优美感和崇高感》之“关于作者”。

荐读理由

本书是康德著名的“三大批判”中的最后一部。在前两部中，康德分别探讨了理性认识和道德意志的先天法则，认为世界分为现象界与物自体两个领域。前者受自然必然律支配，属理解力的认识范围；后者属道德意志范围，行使的是自由的道德律令。在《判断力批判》中，康德寻求两个分割的世界的沟通，认为自由的道德律令要在感性的现实世界实现出来，其中介是反思判断力。既带知性性质，又带理性性质，从特殊去寻求普遍的反思判断力按照“自然合目的性”来沟通认识与道德两大领域，实现自然界的必然王国与道德界的自由王国的和谐，康德在认识论和伦理学之间建构一反思判断，最终完成了其先验论哲学体系。

本书分为“审美判断力批判”与“目的判断力批判”两部分。

第一部分重点分析美和崇高两个范畴。在“美的分析”中，从质（肯定、否定等）、量（普通、个别等）、关系（因果、目的等）和方式（必然、偶然等）四个方面对审美判断作了严格的界定和概括：从质上讲，“那规定鉴赏判断的快感是没有任何利害关系的”；从量上讲，“美是那不凭借概念而普遍令人愉快的”；从关系上讲，“美，它的判定只以单纯形式的合目的性，即无目的的合目的性为根据的”，这也就是美的没有明确目的而却又符合目的性的矛盾或二律背反；从方式上讲，“美是不依赖概念而被当作一种必然的愉快的对象”，这种必然是建立在人都有“共同感受力”这个前提上的。

书中还提出“纯粹美”和“依存美”的区别，认为纯粹美是自由的美，只在于形式，排斥一切利害关系，但不是理想美；理想美是“审美的快感与理智的快感二者结合”的一种美，即“依存美”。在“崇高的分析”中，康德把崇高与美作为两个对立的审美范畴，提出数学的崇高与力学的崇高的概念。康德认为，美只涉及对象的形式，美感是直接、单纯的快感，美可以在对象的形式中找到；而崇高的对象既无形式又无限制，它只存在于审美主体的心里，崇高感是由痛感转化为快感，并与人的理性观念密切相关，由此提出“美是道德的象征”的重要命题。

后一部分则从审美判断力的“主观合目的性”转向对自然界有机体组织的“客观合目的性”的探讨，辩证地表述了康德自己的自然观。

书中亦论及艺术与天才等问题，阐述了艺术与自然、艺术与科学工艺品、艺术与手工艺品的区别，认为美的艺术是天才的艺术。天才的特征有四点：天才不循规蹈矩，具有独创精神；天才不是靠人传授的，只能从天才的作品中窥见法则；天才仅限于艺术领域，不赋予科学；天才的作品皆具有典范性，可作为他人模仿的范本。

《判断力批判》是德国古典美学的奠基之作，对费希特、席勒、谢林、黑格尔、叔本华等人，乃至整个欧洲和后世都产生了深刻影响。

先睹为快

我们可以把出自先天原则的认识能力称之为纯粹理性，而把对它的可能性和界限所作的一般研究称之为纯粹理性批判：尽管我们所理解的这种能力只是在其理论运用中的理性，如同在第一部著作中也已经以那种命名出现过的那样，那时还没有打算把理性能力作为实践理性并按照其特殊原则来加以研究。于是那种批判就只是指向我们先天的认识事物的能力，所以只是讨论认识能力，而排除愉快和不愉快的情感和欲求能力；而在诸认识能力中则根据其先天原则来讨论知性，而排除（作为同属于理论认识的能力的）判断力和理性，因为在这一进程中的情况是，除了知性以外，任何别的认识能力都不可能提供出构成性的先天认识原则。所以这个批判按照其他每一种能力或许会自以为出于自己的根芽而在知识的现金资产中所拥有的份额，对所有这些能力加以审查，它没有剩下别的，只有知性先天地作为对自然、即诸现象的总和（这些现象的形式同样也是先天被给予的）的规律而制定的东西；但这个批判使所有其他的纯粹概念都听从理念的指点，这些理念对于我们的理论认识能力来说是言过其实的，但却或许并不是无用的和可以缺少的，而是用作调节性的原则：一方面抑制知性的这种令人担忧的僭妄，好像它（由于它能够先天地定出它所能认识的一切事物的可能性条件）由此就把任何一般物的可能性也包括在这个界限内了似的；另一方面在考察自然界时按照一条知性永远也达不到的完整性原则来引导知性本身，并由此来提进一切知识的最终意图。

所以真正说来是知性，就其含有先天的构成性认识原则而言，作为拥有，也就是在认识能力中拥有它自己的领地的知性，本应当通过一般地这样称呼的纯粹理性批判而在所有其他有资格的能力面前确保自己独占的财产。同样，仅仅只在欲求能力方面包含有先天构成性原则的那种理性，它的财产已在实践理性批判中被分得了。

那么，在我们认识能力的秩序中，在知性和理性之间构成一个中介环节的判断力，是否也有自己的先天原则；这些先天原则是构成性的还是仅仅是调节性的（因而表明没有任何自己的领地），并且它是否会把规则先天地赋予作为认识能力和欲求能力之间的中介环节的愉快和不愉快的情感（正如同知性对认识能力、理性对欲求能力先天地制定规律那样）：这些正是目前的这个判断力的批判所要讨论的。

对于纯粹理性，即对我们根据先天原则进行判断的能力所作的一个批判，如果不把判断力的批判（判断力作为认识能力自身也提出了这一要求）作为自己的一个特殊部分来讨论的话，它就会是不完整的；尽管判断力的诸原则在一个纯粹哲学体系里并不能在理论哲学和实践哲学之间构成任何特殊的部分，而只能在必要时随机附加于双方中的任何一方。因为，如果这样一个体系要想有一天在形而上学这个普遍的名称下实现出来的话（完全做到这一点是可能的，而且对于理性在一切方面的运用是极为重要的）：那么这个批判就必须对这个大厦的基地预先作出这样深的探查，直到奠定不依赖于经验的那些原则之能力的最初基础，以便大厦的任何一个部分都不会沉陷下去，否则将不可避免地导致全体的倒塌。

延展阅读

《自然通史和天体论》

本书是作者的另一部精品。康德在本书中首先提出太阳系起源——星云说。康德在书中指出：太阳系是由一团星云演变来的。这团星云由大小不等的固体微粒组成，“天体在吸引力最强的地方开始形成”，引力使微粒相互接近，大微粒吸引小微粒形成较大的团块，团块越来越大，引力最强的中心部分吸引的微粒最多，首先形成太阳。外面微粒的运动在太阳吸引下向中心体下落，由于其他微粒碰撞而改变方向，形成绕太阳的圆周运动，这些绕太阳运转的微粒逐渐形成几个引力中心，最后凝聚成绕太阳运转的行星。卫星的形成过程与行星相似。但是，由于当时形而上学自然观的排斥，这个理论并没有引起人们的注意，长期被埋没。直到 1796 年，法国著名数学家和天文学家拉普拉斯在他的《宇宙体系论》一书中，独立地提出了另一种太阳系起源的星云假说，人们才想起 41 年前康德已提出此理论。因而后人把此学说称为康德—拉普拉斯星云假说。整个 19 世纪，这种学说在天文学中一直占有统治地位。

《纯粹理性批判》

〔德〕伊曼努尔·康德　著

关于作者

见《论优美感和崇高感》之“关于作者”。

荐读理由

这部划时代的著作于1781年首次出版。它是著名的三部曲的第一部，其他两部分别是1788年出版的《实践理性批判》和1790年出版的《判断力批判》。这三部被人们誉为“三大批判”的哲学巨著，以尖锐激烈、富于挑战性的言词在极广阔的领域内提出一系列有独创性的见解，形成了康德“真”、“善”、“美”的庞大的批判哲学思想体系。在康德看来，纯粹经验基于经验，带给人类知识，但是实践经验不是基于经验，而是基于“先验”，它假设了人类的自由意志、上帝和道德。因此，康德试图在唯物主义和唯心主义之间，找到一个结合点。

《纯粹理性批判》是一部篇幅巨大、艰深难懂而又具创造性的哲学名著。“纯粹理性”是指独立于一切经验的理性，“批判”是指对纯粹理性进行考察。康德为本书冠以这一名称，是为弄清人类认识的来源、范围及其界限。本书分为篇幅很不相称的两部分："先验原理论"和"先验方法论"，其中"先验原理论"为全书的关键和主体，同时也是最难阅读的部分。

18世纪的欧洲哲学界，认识论问题占据突出的地位，并形成了以莱布尼茨为代表的唯理论和以休谟为代表的经验论两大认识论派别。康德的观点是：人类的认识开始于经验，知识来自于理性。依康德的这一观点，人类知识的来源有两个：一个是人的感官提供的后天感觉经验，这些经验是混乱零散的东西；另一个是人类头脑中先天固有的带有必然性和普遍性的认识能力。人类的认识活动就是用先天的认识能力对感官提供的后天经验进行整理，才能形成科学知识，因此人们头脑中任何一个科学知识都是这两方面组成的，二者缺一不可。

康德指出，人类的理性中存在着"时间"和"空间"两种"直观形式"，这两种形式先于一切经验，并且是经验形成的前提条件。康德认为，即使人的感官没有任何实际对象，"时间"和"空间"也先天地存在于人的意识中。当人们进行认识活动时，我们体验到的外部世界就是一连串处于"时间"和"空间"形式中的过程，运用"先天的"思维形式对这一过程中混乱零散的感觉材料进行整理加工，人们才能获得感性认识。所以只有从人类的立场，才能谈到空间与时间，它们不可能离开人类主体而独立存在，它们属于人类的条件，是人类感知的先天方式，并非物质世界的属性。

康德进一步指出，人们通过"时间"与"空间"形式获得的感性认识并不具有普遍性和必然性，感性只能认识直观材料，不能算科学，还必须经过更高一级被称为"知性"的人类思维活动。而"知性"则是运用范畴、概念进行判断推理的思维能力。康德说："思维无内容是空的，直观无概念是盲的。"所以必须将两者结合起来，才能产生严格意义上的知识。与"时间"和"空间"相同的是，"知性"也不从自然界中得出它的规律，而是把自己的规律加于自然界，所以正如康德所说："人是自然界的立法者。"

最后，康德指出，人类通过"知性"获得的科学知识，仅仅是对"现象界"的认识。而"现象界"中的东西是相对的、有条件的，不能满足人类的求知欲望。要超出"现象界"的认识，进一步把"知性"的各种知识再加以"综合"、"统一"，把它们整理成无条件的、绝对完整的知识，这是人最高级的认识能力，叫"理性"。康德认为"理性"企图达到最完整、最高的统一体：灵魂、世界和上帝。康德把这三个统一体称为"理性的理念"。

康德曾经说："我生性是一个探求者，我渴望知识，不断地向前进，有所发明才快乐。"他在认识论以及古典哲学上的创新之功，确实使人类向前迈出了一大步。

先睹为快

一切普泛所谓判断之普遍的（虽仅消极的）条件，（不问吾人所有知识之内容如何，及与对象之关系如何）为不自相矛盾；盖若自相矛盾，则此等判断之自身，即不就其与对象之关系而言，亦为空虚不实者。但即令吾人之判断不包含矛盾，而其联结概念之方法不与对象相合，或无"先天的或后天的根据"足证此判断之正当，则即无一切内部之矛盾，此判断仍为虚伪或无根据者。

"凡与事物矛盾之宾词，决不能属于此事物"之命题，名为矛盾律，乃一切真理之普遍的（虽仅消极的）标准。以此之故，此原理仅属于逻辑。其所适用之知识，仅普泛所谓之知识，与其内容无关，其所主张即：矛盾乃完全取消知识及使之无效者。

但矛盾律亦容有积极的使用，即不仅排除虚伪及误谬（此等虚伪及误谬，限于由矛盾而来者），且亦以之认知真理。盖若此之判断为分析的，则不问其为否定或肯定，其真理固常能依据矛盾律真切认知之。凡与“包含在对象之知识中及在其中所思维”之概念相反者，当然常为吾人所摈除。但因与此概念相反者，当与对象矛盾，故此概念自身自当必然为对象所肯定。

故于矛盾律必须认为一切分析的知识之“普遍的而又完全充足的原理”；但在分析的知识之范围以外，此矛盾律就其为真理之充足标准而言，实无其使用之权威及领域。凡与矛盾律相背之知识，决不能免于自己否定之事实，乃使矛盾律成为不可欠缺之条件，但非吾人所有“非分析的知识之真理”之决定根据。顾在吾人之批判的研究中，所论究者仅为吾人所有知识之综合部分；关于此种知识之真理，吾人固须时常注意不与矛盾律相背（因矛盾律为不可背者），但决不能自矛盾律求取任何积极之指导。

此著名之原理，虽无内容而仅为方式的，但有时由于疏忽，以含有极不需要之综合要素之糅杂成分之方法形成公式。其公式为：某某事物同时属有属无乃不可能者。此公式，姑不论以“不可能”一词所表现之必然的确实性为辞费——因命题之性质已足明其为必然的确实者——且此命题乃受时间条件之影响者。故可改为：甲等于乙，同时即不能为非乙，但在时间继续中固能兼为乙与非乙二者。例如某人为青年，同时不能又为老人，但在某一时期中为青年，在别一时期中为非青年（老人）固自可能也。但矛盾律纯为逻辑的原理，其主张不容受时间关系之制限。故以上公式，完全与矛盾律之原意相背。其误解乃起于吾人先将事物之一宾词与此事物之概念脱离，以后又以此宾词与其相反之宾词联结故耳——此一进程，绝不发生与主词之矛盾，仅与“已与主词综合的联结之宾词”相矛盾，即令如是亦仅在两宾词同时肯定时始发生矛盾。今如谓不学之某人为无学问者，则必须加以“同时”之条件；盖此人一时虽为不学之人，而在其他时期则固可成为有学问之人。但若谓凡不学之人皆非有学问者，则此命题为分析的，盖不学之属性今已成为主词之概念，而此消极的判断之真理，亦已明显其为矛盾律之直接的结论，无须“同时”云云之补充条件。此即我以上改变其公式之理由，盖可使分析的命题之性质由之显然呈露也。

延展阅读

《未来形而上学导论》

本书是作者的另一部精品，全称是《任何一种能够作为科学出现的未来形而上学导论》，包含了康德哲学体系最主要的观点，而且言简意赅，一针见血。本书可以说是康德前一部巨著《纯粹理性批判》的“通俗本”。在书中，康德对人的认识能力作了一个批判性的研究，要为人类未来建立一种真正的、作为科学的形而上学做好头脑上的准备。

《存在与时间》

〔德〕马丁·海德格尔　著

《存在与时间》为海德格尔赢得了“实存主义哲学家”的称号。

关于作者

马丁·海德格尔（1889—1976），20世纪重要的哲学家。出身于一个天主教家庭，早年在教会学校读书。17岁时，他从一位神父那里借到布伦坦诺的《亚里士多德所说的存在的多重意义》一书，对存在意义的问题产生兴趣。1909年，海德格尔进入弗莱堡大学先学神学两年，后转入哲学，并同时修读人文科学和自然科学。1914年，他获得了博士学位。第一次世界大战爆发后，在1914年8月，海德格尔应征参军，但两个月后因为健康欠佳而退伍。1917年再次入伍，在西线战场服役。

1918年，从战场回来后，海德格尔正式成为胡塞尔的高级助教，在胡塞尔的指导下一面学习一面任教。讲课的内容大多围绕亚里士多德。虽然深受胡塞尔的现象学的熏陶，但他授课的重点却不完全是胡塞尔式的。

海德格尔指出，西方哲学自从柏拉图开始便误解存在的意思，去研究个别存在的问题而不去研究存在本身的问题。换句话说，海德格尔相信所有对存在的探讨都把焦点放在个别存在物及其性质上。对于海德格尔来说，一个对存在更可信的分析是查探已经了解的存在物的基础或者促成存在物如实体展现的背后基础。但是哲学家都忽略了这个更基本的理论前期的存在，并且以此推导其他理论，错把那些理论在各处应用，最终混淆了我们对存在及人类存在的理解。为避免加深这些误解，海德格尔认为哲学的探求应该以新方式来进行，重踏哲学历史足迹，一步一步出发。

1923 年，海德格尔开始担任马尔堡大学哲学教授，与他共事的有神学家鲁道夫·布尔特曼、尼科拉·哈特曼、新康德主义哲学家那托普。这一时期，他开始专心写作《存在与时间》的第一稿，1925 年夏天他的讲课稿件《时间概念的历史》就是《存在与时间》的雏形，并于 1927 年正式出版。海德格尔开始了对西方哲学史的系统性的阐释。他从现象学的、解释学的、存在论的角度研究了一些重要哲学家的著作，并且试图将这些著作未被思考过的前提和偏见展示出来。根据海德格尔的说法，所有至今的哲学蓝图，都是对世界的单向度的理解，这种单向度，他认为是所有形而上学的标志。

1928 年，胡塞尔退休，海德格尔也辞去马尔堡大学的职位，回到弗莱堡大学继续教授胡塞尔创办的哲学讲座。

自 1931 年起，海德格尔与德国纳粹党关系越来越密切。1933 年，他加入了纳粹党并当选为弗莱堡大学的校长。他的就职演说运用了大量的纳粹的，或与纳粹宣传合拍的言词，这使他臭名远播。1945—1947 年，法国职业当局因为他的纳粹党背景而禁止他任教。到了 1951 年，更撤销他荣誉退休教授所享有的特权。1976 年，海德格尔于出生地梅斯基希与世长辞并以罗马天主教仪式安葬。

海德格尔深深地影响了一代思想家：让·保罗·萨特、雅克·德里达、米歇尔·福柯、尚－吕克·农西等等。他在现象学、存在主义、解构主义、诠释学、后现代主义、政治理论、心理学及神学等学科领域均作出了巨大的贡献。

荐读理由

《存在与时间》是德国哲学家海德格尔前期的代表著作，1926 年写就，翌年出版。

《存在与时间》的核心问题是对“存在”的探讨。海德格尔认为，自柏拉图以来的西方哲学都把“存在”的问题作为“存在者”的问题来处理了，就是在没有弄清存在者如何存在前就先验地肯定了它们的存在，从而导致对“存在”的遗忘。这样建立起来的哲学本体论是“无根的本体论”。

继承了古希腊的思辨传统，海德格尔对于日常语言中的“是”或“存在着”的意旨提出诘问，并重新提出“存在的意义”的问题。作者力图唤醒对这个问题本身的意义的重新领悟，具体而细微地把“存在”问题梳理清楚，而初步目标就是对“时间”进行阐释，表明任何一种存在之理解都必须以时间为其视野。

在《存在与时间》中，海德格尔对自己的哲学探索工作作了如下的定义：“哲学是普遍的现象学、存在学；它是从此在的解释学出发的，而此在的解释学作为生存论分析把一切哲学发问的主导线索的端点固定在这种发问所从之出且向之归的地方上了。”从这段话中，我们首先可以看出海德格尔前期哲学的两个基本的思想和方法要素：现象学和解释学。

海德格尔对胡塞尔的现象学作了存在学的改造，而这种改造首先并且主要表现在方法上的汲取。海德格尔认为，现象学乃是存在学的方法，这种现象学方法有三个基本环节：“现象学的还原”、“现象学的建构”和“现象学的解构”。“现象学的还原”使他得以“面向事实本身”；“现象学的建构”在海德格尔哲学中展开为“此在的解释学”，即此在的生存论分析，构成《存在与时间》已完成部分的主体；而“现象学的解构”则呈现为对传统存在学的历史的批判分析。海德格尔将现象学与解释学结合起来，这种结合既是对现象学的改造，也是对解释学的提升。

《存在与时间》也是20世纪最重要的哲学著作之一，不仅影响了此后多种重要哲学流派和哲学家，而且在文学批评、社会学、神学、心理学、政治学、法学等领域产生了广泛而深刻的影响。

先睹为快

存在的意义问题还有待提出。如果这个问题是一个基本问题或者说唯有它才是基本问题，那么须对这一问题的发问本身作一番适当的透视。所以，我们必须简短地讨论一下任何问题都一般地包含着的东西，以便能使存在问题作为一个与众不同的问题映入眼帘。

任何发问都是一种寻求。任何寻求都有从它所寻求的东西方面而来的事先引导。发问是在“其存在与如是而存在”的方面来认识存在者的寻求。这种认识的寻求可以成为一种“探索”，亦即对问题所问的东西加以分析规定的“探索”。发问作为“对……”的发问而具有问之所问。一切“对……”的发问都以某种方式是“就……”的发问。发问不仅包含有问题之所问，而且也包含有被问及的东西。在探索性的问题亦即在理论问题中，问题之所问应该得到规定而成为概念。此外，在问题之所问中还有问之何所以问，这是真正的意图所在，发问到这里达到了目标。既然发问本身是某种存在者即发问者的行为，所以发问本身就具有存在的某种本己的特征。发问既可以是“问问而已”，也可以是明确地提出问题。后者的特点在于：只有当问题的上述各构成环节都已经透彻之后，发问本身才透彻。

存在的意义问题还有待于提出。所以，我们就必须着眼于上述诸构成环节来讨论存在问题。

作为一种寻求，发问需要一种来自它所寻求的东西方面的事先引导。所以，存在的意义已经以某种方式可供我们利用。我们曾提示过：我们总已经活动在对存在的某种领会之中了。明确提问存在的意义、意求获得存在的概念，这些都是从对存在的某种领会中生发出来的。我们不知道“存在”说的是什么，然而当我们问道“‘存在’是什么”时，我们那已经栖身在对“是”（“在”）的某种领会之中了，尽管我那么还不能从概念上确定这个“是”意味着什么。我们从来不知道该从哪一视野出发来把握和确定存在的意义。但这种平均的含混的存在之领会是个事实。

这种存在之领会不管怎样摇曳不定、时隐时现，甚至于仅流于单纯字面上的认识，但这种向来已可供利用的存在之领会的不确定本身确是一种积极的现象，虽然这种现象还有待廓清。探索存在意义的工作不宜在开端处就来阐发这种现象。只有凭借成形的存在概念，阐释通常的存在之领会的工作才能赢得它所必需的指导线索。借助于存在概念以及这一概念本身所包含的明确领会这一概念的诸种方式，我们将能够弄清楚：变得晦暗的或尚未照亮的存在之领会意指什么？有哪些方式可能或必然使存在的意义变得晦暗，可能或必然阻碍鲜明地照亮存在的意义？

平均且含混的存在之领会复又浸透着流传下来的关于存在的理论与意见。这些流传下来的理论作为这占统治地位的领会的源头，却又始终暗藏不露。——存在问题所寻求的东西并非全然陌生，虽然在最初的确完全无法把握它。

延展阅读

《演讲与论文集》

本书是作者的另一部精品。

全书共收录 11 篇文章，除一篇作于 1936—1946 年间，其余均为 20 世纪 50 年代初期的作品。全部文章被编为三组。第一组的主题可以概括为对“存在历史”的“另一个转向”意义上的技术之本质、形而上学之终结问题的思考；第二组的主题可以概括为对存在的“聚焦”运作以及对与之相应的本源性“思想”的思索；第三组的主题是早期希腊思想，是海德格尔对存在历史的“第一个开端”的探讨。

《林中路》

〔德〕马丁·海德格尔　著

关于作者

见《存在与时间》之“关于作者”。

荐读理由

《林中路》是海德格尔的后期代表作品之一，在当代学术界享誉甚高，业已被视为20世纪西方思想的一部经典著作。它集中了海德格尔后期的思想，是一部厚重之作。

经历了纳粹政权时期，海德格尔的思想也经历了自我修正，《林中路》正是海德格尔后期思想的结晶。本书汇集了作者20世纪三四十年代创作的六篇重要文章，分别是：《艺术作品的本源》、《世界图像的时代》、《黑格尔的经验概念》、《尼采的话“上帝死了”》、《诗人何为?》、《阿那克西曼德之箴言》。这些文章初看起来是很难统一的，但几乎包含海德格尔后期思想的所有方面，均体现了海德格尔这一时期的愈发趋于成熟的思想。

海德格尔在《林中路》中表述了围绕“存在的真理”问题对艺术和诗的本质的沉思，主要体现在《艺术作品的本源》和《诗人何为?》两篇文章中。海德格尔把这个普遍技术化的“世界时代”标识为“世界暗夜的贫困时代”，处身于“世界黑夜”中的人类正在经受着“世界历史”的前所未有的严峻考验。

另一方面，海德格尔在书中表达了其独特的存在历史观。在《阿那克西曼德之箴言》和《黑格尔的经验概念》两篇文章中，海德格尔借阿氏和黑氏的思考，表达了自己对西方形而上学历史以及西方文明史的总体观点。

《林中路》并非“传统的”哲学著作。人们所熟悉的德国古典哲学的正经面孔，在海德格尔这本《林中路》中是没有的。今天我们似乎已经可以说，这是一本“反哲学的哲学著作”，它在当代西方后现代的思想中占有重要地位。

先睹为快

本源一词在此指的是，一个事物从何而来，通过什么它是其所是并且如其所是。某个东西如其所是地是什么，我们称之为它的本质。某个东西的本源就是它的本质之源。对艺术作品之本源的追问就是追问艺术作品的本质之源。按照通常的想法，作品来自艺术家的活动，是通过艺术家的活动而产生的。但艺术家又是通过什么、从何而来成其为艺术家的呢？通过作品；因为一件作品给作者带来了声誉，这就是说：唯有作品才使艺术家以一位艺术大师的身份出现。艺术家是作品的本源。作品是艺术家的本源。彼此不可或缺。但任何一方都不能全部包含了另一方。无论就它们本身还是就两者的关系来说，艺术家与作品向来都是通过一个第三者而存在的；这个第三者乃是第一位的，它使艺术家和艺术作品获得各自的名称。

这个第三者就是艺术。

正如艺术家必然地以某种方式成为作品的本源，其方式不同于作品之为艺术家的本源，同样地，艺术也以另一种不同的方式确凿无疑地同时成为艺术家和作品的本源。但艺术竟能成为一个本源吗？哪里以及如何有艺术呢？艺术，它只还不过是一个词语而已，再也没有任何现实事物与之对应。它可以被看作一个集合观念，我们把仅从艺术而来才是现实的东西，即作品和艺术家，置于这个集合观念之中。即使艺术这个词语所标示的意义超过了一个集合观念，艺术这个词语的意思恐怕也只有在作品和艺术家的现实性的基础上才能存在。抑或，事情恰恰相反？唯当艺术存在，而且是作为作品和艺术家的本源而存在之际，才有作品和艺术家吗？

无论怎样作出决断，关于艺术作品之本源的问题都势必成为艺术之本质的问题。可是，因为艺术究竟是否存在和如何存在的问题还是悬而未决的，所以，我们将尝试在艺术无可置疑地起现实作用的地方寻找艺术的本质。艺术在艺术—作品中成就本质。但什么以及如何是一件艺术作品呢？

什么是艺术？这应当从作品那里获得答案。什么是作品？我们只能从艺术的本质那里经验到。任何人都能觉察到，我们这是在绕圈子。通常的理智要求我们避免这种循环，因为它是与逻辑相抵牾的。人们认为，艺术是什么，可以从我们对现有艺术作品的比较考察中获知。而如果我们事先并不知道艺术是什么，我们又如何确认我们的这种考察是以艺术作品为基础的呢？但是，与通过对现有艺术作品的特性的收集一样，我们从更高级的概念作推演，也是同样得不到艺术的本质的；因为这种推演事先也已经看到了那样一些规定性，这些规定性必然足以把我们事先就认为是艺术作品的东西呈现给我们。可见，从现有作品中收集特性和从基本原理中进行推演，在此同样都是不可能的；若在哪里这样做了，也是一种自欺欺人。

因此，我们就不得不绕圈子了。这并非权宜之计，也不是什么缺憾。踏上这条道路，乃思想的力量；保持在这条道路上，乃思想的节日——假设思想是一种行业的话。不仅从作品到艺术和从艺术到作品的主要步骤是一种循环，而且我们所尝试的每一个具体步骤，也都在这种循环之中兜圈子。

为了找到在作品中真正起着支配作用的艺术的本质，我们还是来探究一下现实的作品，追问一下作品：作品是什么以及如何是。

艺术作品是人人熟悉的。在公共场所，在教堂和住宅里，我们可以见到建筑作品和雕塑作品。在博物馆和展览馆里，安放着不同时代和不同民族的艺术作品。如果我们根据这些作品的未经触及的现实性去看待它们，同时又不至于自欺欺人的话，那就显而易见：这些作品与通常事物一样，也是自然现存的。一幅画挂在墙上，就像一支猎枪或者一顶帽子挂在墙上。一幅油画，比如凡·高那幅描绘一双农鞋的油画，就从一个画展转到另一个画展。人们运送作品，犹如从鲁尔区运送煤炭，从黑森林运送木材。在战役期间，士兵们把荷尔德林的赞美诗与清洁用具一起放在背包里。贝多芬的四重奏存放在出版社仓库里，与地窖里的马铃薯无异。

延展阅读

《形而上学导论》

本书是作者的另一部精品。

海德格尔一生都在讲形而上学，因而他讲形而上学常有深刻的分析、描述，甚至批评。本书是海德格尔的重要著作之一。海德格尔在本书中把“存在的问题”当作形而上学的基本主题来进行追问，认为形而上学应该追问的是“在”，而不是“在者”。为此，他追溯了“在”的语法和语源，并从历史的角度对各种哲学流派进行了研讨。

《悲剧的诞生》

〔德〕弗里德里希·威廉·尼采　著

本书是尼采的第一部著作，被称为尼采的“哲学诞生地”。

关于作者

弗里德里希·威廉·尼采（1844—1900），德国著名哲学家，西方现代哲学的开创者，卓越的诗人和散文家。他最早开始批判西方现代社会，然而他的学说在他所在的时代却没有引起人们重视，直到20世纪才激起深远的、各异的回声。后来的生命哲学、存在主义、弗洛伊德主义、后现代主义，都以各自的形式回应尼采的哲学思想。

1844年10月15日，尼采出生在普鲁士萨克森州勒肯镇附近洛肯村的一个乡村牧师家庭。幼年时代，尼采的父亲和弟弟相继过世，使天性敏感的尼采性格更加忧郁。尼采回忆：“在我早年的生涯里，我已经见过许多悲痛和苦难……从童年起，我就寻求孤独，喜欢躲在无人打扰的地方。往往是在大自然的自由殿堂里，我在那里找到了真实的快乐。”父亲死后第二年，尼采随母亲和妹妹迁居瑙姆堡，从此便生长在一个完全女性的家庭里，她们把他娇惯得脆弱而敏感。受到身为清教徒的母亲的影响，尼采终生保持着清教徒的本色。

学生时代的尼采对文学和音乐表现出极大的兴趣。中学时，尼采接受严格的古典课程训练。1864 年，尼采进入波恩大学攻读神学和古典语言学，但第一学期结束后，便不再学习神学了。他不再满足于科学世界的清晰与冷静，他热爱希腊诗人，崇尚希腊神话中各种具有鲜明特点的人物，并把他们巧妙地同德意志的民族精神结合起来。尼采还在学校学习时就深深体会到弘扬本国、本民族文化的重要性，这充分地体现于他对古文字、文学和古典主义艺术的热爱。

1869 年 2 月，年仅 25 岁的尼采被聘为瑞士巴塞尔大学古典语言学教授。此后的十年是尼采一生中相对愉快的时期，他成为巴塞尔学术界的精英和当地上流社会的新宠，结识了他所崇拜的音乐家瓦格纳夫妇并结为至交。然而好景不长，不久便传来了德法开战的消息，尼采主动要求上前线。

战争归来后，尼采于 1872 年发表了他的第一部专著《悲剧的诞生》。这篇作品虽然充满了反潮流的气息，但是已经形成了尼采一生的主要哲学思想。尼采哲学的主题是生命的意义问题，而他对这个问题的解答便是：靠艺术来拯救人生，赋予生命以一种审美的意义。他宣告："上帝死了！"彻底动摇了西方思想体系的基石，他高蹈的"超人哲学"与酒神精神产生了巨大影响。尼采并不就此止步，他毅然攻击最受尊敬的典范——大卫·斯特劳斯。1873 至 1876 年间，尼采相继出版了以文化批评为主旨的四篇长文，结集为《不合时宜的考察》一书。作品出版后，在引来喝彩的同时也遭到了部分语言学家的排斥，其教授的名声也因此受到了极大的损伤。

1879 年，尼采辞去了巴塞尔大学的教职，开始了十年的漫游生涯，同时也进入了创作的黄金时期。这一时期，尼采先后完成了《查拉图斯特拉如是说》、《善恶的彼岸》、《道德的谱系》。他的主要作品还有《瓦格纳事件》、《偶像的黄昏》、《反基督徒》、《看哪这人!》、《尼采反驳瓦格纳》。尼采希望摧毁陈旧的道德，为超人铺平道路，但是他陈述的一些理由却难以成立。此外，他在作品中所阐述的伦理学的体系还给人留下极为夸张的印象，它们写得标新立异，很有深度。但同时这些书也具有闻所未闻的攻击性和令人瞠目的自我吹嘘。因为意见上的分歧，尼采与瓦格纳也断绝了来往。

1889年，长期不被人理解的尼采由于无法忍受长时间的孤独，在都灵大街上抱住一匹正在受马夫虐待的马的脖子，最终失去了理智。数日后，他的朋友奥维贝克赶来都灵，把他带回柏林。自此，尼采进入了他的生命的最后十年。他先是住在耶拿大学精神病院。1890年5月，尼采被母亲接回到南堡的家中照料。

1900年8月25日，这位生不逢时的思想大师在魏玛与世长辞，享年55岁。尼采的一生饱受漂泊和病痛之苦，更为不幸的是，他的学说常常受到误解和歪曲。德国纳粹分子曾把他的学说肆意曲解为法西斯的理论支柱。希特勒曾亲自去拜谒尼采之墓，并把《尼采全集》作为寿礼送给墨索里尼。

尼采既具哲学家的深邃之洞见，又有诗人的澎湃激情。深受他影响的思想文化巨人有：里尔克、萧伯纳、弗洛伊德、加缪、萨特、海德格尔、梁启超、鲁迅等。尼采和马克思、牛顿、爱因斯坦、达尔文等同时荣获“千年十大思想家”的盛誉。

荐读理由

《悲剧的诞生：源于音乐的灵魂》是尼采的第一部著作，于1872年出版，在1886年改为《悲剧的诞生：希腊文化和悲观主义》重新出版。本书是一部较为系统的美学和哲学著作，被誉为尼采的“哲学诞生地”。

在尼采之前，德国启蒙运动的代表人物歌德、席勒、文克尔曼均以人与自然、感性与理性的和谐来说明希腊艺术繁荣的原因。尼采一反传统，认为希腊艺术的繁荣不是缘于希腊人内心的和谐，反倒是缘于他们内心的痛苦和冲突，因为过于看清人生的悲剧性质，所以产生日神和酒神两种艺术冲动，要用艺术来拯救人生。尼采将古希腊文明描述为两种独特派系的不断斗争，即日神阿波罗派与酒神狄奥尼索斯派。

日神是光明之神，他的光辉使万物呈现美的外观。而在尼采看来，美的外观本质上是人的一种幻觉。梦是日常生活中的日神状态。在艺术中，造型艺术是典型的日神艺术，表现在荷马史诗和希腊雕塑中的奥林匹斯众神形象堪称日神艺术的典范。日神冲动为制造幻觉的强迫性冲动，具有非理性性质。

酒神的象征来自希腊酒神祭，在此种秘仪上，人们打破一切禁忌，狂饮滥醉。因此酒神象征情绪的放纵。尼采说：酒神状态是“整个情绪系统激动兴奋”，是“情绪的总激发和总释放”。在酒神状态中，艺术“作为驱向放纵之迫力”支配着人。酒神情绪是一种悲剧性情绪。尼采认为，这是为追求一种解除个体化束缚、复归原始自然的体验。对于个体来说，个体的解体是最高的痛苦，然而这痛苦却解除了一切痛苦的根源，获得了与世界本体融合的最高的欢乐。所以，酒神状态是一种痛苦与狂喜交织的癫狂状态。在艺术中，音乐是纯粹的酒神艺术，悲剧和抒情诗求诸日神的形式，但在本质上是酒神艺术，是世界本体情绪的表露。

总之，日神和酒神都植根于人的至深本能，前者是个体的人借外观的幻觉自我肯定的冲动，后者是个体的人自我否定而复归世界本体的冲动。在一定意义上，两者的关系同弗洛伊德的生本能和死本能有相似之处，均属非理性的领域。

尼采用日神阿波罗和酒神狄奥尼索斯的象征来说明艺术的起源、功用乃至人生的意义，构成尼采美学和哲学的前提。《悲剧的诞生》一书的主要目的不在于对悲剧进行纯理论的探讨，而是从人生哲学的角度探讨了悲剧与人生的关系，提倡一种审美的人生态度，建立起一种悲剧人生观。

尼采的悲剧人生观强调，只有在酒神状态中，人们才能认识到个体生命的毁灭和整体生命的坚不可摧，由此才产生出一种快感，一种形而上的慰藉。在悲剧中所体现出的人生态度是一种非科学的、非功利的人生态度。尼采对西方自苏格拉底以来的理性主义的、科学主义的和功利主义的人生观进行了猛烈的批判，认为它们是一种浅薄的乐观主义，它们只能使人类丧失生存的基础，人类只有在悲剧的再生中才能实现自我拯救。

《悲剧的诞生》刚发表时受到了不少古典文字学家的激烈批评，甚至到了 1886 年，尼采本人也对这本书持保留态度，将其称为“一本难以忍受的书”。但不可否认的是，本书对西方近代文化的批判具有不可替代的积极意义。

先睹为快

凡是属于希腊悲剧中梦神成分的对话部，在表面上总是简单的、明晰的、美丽的。在这一意义上，这种对话是希腊民族性的反映，希腊人的天性在舞蹈方面也显露出来。因为，虽则在舞蹈时他们的最大能力还是潜伏未发，但是在变化万千丰富多彩的动作中已泄漏了消息。例如，索福克勒斯的悲剧英雄的对话就以梦境艺术的精确性和明晰性使我们惊叹，所以我们立刻以为业已洞见了他们的生存的秘奥，不免诧异那通向秘奥的道路是这么短。然而，我们暂且不谈那露于表面显而易见的英雄性格——它到底不过是像投在暗墙上的光影，也就是说，完完全全是现象而已。反之，让我们深入到那反照在这光辉镜面上的神话吧，我们会突然体验到一种与惯常的光学现象恰好相反的现象。当我们竭力注视太阳之后眼花缭乱地转身避开，我们就感觉到眼前有许多帮助视力恢复的暗黑点。反之，索福克勒斯的悲剧英雄的光辉形象，简言之，其化装的梦神成分，却是人窥见了自然的秘奥和恐怖之必然结果，他们仿佛是用来治疗久居恐怖黑夜而至失明的眼睛的光点。只有在这一意义上，我们才能相信掌握了所谓“希腊的乐观”这庄严卓越的概念之真谛，但是在今日我们居然随处都会遇见一种错误的见解，说这种乐观乃是安枕无忧的愉快心情的结果。

希腊悲剧的灭亡不同于她的姊辈艺术：她为了一种难解的纠纷自杀而死，所以是悲壮的牺牲。其余的艺术则尽其天年，善终辞世。要是说愉快的善终应该是留下盛昌的儿孙，安然撒手尘世；那末，姊辈艺术的末日，就是这样一种愉快的善终：她们慢慢地衰老而死，在弥留之日，还有茁壮的儿孙站在眼前，以果敢的姿态急不暇待地昂起头来。然而，希腊悲剧一死，到处都深深感到莫大的空虚。正如昔日在提伯玩斯时代希腊舟子们在荒岛上听到凄厉的哀叫：“大潘神死了！”同样，在悲剧的末日，希腊遍地都可以听到凄凄切切的哀悼：“悲剧死了！诗歌也随之而灭亡！滚开，滚开你们形容枯槁、颜色憔悴的后辈！滚到地府去，在那儿还可以饱餐一顿你们先辈大师的剩菜残羹！”

然而，在悲剧死后，一种新的艺术繁盛起来，它奉悲剧为先妣，为主母。人们诧异地觉察到她酷肖她母亲的容貌，可是那是她长久在垂死挣扎中的愁容。欧里庇德斯亲身经历过悲剧的垂死挣扎之苦。这种后起的艺术叫作阿提刻新喜剧。悲剧的蜕化的形式还留存在它上面，好像是悲剧非常悲惨的暴卒之纪念碑！

延展阅读

《偶像的黄昏》

本书是作者的另一部精品，是极具争议性的一本书。在这本篇幅不多的书里，尼采重新提出并且总结了许多主要哲学家（苏格拉底、柏拉图、康德以及其他基督教哲学家）的批评。他在“苏格拉底的问题”这一章节里指出，没有人可以计算出生命的价值，任何试图计算生命价值的人都只是证明了自己具有否定生命或是肯定生命的倾向。他认为在苏格拉底之后的哲学发展都是“堕落的”，因为那些哲学家们企图以辩证法作为自我辩护的工具，而传统思想的权威则被毁灭了。他也批评当时的德国文化相当单纯而幼稚，并且批评了法国、英国以及意大利许多主要的文化代表人物。与这些“堕落文化”的代表相对照的另一方，则是尼采所提出的恺撒、拿破仑、歌德、陀思妥耶夫斯基、修昔底德以及古希腊时期的诡辩家们，尼采认为后者比起前者要来得健康而强壮多了。

《查拉图斯特拉如是说》

〔德〕弗里德里希·威廉·尼采　著

关于作者

见《悲剧的诞生》之“关于作者”。

荐读理由

《查拉图斯特拉如是说》是尼采的里程碑式的作品，几乎包括了尼采的全部思想。尼采自己则评价此书为“一部充满青年人的勇气和青年人的忧伤的青年之作”。

本书以汪洋恣肆的散文诗体写成，通过“超人”查拉图斯特拉之口宣讲未来世界的启示。尼采在这部著作中阐述了著名的“同一性的永恒轮回”的思想、著名的“超人”理想，“上帝死了”的论断也是在这部著作中首次提出的。

在本书中，查拉图斯特拉在山上度过了十年节制生活之后，在人类面前发表了第一次演讲，陈述了从植物到超人的过程：植物→虫子→猴子→人类→超人。“你们经历了从虫子到人的道路，在你们身上多少有点像虫子。你们以前是猴子，现在人也比任何一只猴子更像猴子。”尼采认为在生物界中始终存在一种更高的发展，目前的阶段绝非最终阶段。人这个阶段也是发展中的过渡阶段，还会向下一个阶段——超人的阶段发展。查拉图斯特拉断言：“到目前为止，所有生物都创造了一些超过自己的东西。”

查拉图斯特拉在书中扮演的角色是“超人的宣告者”，他要将人们的注意力吸引到预示着超人的“闪电事件”中。闪电预示了新的质的飞跃的来临。随着这闪电的到来，作为宣告者的查拉图斯特拉终结了。因为闪电、雷鸣、暴风雨过后，人类成功地过渡到了超人，超人的宣告者就成为多余的人了。人类自身超越了传统的人物形象，并把这个新形象放到恰当的位置上。一旦超人的理念直接进入到人类的意识中，查拉图斯特拉的使命就完成了，那时他将同其他人一样，把所有的力量集中在更新自己、全力以赴地创造一座由动物向超人过渡的桥梁。

尼采用查拉图斯特拉的名义从植物和魔鬼的情形入手来研究肉体和灵魂这个古老的问题。按照查拉图斯特拉的观点，尽管传统哲学将人类视为肉体—灵魂、物质—精神所组成的整体，但在事实上已经将精神物化了，精神变成了可以脱离物质单独存在的实体。因此就有了查拉图斯特拉的反问：“我教人们成为魔鬼和植物吗?”尼采笔下的查拉图斯特拉把传统的灵魂和肉体对立分裂的二元论思想理解为人类一种自我误解的结果，这正是尼采的高明过人之处。一旦人类消除了这种误解，那就意味着人类阶段被超越了，那么随之而来的就是超人阶段。尼采的出发点仍是唯心主义，但是他用发展的、辩证的唯心主义来取代僵化的、静止的唯物主义，这无疑是一种进步。

然而可惜的是，查拉图斯特拉的演讲并未得到世人的认可。按照人类的传统悟性，人类只能理解物化了的、客观上触摸得到的形体，而恰恰在这种意义上既不存在超人，也不存在理念。在世人看来，查拉图斯特拉是一个令人捧腹的丑角，但恰恰是这个丑角向旧世界的尊贵无比的人物形象和至高无上的理性观念发出了宣战。

1883 年，尼采完成了《查拉图斯特拉如是说》的第一、第二部分，1884 年完成了第三部分，1885 年完成了最后一部分。

尼采这样评价自己这部著作：“在我的著作中，《查拉图斯特拉如是说》占有特殊的地位。它是我给予人类的前所未有的最伟大的馈赠。这部著作发出的声音将响彻千年，因此它不仅是书中的至尊，真正散发高山气息的书——人的全部事实都处在它之下，离它无限遥远——而且也是最深刻的书，它来自真理核心财富的深处，是取之不尽用之不竭的泉水，放下去的每个吊桶无不满载金银珠宝而归。这里，没有任何‘先知’的预言，没有任何被称之为可怕的疾病与强力意志混合物的所谓教主在布道，从不要无故伤害自身智慧的角度着眼，人们一定会首先聆听出自查拉图斯特拉之口的这种平静的声音的。‘最平静的话语乃是狂飙的先声；悄然而至的思想会左右世界。’”

先睹为快

查拉图斯特拉走到了一个最近的靠着森林的城市。发现市场上聚集着许多人：因为有人预告，大家可以看到一个走软索者的献技。于是查拉图斯特拉向群众说：

“我教你们什么是超人。人类是应当被超越的。你们曾作怎样的努力去超越他呢？

直到现在，一切生物都创造了高出于自己的种类，难道你们愿意做这大潮流的回浪，难道你们愿意返于兽类，不肯超越人类吗？

猿猴之于人是什么？一个讥笑或是一个痛苦的羞辱。人之于超人也应如此：一个讥笑或是一个痛苦的羞辱。

你们跑完了由虫到人的长途，但是在许多方面你们还是虫。从前你们是猿猴，便是现在，人比任何猿猴还像猿猴些。

你们中间最聪明的，也仅是一个植物与妖怪之矛盾和混种。但是我是教你们变成植物或妖怪吗？

现在，我教你们什么是超人！

超人是大地之意义。让你们的意志说：超人必是大地之意义罢！

兄弟们，我祷求着：忠实于大地罢，不要信任那些侈谈超大地的希望的人！无论有意地或无意地，他们是施毒者。

他们是生命之轻蔑者，将死者，他们自己也是中毒者。大地已经厌恶他们：让他们去罢！

从前侮辱上帝是最大的亵渎；现在上帝死了，因之上帝之亵渎者也死了。现在最可怕的是亵渎大地，是敬重‘不可知’的心高于大地的意义！

从前灵魂轻蔑肉体，这种轻蔑在当时被认为是最高尚的事——灵魂要肉体丑瘦而饥饿。它以为这样便可以逃避肉体，同时也逃避了大地。

啊，这灵魂自己还更丑瘦些，饥饿些；残忍也是它的淫乐！

但是，你们兄弟们请讲，你们的肉体表现你们的灵魂是怎样的呢？你们的灵魂是不是贫乏、污秽与可怜的自满呢？

真的，人是一条不洁的河。我们要是大海，才能接受一条不洁的河而不致自污。

现在，我教你们什么是超人：他便是这大海；你们的大轻蔑可以沉没在它的怀里。

你们能体验到的最伟大的事是什么呢？那便是大轻蔑之时刻。那时候，你们的幸福，使你们觉得讨厌，你们的理智与道德也是一样。

那时候，你们说：‘我的幸福值什么！它是贫乏、污秽与可怜的自满。可是我的幸福应当使生存有意义的！’

那时候，你们说：‘我的理智值什么！它是否渴求知识像狮子贪爱捕获物一样呢？它是贫乏、污秽与可怜的自满！’

那时候，你们说：‘我的道德值什么！它还不曾使我狂热过。我是怎样地疲倦于我的善与恶啊！这一切都是贫乏、污秽与可怜的自满！’

那时候，你们说：‘我的正义值什么！我不觉得我是火焰与炭。但是正直者应当是火焰与炭的！’

那时候，你们说：‘我的怜悯值什么！怜悯不是那钉死爱人类者的十字架吗？但是我的怜悯不是一个十字架。’

你们已经这样说过了吗？你们已经这样喊过了吗？唉！我何以不曾听到你们这样喊叫呢！

这不是你们的罪恶，而是你们的节制，向天呼喊；你们对于罪恶的厌恶，向天呼喊！

那将用舌头舔你们的闪电何在？那应当给你们注射的疯狂又何在？

现在我教你们什么是超人：他便是这闪电，这疯狂！”

延展阅读

《善恶的彼岸》

本书是作者的另一部精品。

在尼采的晚期作品中，1886 年出版的《善恶的彼岸》最接近于他的中期作品的风格。在这本书里尼采定义了真正的哲学应该具备的条件：想象力、自我主张、危险、创意以及“价值的创造”——其他的他都认为是附带的条件。从这里出发，尼采质疑了一些哲学传统上的重要假设，例如许多哲学流派常使用的“自我意识”、“知识”、“真理”以及“自由意志”等概念。尼采批评这些传统概念是没有足够证据的，他提出“权力意志”来解释人类的行为。尼采在书中提出了他对“生命的观点”，并且认为那是“超越善与恶的”，否定了人类史上存在着一套普世的道德。尼采重新评价了称霸西方哲学已久的人文主义传统，主张即使是对弱者施加支配、占有或伤害，这也不见得是所有人都有资格指摘的。尼采在这本书里贯彻了道德相对主义以及观点主义的论点。

《作为意志和表象的世界》

〔德〕阿图尔·叔本华　著

关于作者

阿图尔·叔本华（1788—1860），德国哲学家，出生于波兰但泽。父亲是非常成功的商人，母亲约翰娜·叔本华是当时颇有名气的作家。叔本华与母亲的关系一直不好，最后关系破裂。父亲过世后，叔本华继承了父亲的财产，一生过着富裕的生活。

叔本华早年在英国和法国接受教育，能够流利使用英语、意大利语、西班牙语等多种欧洲语言和拉丁语等古代语言。他最初被迫选择经商以继承父业，在父亲死后才得以进入大学。1809 年他进入哥廷根大学攻读医学，但把兴趣转移到了哲学，并在 1811 年于柏林学习一段时间。在那里他对费希特和施莱尔马赫产生了浓厚的兴趣。他以《论充足理由律的四重根》获得了博士学位。歌德对此文非常赞赏，同时发现了叔本华的悲观主义倾向，告诫他说："如果你爱自己的价值，那就给世界更多的价值吧。"叔本华称柏拉图为神明般的，称康德为奇迹般的，对这两人的思想相当崇敬。同时，叔本华厌恶以费希特、黑格尔为代表的思辨哲学。

1814—1819 年间，叔本华在理智的孤独中完成了他的代表作《作为意志和表象的世界》。这部作品受到印度哲学的影响，被认为是将东方和西方思想融合的首部作品，但发表后无人问津。叔本华这样评价此书："如果不是我配不上这个时代，那就是这个时代配不上我。"但凭这部作品，叔本华获得了柏林大学编外教授的资格。在柏林大学任教期间，他选择与黑格尔同一时间授课。但黑格尔当时正处于声名的顶峰，叔本华自然没能成功。很快，他的班上就一个学生也不剩了，叔本华只能凄凉地离开柏林大学。

1833 年，叔本华移居法兰克福，并在那儿度过了最后寂寞的 27 年。1844 年，在他的坚持下，《作为意志和表象的世界》出了第二版。第一版此时早已绝版，且未能引起评论家和学术界的丝毫兴趣，结果第二版的购者也寥寥无几。1851 年，他完成了对《作为意志和表象的世界》的补充与说明，结果就是这篇以格言体写成的《附录与补遗》使他获得了声誉，使他瞬间成了名人。有人写了《叔本华大辞典》和《叔本华全集》，有人评论他是具有世界意义的思想家。

1859 年，《作为意志和表象的世界》出了第三版，并引起轰动，叔本华称"全欧洲都知道这本书"。在第三版序言中他写道："当这本书第一版问世时，我才 30 岁，看到第三版时却已超过 72 岁。总算我在彼德拉克的名句中找到了安慰：谁要是走了一整天，傍晚走到了，那也该满足了。"叔本华在最后的十年终于得到了声望，但仍然过着孤独的日子。陪伴他的是一条叫"世界灵魂"的卷毛狗，有人说这个名字是用来讽刺黑格尔的。

作为一名著名的悲观主义者，叔本华的生活却并非完全隐遁，在某些方面甚至可被称为性情中人。罗素曾这样评价他：假若我们根据叔本华的生活来判断，可知他的论调也是不真诚的。

1860 年 9 月 21 日，叔本华起床洗完冷水浴之后，像往常一样独自坐着吃早餐。一小时之后，当佣人再次进来时，发现他已经靠在沙发的一角永远地睡着了。叔本华死于肺炎恶化。他在遗言中说：希望爱好我的哲学的人，能不偏不倚地、独立自主地理解我的哲学。叔本华死后，将所有财产捐献给了慈善事业。

荐读理由

叔本华建议读这本书的前提是阅读《纯粹理性批判》、《论充足理由律的四重根》以及他对康德哲学的批判。更确切地说，这本书的主题是作为表象但最终作为意志的世界，而不是将两者并列的。在这本书中，叔本华试图解决康德哲学遗留下的难题。和费希特、谢林、黑格尔等人取消物自体的做法不同，叔本华保留了物自体，并将其定义为意志。所以这整部书都是为了阐述这一思想的，他从写下这本书到去世为止坚信自己已经解决了世界之谜。

本书分为四个部分，第一部分重新诠释了充足理由律，解释为什么现象世界必须通过充足理由律来了解；第二部分提供了意志显现的细节，它是一种既不满足又不停止的、盲目的冲动，要求人从自身的存在本质即欲望之中解放出来；第三部分试图通过对自然和生命的审美，即艺术中获得一种短暂的慰藉；第四部分以伦理学和禁欲主义的形式提供一种可能获得拯救的方式。

对于叔本华而言，世界分为两部分：一方面是表象，一方面是意志。主体是认识一切而不被任何事物所认识的，是世界的支柱，我们每个个人正是这样一个主体。而客体则是我们通过先验的时空范畴去认识的事物，比如我们的身体。主体和客体共同构成作为表象的世界，故而是不可分的。叔本华认为人们的先天认识只有时间、空间和因果律，而这些东西都只在表象间发挥作用、形成联系，和意志本身无关。感性、知性和意志之间不存在因果关系。所以一切表象的存在都是意志的客体化。他认为一切表象的存在源于两种完全不同的形式，其一是感性和知性，其二是意志。

人的一切行为是由意志活动和行为活动两方面构成的，在叔本华看来，两者是具有同一性的。这里他看似犯了个错误，即我们通常认为想做某件事和去做某件事有着不可逾越的鸿沟，是完全不同的两码事，这是曲解了叔本华关于意志的定义。在叔本华看来，意志活动不是感性和知性，即思考过程的那种活动，因为这种活动属于表象，和物自体即意志无关。意志只在行为活动中使自己现身。事实上它应该被理解为某种无法抑制的冲动，确切地说是盲目的冲动，是某种非理性的欲求。我们所有的行为都是这种盲目的冲动，一切表象中的活动只是使我们感觉自由的假象。意志是一种不能被克服的东西，我们的每一行为都是意志的现身。

对于那些非生命体、纯粹物理的对象，意志似乎并不存在，但叔本华驳斥了这种观点。他认为在无机的自然中，意志在普遍的自然力中使自己客体化。就像人类行为一样，意志就在那往下掉落的石头中使自己现身。这样，作为意志最终呈现的问题被解决了，这一形而上学的概念就在无处不在又漫无目的永不满足的力中使得自己现身。意志在叔本华那里实质上就是控制我们所处的表象世界的外在因素。

叔本华旨在通过此书论证这样一个观点：我们所处的表象世界背后有一个纯粹意志的真实世界，他所描绘的世界不是以一种超越人性的观点建立起来的，而只是从人性本身对世界所作的诠释。

先睹为快

一切满足，或普通所谓的幸福，从事实上和根本上看，只是消极的，不是积极的。不是自动落到我们头上的原是满足感，永远是对某一愿望的满足。愿望即某种需要是所有快乐的先在条件。但是，由于满足的关系，愿望和快乐便不再存在了。满足或快乐只是痛苦的解除，只是需要的满足；因为这种东西不但是明显的忧愁，也是我们内心不胜其烦的欲望，事实上也是我们觉得生命是一种负担的厌烦之感。可是，我们却很难获得或完成任何东西；任何目标都会碰到无谓的困扰，而每一步都有着许多阻碍。最后，当我们克服并获得了一切时，除了解除忧愁或欲望以外，什么东西也不能得到，我们还是发现自己所处的地位与忧愁或欲望之前所处的地位完全一样。甚至我们直接得到的也只是需要，换句话说，也只是痛苦。我们只能间接地从回想先前的痛苦和需要而认识满足和快乐。因此，我们可以说，我们并没有确切地意识到现在实际拥有的快乐和便利，也不会重视他们，只会把它们当作一件当然的事实，因为它们只是消极地使我们避免痛苦。只有当我们失去他们的时候，才会感到他们的价值；因为缺欠、贫乏、忧愁才是积极的，才是我们直接感受到的。当我们回想过去的困难时光、疾病、欠缺以及其他类似情形时，也会感到快乐，这是享受目前快乐的唯一方法。

极大多数人的生活途径，如果从内面去感受它，又是灰暗和不曾受理智之光所引导的。这种生活途径是令人生厌的渴望和抱怨，是从生到死的踌躇犹豫，以及一连串的琐细念头。这种人就像钟表的发条一样，被人绞紧了以后，自己运行着，也不知道为了什么；人随时在诞生，人生的钟表也被重新绞紧了，一再地重复着过去无数次所玩着的老套，一段一段的，很少有变化。每一个体，每一个人和他的生活途径，只是无限自然精神的另一个短暂梦幻，只是持久生活意志的另一短暂梦幻；只是自然在其无限时空中不经意地描画出的另一匆匆即逝的形象；允许存留的时间如此短促，因此和时间空间比起来，几乎等于零，然后又消失不见，让后者接下去。然而，生命严酷的一面就在这里，这些匆匆即逝的形象中每一形象，这些空幻的幻想，生活意志还必须在其所有活动中为它付出代价，要遭遇许许多多铭心的痛苦，最后终不免接受那经长时间恐惧终于来临的痛苦的死亡。这就是为什么当我们见到死尸时会突然涌现一种非常冷酷感觉的缘故。

如果我们从整个以及一般立场去看，如果我们只强调最重要的特性，的确，每个人的生命，往往是一个悲剧，但是，如果我们仔细去体认，则具有喜剧性。因为每天的作为和苦恼，时刻不停的烦躁，一星期的欲望和恐惧，每个小时的不幸之事，都是偶然而来的，这些永远倾向于滑稽可笑性，有喜剧的倾向。但是，那永远没有满足的期望，那挫败的努力，那些为命运无情地粉碎的希望，整个一生的不幸错误以及不断增加的痛苦和最后的死亡，则往往是一个悲剧。好像命运捉弄我们生存的不幸似的，我们生命中必须含有悲剧的一切忧患，然而，我们甚至无从维护悲剧人物的尊严，只有生命的广大范围内，无可避免地成为可笑的喜剧人物。

延展阅读

《论充足理由律的四重根》

本书是作者的另一部精品。

叔本华首先对充足理由律的本质作出了描述，他说在他之前这条定律已被不明其理的人们滥用了，从而常常使人陷入谬误和混乱。在他看来，充足理由律的两种基本性质被混淆了：一是将它用于判断，即判断为真的理由；其次是将它用于对象的变化，即事物变化的原因，这两者实质上是不同的。事实上，叔本华认为充足理由律有四种不同的意义，即一切表象都可以从四个层次上进行解释，从而将这四种意义比喻为“四重根”。

《人生的智慧》

〔德〕阿图尔·叔本华　著

关于作者

见《作为意志和表象的世界》之“关于作者”。

荐读理由

《人生的智慧》是叔本华写于1851年的晚期著作，作者以优雅的文体，从世俗的角度探讨了人生应遵循的原则。弗兰茨·卡夫卡说：“叔本华是一个语言艺术家，仅仅因为他的语言，我们就应该无条件地读他的著作。”

叔本华在书中阐释了自己的人生哲学，逐一探讨了人性、人格、地位、荣耀、名声等长久困惑人类心灵的问题，认为有智慧的人应该以超然而明智的态度对待世务。

叔本华在书中对人生的判断有一个十分悲观的基点，即“世界的内容全是痛苦”，在叔本华看来，在欲望的鞭策下过着庸庸碌碌的生活，匆忙地遭受痛苦与无聊就是众生之相。而人类历史上永无休止的战争和人类与死亡所做的注定失败的搏斗，则使人的命运变得更为悲惨。

由于人生注定无可避免的痛苦，那么人的一生，在叔本华看来，就成了对人生之苦认识的全过程。“人生真的是一支毫无收获的插曲，徒然对非存在的平静平添困扰……我们活得越久就越能清晰地看到整个人生完全就是失望，甚至是骗局。”在这样的前提下，人生的意义被彻底否定，“人既然存在他就不得不存在，既然活着他就不得不活着，就是这样，人生实在是一种无可奈何的事”。

叔本华指出，他之所以要宣扬人生苦难，目的是要找到一个可靠的方法指导人生，使人们脱离苦海。这个可靠的方法就是叔本华提出的处世之道，分别是：修身养性、顺应自然、随遇而安，“最有用的方法莫过于把自己看作置身于赎罪的世界里……这样我们对人生的期望自然会依照事物的自然性质、随遇而安……从这个观点出发，就能帮助我们来看大多数不完满的人生”；献身艺术、升华欲望、忘却悲苦，“透过艺术的创作与欣赏，我们将意志所生的欲望世界提高到忘我的精神境界中，这样我们可暂时忘却认识的不幸与痛苦”；克服欲望、修习佛教、达于涅槃，要泯灭一切希望，在内心中对一切事物保持冷漠的态度。叔本华由此推向极致，认为禁欲的第一步就是要放弃性欲，因为性欲是生存意志最坚决的一种表现，它的满足延长了个体有限的生存时间，使新的生命开始了痛苦而无聊的生命之旅。

叔本华认为，人类的本性是邪恶的。这些邪恶的欲望包括：其一，残忍自私，“这是人类内在固有的天性。每个人身上所具有的，首先是强烈的自我中心主义，这种自我中心主义以最大的自由突破公理和正义的约束……人是唯一使别人遭受痛苦而不带其他目的的动物”；其二，贪婪，它作为生存意志的突出表现，既是一切的动力，又是万恶的根源；其三，虚伪，“我们文明世界除了伪装之外，还有什么东西呢？”文明世界中的各种人物，“他们实际上并非他们所伪装成的那个样子……在这些假面具之后，都是些赚钱的人”。因此，“应当及早知道，自己所处的世界原来是一个伪装的世界”，“对人须十分留意，不能全抛一片心”；其四，嫉妒，出于自私心理，对于对方“天赋的才能或个人的优点”可望而不可即，“没有任何安慰和希望，因此，便只有痛恨那些享有这些优点的人，于是唯一的希望就是报复”。

因为人类的本性是恶的，所以人类必须在此世界上蒙受苦难；反言之，人们应当把自己在现实中遭受的苦难看作是对自己邪恶的惩罚。“我们将会发现，人类的不幸和人类的邪恶彼此影响。我们感到事物的永恒正义公理；因为我们将认识到，世界本身就是对它的最后审判。”最后，叔本华对人性的分析回到了宿命论和善恶报应说上，暗合了宗教所宣扬的“原罪”说、“因果报应”说。

叔本华认为，人生实际上是没有幸福可言的，人们所追求的所谓的“幸福”，不过是尽量避免可能遭到更大的痛苦罢了。他主张人们摆脱一切尘世的利益和要求，去除一切现实生活和现实的理想，抛弃一切理性观念和以理性为基础的一切道德规范，进入无欲无我的境界。从哲学史上来看，叔本华的非理性主义打破了黑格尔绝对理性的权威思想，强调了意志的作用，开创了现代西方哲学中非理性主义的先河，有其积极意义。

先睹为快

对于人的幸福快乐而言，主体远远比客体来得重要，任何一切都可以证实这一点。例子包括：饥饿才是最好的调味品，衰老之人对青春美色再难一见钟情，天才和圣人所过的生活等。人的健康尤其远远地压倒了一切外在的好处。甚至一个健康的乞丐也的确比一个染病的君王幸运。一副健康、良好的体魄和由此带来的宁静和愉快的脾性，以及活跃、清晰、深刻、能够正确无误地把握事物的理解力，还有温和、节制有度的意欲及由此产生的清白良心——所有这些好处都是财富、地位所不能代替的。一个人的自身，亦即当这个人单独一人的时候陪伴自己的、别人对此不能予夺的内在素质，其重要性明显胜于任何他能够占有的财物和他在他人眼中呈现的样子。一个精神丰富的人在独处的时候，沉浸于自己的精神世界，自得其乐；但对于一个冥顽不灵的人，接连不断地聚会、看戏、出游消遣都无法驱走那折磨人的无聊。一个善良、温和、节制的人在困境中不失其乐；但贪婪、妒忌、卑劣的人尽管坐拥万千财富都难以心满意足。如果一个人能够享有自己卓越的、与众不同的精神个性所带来的乐趣，那么，普通大众所追求的大部分乐趣对于他来说，都是纯属多余的，甚至是一种烦恼和累赘。

因此，贺拉斯在谈论自己时说：

象牙、大理石、图画、银盆、雕像、紫衣，

很多人视它们为必不可少，

但是有的人却不为这些东西烦心。

苏格拉底在看到摆卖的奢侈物品时，说道："我不需要的东西可真不少啊！"

对我们的生活幸福而言，我们的自身个性才是最重要和最关键的，因为我们的个性持久不变，它在任何情况下都在发挥着作用；另外，它有别于我列出的第二、第三项好处，保存这些好处只能听天由命，但自身个性却不会被剥夺。与后两项只是相对的好处相比较，我们自身的价值，可以说是绝对的。由此可知，通过外在的手段去影响和对付一个人要比人们普遍所认为的困难得多。只有威力无比的时间才可以行使它的权利：人在肉体和精神方面的优势逐渐被时间消磨殆尽，也只有人的道德气质不受时间的影响。在这一方面，财产和别人的看法当然显得更有优势了。因为时间并不会直接夺走这些好处。后两项好处的另一个优势就是：因为它们都处于客体的位置，它们的本质决定了任何人都可以得到它们，起码人们都有占有这些好处的可能。相比之下，对于属于主体的东西我们确实无能为力——它们是作为“神的权利”赋予了人们，并终生牢固不变。所以，歌德说：

在你降临世上的那一天，
太阳接受了行星的问候，
你随即永恒地遵循着，
让你出世的法则茁壮成长，
你就是你，你无法逃脱你自己，
师贝尔和先知已经这样说过；
时间、力量都不能打碎，
那既成的、已成活的形体。

延展阅读

《悲观论卷集》

本书是叔本华的论文集，收录了《论人世的痛苦》、《论生存的虚无》、《论自杀》、《灵魂不死：对话录》、《论女人》等多篇著名的著述。

《单行道》

〔德〕瓦尔特·本雅明　著

关于作者

瓦尔特·本雅明（1892—1940），德国现代卓有影响的思想家、哲学家和马克思主义文学批评家，被视为“欧洲最后一名知识分子”。

瓦尔特·本雅明出生于德国柏林一个富有的犹太家庭。本雅明曾在弗莱堡、慕尼黑、柏林和波恩研究哲学。1919 年以《德国浪漫主义的艺术批评观》一文获得波恩大学博士学位，但未能顺利取得大学教授资格。他的教授职位论文《德国悲剧的起源》曾被法兰克福大学否决，其评价是“如一片泥淖，令人不知所云”。但具有讽刺意味的是，如今该书却成为 20 世纪文学批评的经典。

当《德国悲剧的起源》被法兰克福大学否定后，本雅明在柏林以一个自由作家和翻译家的身份维生，兼及精神病理学的研究。后来，他被纳粹驱逐出境，移居法国，并成为“社会研究所”成员。为了躲避盖世太保，他又移居至西班牙边境小镇，在此写下了许多重要的作品，如《论歌德的〈亲和力〉》、《德国悲剧的起源》、《单行道》、《机械复制时代的艺术作品》、《1900 年左右的柏林童年》。

这一时期，本雅明转而撰写有关巴黎拱廊街和19世纪文化的论文，这项研究的目的是诊断和分解。在这一原始冲动的驱使下，不朽的“拱廊街”工程脱颖而出，本雅明足足花了13年才使其接近成型。在这一工程的中心耸立着郁郁沉思的波德莱尔，但本雅明力图揭示的是诗人不完整的一面。

本雅明对空间具有一种特殊的敏感性。他一生中在不少城市生活过，如柏林、法兰克福、巴黎、马赛、佛罗伦萨、那不勒斯、莫斯科，他善于从空间透视人的生存状态，特别是人在城市中的生存状态。本雅明赞扬超现实主义，认为它把时间转变成了空间，把不可避免的历史变迁变为神秘的当下构成的世界。在时间中，人是被动的存在物，但在空间中，想象力能够移动他的肘，向各个方向伸展，把单个自我化成众多自我。

1917年，本雅明与朵拉·苏菲·波拉客结婚，1928年两人分居，两年后离婚。

本雅明的身份丰富而多样。正如理查德·卡尼所描绘的：“他既是诗人神学家，又是历史唯物主义者，既是形而上学的语言学家，又是献身政治的游荡者……在纳粹德国，他是一个犹太人；在莫斯科，他是一个神秘主义者；在欢乐的巴黎，他是一个冷静的德国人。他永远没有家园，没有祖国，甚至没有职业——作为一个文人，学术界不承认他是他们中的一员。他所写的一切最终成为一种独特的东西！”

1940年9月27日，本雅明于西班牙一个边境小镇被迫自杀。

荐读理由

本雅明几乎将一生奉献于写作。他沉潜于波德莱尔和17世纪各国戏剧家的作品，但采用了迂回曲折、穿针引线的手法，这使他的许多作品显得不够完整。他是这样评价自己的做法的：对于伟大的作家来说，完成的作品的分量要轻于他们毕生写作的短简残篇。因为只有性格比较软弱和精神比较散漫的人才能从完整中获得无与伦比的快感，感觉到他们因此而重获生命。在天才看来，每一次中断，以及命运的每一次沉重打击，都像他温柔的睡眠一样降临到旁边的工作间。在这个工作的周围，他画了一个由短简残篇构成的迷人的圆圈，即他的传世名作《单行道》。

为什么叫“单行道”？阿多诺在他编选的《本雅明文集》的导言中曾回答了这个问题：“他的哲学兴趣针对的完全不是无历史的存在，而恰恰是在时间上最确定的、不可逆转的事物。因此题目叫作‘单行道’。”

本书是本雅明的一部意象集。书中含有格言、笔记和杂感等各种形式的文章。它的语言晦涩，寓意深邃，往往令人反复咀嚼思之再三仍不得要领。

书中收录的意象都是作者生活的时代中的真实事物，比如邮票、加油站、早餐室、中国古董、手套、时钟、建筑工地、海报、啤酒馆等等，还有梦境。本雅明对这些事物的处理不是找一堆概念来辅佐，而是直接从事物本身深挖下去，找出文化深处与人的感性、理性深处的暗流。在意象背后，书中传达出的是作者对他那个时代的哲学、文学、政治和社会等领域现实问题的思考。

《单行道》一书展现在我们面前的就是那些筑基于特定意义关联的实事，面对作者捕捉到的这些实事，现有的概念思维没有了用武之地，恰恰通过这样的思维短路，那实事间潜在的意义关联才跃然跟前，人面对实事的判断能力重被激发了出来。因此，阿多诺写道：“本雅明首次在 1928 年出版的《单行道》一书并不像人们粗粗翻阅时所想象的那样是一本断想集，而是一本意象集。”

本雅明所关注的这些事物已随着时间而逝，但是本雅明的思想却仍然鲜活，对当今世界的学术界、思想界依然产生着巨大的影响。

先睹为快

观点对于社会生活这部巨大的机器来说好比机油；人们不是站到一台涡轮机前用机油浇它。人们只是将其中的少许一点点儿注到那些必须熟悉的、被掩盖着的铆钉和缝隙上。

一种民间的习俗告诫说，早晨不要空着肚子诉说梦境。在这种状态下，醒来的人实际上仍然处于梦的魔力之中。也就是说，洗濯身体只能唤醒身体的表面及其可见的运动功能，而灰色的梦境即使在早晨盥洗的时候仍然顽固地留在更深层，甚至牢牢地黏附在醒来后第一个小时的寂寞中。谁要是怕和白天接触，不管他是怕见人还是为了内心的宁静，谁就不想吃东西并鄙弃早餐。他以这种方式回避夜与昼这两个世界的断裂。如果不能在祈祷中做到这一点，那就只有小心翼翼地通过焚烧梦境来表明把精力集中于早晨的工作是正确的，不然就只能导致生活节奏的混乱。在这种精神状态下说梦是灾难性的，因为一半仍然忠于梦境的人在言语中泄露了它，并不得不等待它的报复。更近代的说法是：他出卖了自己。他已经长大，不再需要做梦的幼稚来保护，这时候他触及了没有优势的梦境并泄露了自己。因为只有从彼岸，即从明亮的白昼出发，梦境才可以从占优势的回忆中被说出来。梦的这个彼岸只有在另一种净化中才可以达到，这种净化类似洗濯身体，但却又完全不同。它是通过胃来进行的。空腹的人说梦就像说梦话似的。

对于批评家来说，更高一审法院是他的同行。不是公众。更不是后世。

后世不是忘却就是赞美。只有批评家面对作者。概括地说，批评家的艺术是：创造口号而不背叛理念。缺乏批评的口号把思想高价出售给时尚。公众不得不总是受委屈，然而又总是感到必须由批评家来代表自己。

为了看望一位女友，我来到里加。她的房屋、她的城市和她的语言，我都不熟悉。没有人期待我，没有人认识我。我孤零零地在大街上走了两个钟头。就这样我再也没有看到她。每家的大门口都喷出一道火舌，每一块墙角石都迸出火花，每一辆有轨电车都像救火车似的疾驰而来。她很可能从一个大门里走出来，正拐过墙角，也可能正坐在电车里。但在我们两个之中，无论如何，我必须成为第一个看见另一个的人。因为，假如她将目光的导火索先埋到我身上——那我可能会不得不像一座火药库似的飞上天空。

一个极其混乱的城区，一张街道之网，多年来一直被我回避着，有一天，它突然在我心中变得清晰起来，那是一个我曾经爱过的人搬进去住的时候。那情景就像有一架探照灯被放置在他的窗子里并用光束把那个地区割得七零八落。

阶级斗争的想象会把人引入歧途。在阶级斗争中涉及的不是决定谁胜谁负的力的较量，也不涉及凭较量的结果决定胜者好败者坏的搏斗。这样想意味着浪漫主义地掩盖事实。因为资产阶级可能会在斗争中胜利，也可能失败，无论如何，她都会因其内部的矛盾注定要走向灭亡，因为在她的发展过程中，这些矛盾是致命的。问题仅仅是她自己灭亡呢，还是通过无产阶级之手。三千年文化发展的持续和终结将取决于这个问题的答案。历史对这两位糟糕的和没完没了永远扭打着的斗士的真相一无所知。

延展阅读

《发达资本主义时代的抒情诗人》

本书是作者的另一部精品，是论波德莱尔的专著。波德莱尔对19世纪中期巴黎的现代性体验的考察深深吸引了本雅明。从这个被资本主义商品世界异化了的抒情诗人的目光出发，本雅明希望能重新阅读处于资本主义工业革命初期的巴黎。在书中，本雅明与波德莱尔一起对第二帝国时期的巴黎“渐次熄灭的煤气灯、把人固定在土地上的住房牌号、日渐堕落成商品生产者的专栏作家”发出挽歌式的哀叹，一起作为“城市的闲逛者”躲在人群里注视着这个嘈杂的商品物质世界，一起对急剧变化的社会现实发出“震”的慨叹，却又在结尾处理性而忧郁地击碎了波德莱尔的现代主义英雄之梦。本雅明独特的视角、细致的观察和内心的敏锐，使得这部构筑在浩瀚的引文之上的辉煌之作更多了一份诗意的绵长。

《存在与虚无》

〔法〕让·保罗·萨特　著

关于作者

让·保罗·萨特（1905—1980），法国20世纪最重要的哲学家之一，法国无神论存在主义的主要代表人物，同时也是优秀的文学家、戏剧家、评论家和社会活动家。

萨特自幼就开始读大量的文学作品。中学时代接触柏格森、叔本华、尼采等人的著作。1924年考入巴黎高等师范学校攻读哲学。1929年，获大中学校哲学教师资格，随后在中学任教。1933年，赴德国柏林法兰西学院进修哲学，接受了胡塞尔的现象学和海德格尔的存在主义。回国后继续在中学任教，陆续发表他的第一批哲学著作：《论想象》、《自我的超越性》、《情绪理论初探》、《胡塞尔现象学的一个基本概念：意向性》等。1943年秋，其哲学巨著《存在与虚无》出版，奠定了萨特的无神论存在主义哲学体系。

萨特把深刻的哲理带进了小说和戏剧创作，他的中篇小说《恶心》、短篇小说集《墙》、长篇小说《自由之路》，早已被看作法国当代文学名著。他的戏剧创作成就高于小说，一生创作了九个剧本，其中《苍蝇》、《间隔》等，在法国当代戏剧中占有重要地位，体现了他主张的存在主义是一种人道主义的思想。

二战期间，萨特应征入伍，1940 年被德军俘虏，第二年获释。20 世纪 40 年代，萨特既在战场上，也在文坛上参与反法西斯运动。20 世纪 50 年代，萨特是西方社会主义最积极的鼓吹者之一。20 世纪 60 年代，萨特和他的终身伴侣西蒙·德·波伏娃的身影出现在世界各地最敏感的前线上。1964 年，萨特更以他的超常举动，令世界震惊，这就是对诺贝尔文学奖的拒绝，理由是他是一位和平主义者，他不愿意将自己的名字和一个研究炸药的人联系在一起。萨特是历史上第一个自己拒绝诺贝尔奖的人，他一生中也拒绝接受其他任何奖项。60 年代后期，法国多次发生学潮和工潮，萨特始终是运动中的精神领袖。

萨特认为"哲学家应该是一个战斗的人"，他在战后的历次斗争中都站在正义的一边，对各种被剥夺权利者表示同情。他反对冷战，1954 年曾经怀有很大希望访问苏联，但看到实际情况后又觉得很失望。他先后访问过北欧、美国、中国和古巴，在苏联入侵捷克后，他断绝了和苏联的关系。1971 年以后，他走上街头，亲自兜售左翼书刊，参加革命活动，提出"用行动来承担义务而不是用言词"。

萨特于 1955 年 9 月访问中国，受到高规格的接待。9 月 29 日在人民大会堂出席了周恩来主持的国庆招待会，10 月 1 日登上天安门城楼参加了国庆观礼，毛泽东、陈毅分别接见了他。

1980 年 4 月 15 日，萨特在巴黎逝世。法国总统德斯坦说，萨特的逝世"就好像我们这个时代陨落了一颗明亮的智慧之星那样"。巴黎五万群众自发为萨特举行了隆重的葬礼，纪念这位象征时代精神的哲学家。

荐读理由

1943 年，萨特完成并出版了他的哲学专著《存在与虚无》。本书被视为法国存在主义运动的奠基之作。

萨特对哲学发生兴趣，是在1923年读柏格森的《给意识的直接材料》之后，他认为“哲学真了不起，可以教人认识真理”。虽然萨特的思想一生都在变化，但他始终以“人”作为他的思考焦点。因此萨特把他的存在主义称作“人学”。在萨特看来，自由是人存在的基础，人之所以比物高贵，正是因为人可以自由地决定自己的存在，自由地选择自己的本质。因此萨特提出：存在先于本质。弄清楚“存在”、“虚无”、“自由”和“他人”的关系，才能理出《存在与虚无》的精神脉络。

《存在与虚无》分四个部分：第一部分论述虚无问题；第二部分论述自身的存在；第三部分论述他人；第四部分论述有、做和存在。

萨特将存在分为“自在的存在”和“自为的存在”两种。“自为的存在”实际是指人的存在。在萨特看来，今天的“我”和昨天的、未来的“我”不一样，“我”的意识总在不断地发生变化，人正因为有意识，所以人的本质就不固定。本质是后天的，是通过人的意识自由选择的，因此人的本质也各不相同。“存在先于本质”即是这个道理。

但是，人总不能忍受人的本质的不固定性，这种情境造成人的不安全感。所以，人要努力寻找使自己由“自为的存在”变为“自在的存在”的途径。然而萨特沮丧地看到，由于人有意识，意识使人总处于摇摆之境。只要人活着，他就找不到他的坚实性。所以，人类面对的是虚无的感觉。不过人类特有的尊严在这里诞生了。萨特自豪地说：正是这种虚无才是行动意志的基础。于是，“自由”的概念被提了出来。

萨特对自由充满无限的向往。他说：“人的命运是自由的。意味着人要做上帝”；“一旦自由在一个人的灵魂里爆发了，神明对这个人就无能为力了”。我们不难想象这些响亮的口号在战后一片价值废墟之上，是如何振聋发聩。人生而自由，是不应该受到奴役的，德国法西斯倒行逆施，两次世界大战彻底摧毁了人类对上帝的信仰，所以，小知识分子由衷地感谢萨特为他们提供了一种非传统的思想。存在主义号召人们面对恐怖与荒谬的现实时要看到人的尊严并保持自己的特性，对他们来讲，这是一条十分理想的自救之途。

萨特在最后指出，真正要解决有关自由的各种问题，只有在道德的基础上找到答案。萨特预告他将要专门写一部这样的著作，但他始终没有完成这个预期的著作。

本书的写作是在艰苦的环境下完成的。因为煤炭短缺和电力供应不足，萨特就到住所附近的一个叫弗洛的咖啡馆，用乙炔照明来写作。本书问世后在知识界引起了很大的反响，受到许多职业哲学家的关注。但《存在与虚无》从一开始就难以被学术界正统权威所接受，他们觉得这本书过于离经叛道，不能进入哲学的殿堂。1945 年第二次世界大战结束后，本书吸引了大量的读者，使得存在主义成为 50 年代最具影响力的思潮。

先睹为快

否定已经把我们推到自由，自由把我们推向自欺，而自欺则把我们推向作为可能性条件的意识的存在。因此，应该在前几章所确立的条件的指引下重提我们在本书导言部分已经希冀的描述，就是说，应该回到反思前的我思的范围中来。但是，我思从来只是提供人们向它要求的东西。笛卡尔从我思的功能形态——“我怀疑，故我思”对我思进行过质疑，但由于他企图从这一功能形态过渡到存在的辩证法而不凭借导引线索，他陷入了实体论者的错误。胡塞尔从他的错误中获得教益，小心翼翼地停留在功能描述的范围内。于是，他永远没有超出过对如此这般的显象的纯粹描述，他关闭于我思之中；与其称他是现象学家，不如称他为现象论者，尽管他自己一再否认；而且他的现象论每时每刻都涉及有关康德的唯心论。海德格尔要避免这种描述现象论，因为这种现象论粗暴而又违反辩证，导致本质的孤立，他要不经过我思而直截了当地进行对存在的分析。但是他的“此在”由于一开始就已经被剥夺了意识的范畴，因而就不能重获这个范畴。海德格尔赋予人的实在一种对自我的领会，并把自我规定为人的实在固有的可能性的“出神的谋划”。他并不赞同我们要否认这个谋划的存在的意图。但是，如果一种领会不是（对）正在领会（的）意识，那又会是什么呢？人的实在的这种出神性质，如果不是从出神状态的意识中产生，那它就要堕入物化了的浑浑噩噩的自在之中。应该从我思出发，这是千真万确的，但是，人们在谈到我思时，就好像是在拙劣地模仿一种著名格言，只要我们一说，就走样了。我们前面对某些行为的可能性的条件的研究，只有一个目的，那就是使我们能够在我思的存在中探讨我思，并且能为我们提供辩证法的工具以使我们可以在我思本身中在通往人的实在构成的存在整体时摆脱瞬时性的手段。让我们还是回来重新描述自我的非正题意识，并考察它的结果，考虑一下对意识来讲，是其所不是和不是其所是的必然性意味着什么。

延展阅读

《自我的超越性》

本书是作者的另一部精品。

本书写于 1934 年，是萨特早期的著作，其中一部分是萨特在柏林为研究胡塞尔现象学而写的。萨特以这部著作开始了通向《存在与虚无》的探索。1935 年间，他还写了《想象》和《想象物》（分别在 1936 年和 1940 年发表），后来在 1937 年至 1938 年间完成了他在 1934 年就构思的《心理》。之后，他又从《心理》分离出另一部著作《情绪现象学理论初探》，于 1939 年发表。最后要提到他在 1943 年发表的《存在与虚无》。他在《存在与虚无》中坚持《自我的超越性》的结论，又完善、深化了它所欠缺的对唯我主义的批判。

《存在主义是一种人道主义》

〔法〕让·保罗·萨特　著

关于作者

见《存在与虚无》之“关于作者”。

荐读理由

存在主义是现代西方哲学中影响极大、流传极广、风行一时的哲学流派，其代表人物之一便是本书的作者萨特。

本书由两篇文章构成：《存在主义是一种人道主义》和《今天的希望：与萨特的谈话》。前者发表于 1946 年，萨特作此文的目的是“针对几种对存在主义的责难而为它进行辩护”，同时指出它与其他哲学流派的异同，澄清各种无意的误解和恶意的歪曲。后篇发表于 1980 年萨特去世前不久，其中萨特一再强调，他的存在主义本质上是一种对人生充满希望的乐观主义哲学。

萨特的存在主义首先指出人的存在是先于其本质的。“人除了自我塑造之外，什么都不是”，这句名言清晰地说明了“自为”对于一个人的重要性。只有自己不断地塑造、选择、行为，我们才是我们，而不仅仅是存在本身。自为的意义便是使我们的存在拥有本质，同时使每一个人区别于他人。

其次，如果存在先于本质是成立的，那么，每个人对于自己的行为以及选择负有莫大的责任。一个人的选择决定了他将成为什么样的人，这样，他对他的选择是要担负责任的。更为重要的是，每个人的选择同时要对整个人类负责。每个人的选择，每个人的行为，看似只和自己有关，决定着自己的归属。但事实上，一个人的选择影响着整个世界，任何一个选择都无法脱离对周围的影响，因此，人要对自己的选择负责，对整个人类负责。这也是萨特的存在主义中积极的一面，这说明人必须认真严肃地面对选择，面对生活。

萨特的存在主义认定人具有绝对的自由，因为萨特的存在主义建立在“上帝已死”的基本前提之下。人的存在本身是没有任何意义的，不是人的主观意愿所希望的。也就是说，一个人并不是自愿存在于世的，然而一旦存在，他就是自由的；但同时他要对自己所做的一切负责。这也就是萨特的小说《恶心》所要表达的感受。我们的存在本身是没有意义的，然而我们存在了，我们就同时有了选择的绝对自由以及相应的责任。

萨特还提到了“焦虑”和“眩晕”。萨特认为，人们感到焦虑，恰恰是因为人们的自由，人们感到了自由，但是无从选择。而“眩晕”则是“焦虑”的一种，人们在悬崖旁感到眩晕，是因为他意识到自己可以选择自杀——跳下去，而跳与不跳都由一个人自己决定。这是人类自由的表现。在“眩晕”这个例子里面，我们可以看到萨特的另外一个重要概念——“超越性”。超越性表现在人类在有多个选择的时候可以设想每个可能的后果，这样人类就能够自己作出选择。

先睹为快

在这里，我的目的是要对存在主义所受到的一些指责，提出答辩。

首先，存在主义曾被指责为诱导人们安于一种绝望的无为主义。因为如果每一条解决事物之道都被阻断了，那么我们就不得不视在这世界上的任何行为都是徒劳无益的，我们最后就会走到一种冥想的哲学里去。而更甚的是，由于冥想是一种奢侈，因此我们的学说就不过是另一种布尔乔亚的哲学而已。在这方面，是特别受到共产主义者的指责的。

在另一方面，我们被指责为偏重了人类处境中黯淡的一面，只看到下贱、卑鄙和低劣，而忽略了人性光明面中某些仁慈而美好的事物。例如根据天主教的批评者默契尔小姐所说，我们忘记了婴儿是怎样微笑的。从这两方面，我们又被指责为无视于人类的协和一致，而认为人是处于孤立之中的。共产主义者说我们之所以如此，主要是因为我们的学说纯粹建筑在主观性上——建筑在笛卡尔所谓“我思”这个观念之上：这是孤立的人面对他们的时刻，这是一个无法和其他存在于自我之外的人取得协和一致的地位。自我不能透过思维而与他们相通。

从基督教这一面，我们则被指责为否定了人事的真实和严肃。因为我们忽视了上帝的诫言和他规定的所有的永恒价值，那就除了自由意愿之外，别无所有了。每一个人都可以为所欲为，从这个观点来看，就不能谴责他人的观点和行为了。

今天，我将尽量来答复这些不同的指责。这也就是我为什么把这短文题为“存在主义是一种人道主义”的理由。许多人对于我在这里提到“人道主义”一词，可能会感到惊讶，但是我将试图寻找出我们所了解的意义。无论如何，我们一开始就可以说，存在主义乃是使人生成为可能的一种学说；这种学说并宣称任何真理和行为都包含着环境和人的主观性。

对于我们最基本的攻击，当然是说我们过分强调了人生的罪恶面。最近有人告诉我一个故事，说有一位太太，无论在什么时候，只要她神经过敏地说了一句粗俗的话，就自我解嘲地叫道："我想我要变成一个存在主义者了。"由此可以看出，丑恶被视为存在主义的同义词了。这也就是为什么有些人说我们是"自然主义的"，假使我们是的话，这倒奇怪了，因为今天我们却比名副其实的自然主义者更使他们感到震惊和畏惧。那些可以安然读完一本像左拉的《大地》那样的小说的人，却无法忍受存在主义者的小说。那些诉诸大众智慧的人——那是一种悲哀的智慧——发现我们的更为悲哀。然而，又有什么话比说"仁爱始于家庭"或者"升擢歹徒，他会反咬；将他击倒，他则崇拜"更会使人感到嗒然若丧呢？我们都很熟习许多可以这样引用的老话，它们的意义大抵相同—— 你不可反抗现存努力，你不可违反权威，你不可逾越本分，干涉他人。或者说，任何不依从一些传统的行为都只是浪漫主义；或者说不根据过去经验的行为，都注定要失败；并且由于经验显示出人总是不变地倾向于罪恶，所以必须有严厉的规则来约束，否则我们就要陷入无政府状态了。然而，直到现在仍然有人咀嚼着这些丧气的老话，每当他们听到一些讨厌的行为时，就会说："多么像人性呀！"——就是这些重弹写实主义老调的人，在抱怨存在主义对事物的看法太过于阴郁。的确，他们那些过度的抗议倒使我怀疑触怒他们的不是我们的悲观，而是我们的乐观。因为追根究底，在我正要向你们解释的学说之中有警告作用的是——人有选择的可能性。——难道不是吗？为证实这点，我们必须在纯哲学的水准上，把它重新研究一番。那就是我们称为存在主义的这个名词，到底是什么？

延展阅读

《恶心》

本书是作者的另一部精品。

书中设定主人公得了一种病症，并指出这种病症是每个人都可能得的，主人公罗根丁有时处在不适状态中而犯“恶心”，我们也可能犯“恶心”。罗根丁在搏斗，他企图摆脱他的真实存在，与过去的一个或某些艺术品，甚至一段爵士音乐来认同，去达到某种自由。这就是萨特在此书中所要表达的中心思想——“存在与自由”。

《蒙田随笔》

〔法〕蒙田　著

《蒙田随笔》与《培根人生论》、《帕斯卡尔思想录》一起，被人们誉为欧洲近代哲理散文三大经典。

关于作者

蒙田（1533—1592），启蒙运动以前法国的一位知识权威和批评家，一位人类感情的冷峻的观察家，亦是对各民族文化，特别是西方文化进行冷静研究的学者。在16世纪的作家中，很少有人像蒙田那样受到现代人的崇敬和接受。从他的思想和感情来看，人们似乎可以把他看成是在他那个时代出现的一位现代人。他的散文主要是哲学随笔，因其丰富的思想内涵而闻名于世，被誉为“思想的宝库”。

蒙田的母亲是西班牙人的后裔，父亲则是法国波尔多附近的一个小贵族。蒙田是文艺复兴后期法国人文主义最重要的代表，曾先后担任波尔多市法官、议员和市长，与法兰西国王亨利三世等过从甚密。

蒙田常常说他不是学者，他喜欢给人造成这样一种印象：他不治学，只不过是“漫无计划、不讲方法”地偶尔翻翻书；他写的东西也不润色，不过是把脑袋里一时触发的想法记下来而已，纯属“闲话家常，抒写情怀”。我们从他的代表作《蒙田随笔》里完全可以看出他的这种写作心态和风格，然而他当时万万没有想到，这正符合当代读者的阅读需要和审美情趣。蒙田在37岁那年即继承了其父在乡下的领地，一头扎进那座圆塔三楼上的藏书室，过起隐居生活来。

蒙田把自己的退隐看作是暮年的开始，是从所谓“死得其所之艺术”的哲理中得到启示的。其实他退隐的真正原因是逃避社会，他赞美自由、静谧与闲暇，向往优游恬适的生活。不过他的隐居生活不是消极的，而是积极的，他除了埋头做学问之外，还积极从事写作。

自1572年开始一直到1592年逝世，在长达20年的岁月中，他以对人生特殊的敏锐力，记录了自己在智力和精神上的发展历程，为后代留下了极其宝贵的精神财富。

荐读理由

《蒙田随笔》共107章，百万字左右。在全集中，日常生活、传统习俗、人生哲理等等无所不谈，特别是旁征博引了许多古希腊罗马作家的论述。作者还对自己作了大量的描写与剖析，使人读来有娓娓而谈的亲切之感，增加了作品的文学趣味。它是16世纪各种思潮和各种知识经过分析的总汇，有“生活的哲学”之美称。

蒙田以博学著称。他对随笔体裁运用娴熟，开创了近代法国随笔式散文之先河。他的语言平易通畅，不加雕饰，文章写得亲切活泼，妙趣横生。全书充满了作者对人类感情的冷静观察。作者采用单线条的咏叹与勾勒，陈述自己对于自身个体、人类生活方式与现实世界等重大问题的思考，循序渐进地将读者引入一泓恬淡清澈的湖水之中。全书主要内容包括以下三个方面：作者所感觉的自我；他所体会的人类的生活方式和思想感情；他所理解的现实世界。

在《论不同的方法可以收到同样的效果》中，作者在篇首即开宗明义地指出：“当我们所冒犯的人手操我们的生死大权，可以任意报复时，最普遍的感化他们的方法自然就是投降以引起他们的怜恤和悲悯。

可是相反的方法，勇敢与刚毅，有时也可以收到同样的效果。”他在书中总结道：“恻隐而动心，是温柔、驯良和软弱的标志，由勇敢的神圣影响而起的尊敬心，则是一种倔强不挠的灵魂的标志，他们都崇尚大丈夫的刚毅气概。……对于比较狭隘的灵魂，钦羡与惊异亦可以发生同样的效力。”他告诫人们在危急时刻，应随机应变，区别对待各种险情。

在《论闲逸》中，作者以为：“如果没有一定的主意占据心灵，把它的范围约束住，它必定无目标地到处漂流，入于幻想的空泛境域里。灵魂没有目标，它就会丧失自己。”可见作者本身是反对虚无主义的，提倡人应该有点精神，即使在闲逸时，也不可使灵魂丧失目标，否则，最终会导致“产生无数妖魔与怪物，无次序、无目的，一个个接踵而来”。

在《论死后才能断定我们的幸福》中，作者引用苏龙的警告：“人世变幻无常，只要轻轻一动，便可能面目全非，前后迥异。”在感叹生命的变化无常之外，他给自己定义的“幸福”的标准是：“希望我可以善终，就是说，安然逝去，不声不响。”一个人无论生命怎样美丽辉煌，地位、权力与财富对他来说只不过是一件偶然的附属品。在生命的末日来临时，重要的是问心无愧，安然逝去，才能称之为幸福，功过是非留与后人评说。

在《热爱生命》中，作者认定“生活乐趣的大小取决于我们对生活的关心程度”，而不是任何外物的影响。只有自己才是生命的主宰，因为“我们的生命受到自然的恩赐，它是优越无比的。如果我们觉得不堪生之重压或白白虚度此生，那也只能怪我们自己”。尽管作者当时身患重病，但他并没有沉沦气馁，而是采取积极乐观的人生态度去拥抱生命，感受生活的乐趣。最后，作者引用罗马哲学家塞内卡的话指出：“糊涂的人一生枯燥无味，躁动不安，却将全部希望寄托于来世。”希望后来者从一开始就做一个明白人。

在《众师之师》中，作者认为古希腊哲学家苏格拉底是“众师之师”，因为他认识到“我一无所知”。俗话说：“千里之行始于足下。”认识世界是从认识自己无知开始的，在阿波罗神庙的门楣上就镂刻着“人人应有自知之明”的名言。可见刚愎自用与固执己见才是愚蠢无知的鲜明标志。在日常生活中，我们要善于区分两种情况：一是“走自己的路，休管别人议论”；一是“固执己见、自以为是”。

蒙田的名声在17世纪已远播海外。在英国，培根的《散文集》就深受蒙田的影响。在17世纪上半叶那个古典主义时代，有人认为他那结构松散的散文不合人们的口味，然而到了18世纪，他又声名鹊起，著名作家、哲学家狄德罗欣赏蒙田的散文恰恰在于所谓的“无条理”，认为“这是自然的表现”。经过400余年的考验，历史证明了蒙田与莎士比亚、苏格拉底、米开朗琪罗一样是一位不朽的人物，他的随笔如他自己所说的那样，是“世上同类体裁中绝无仅有的”。

先睹为快

我赋予某些词语特殊的含义，拿“度日”来说吧，天色不佳，令人不快的时候，我将“度日”看作是“消磨光阴”，而风和日丽的时候，我却不愿意去“消磨”，这时我是在慢慢赏玩、领略美好的时光。坏日子，要飞快地去“度”，好日子，要停下来细细品尝。“度日”“消磨光阴”这些常用语令人想起那些“哲人”习气。他们以为生命的利用不外乎将它打发、消磨，并且尽量回避它，无视它的存在，仿佛这是一件苦事、一件贱物似的。至于我，我认为生命不是这个样的，我觉得它值得称颂，富于乐趣，即便我自己到了垂暮之年也还是如此。我们的生命受到自然的厚赐，它是优越无比的。如果我们觉得不堪生之重压而白白虚度此生，那也只能怪我们自己。“糊涂人的一生枯燥无味，躁动不安，却将全部希望寄托于来世。”

不过，我对随时告别人生，毫不惋惜。这倒不是因为生之艰辛与苦恼所致，而是由于生之本质在于死。因此只有乐于生的人才能真正不感到死之苦恼。享受生活要讲究方法。我自认为比别人多享受到一倍的生活，因为生活乐趣的大小是随着我们对生活的关心程度而定的。尤其在此刻，我眼看生命的时光不多，我就愈想增加生命的分量。我想靠迅速抓紧时间，去留住稍纵即逝的日子；我想凭时间的有效利用去弥补匆匆流逝的光阴。剩下的生命愈是短暂，我愈要使之过得丰盈充实。

我们看见的旷地，倘若土地肥沃，那它必定丛生着各种叫不上名的野草。想要好好利用它，便需把它清理及散播好的种子。正如我们看见的妇人，如果任她们自己，只能产生不成形的肉块。必定需施以良种，然后才能得到自然的好的后嗣。心灵亦然，倘若没有一定的主意占据着它，把它的范围约束住，它必定无目标地到处漂流于幻想的空泛境域里。

灵魂如果没有确定的目标，它就会丧失自己。因此，俗语说得好，无所不在等于无所在。

一个人倘若隐居家里，决意在可能的范围内，不理旁事，闲逸以度这短促的余生。这似乎对他的心灵没有更大的恩惠，除非让他在闲暇里款待自己，逗留和安居在他自己身上。

读书能明智，能获得乐趣。但是，倘若读得过度，变成书呆子，便只剩兴味索然了。此外，可能还损害身体，而快乐和健康却是我们最宝贵的，倘若竟弄到有损身心的地步，那么我们就抛开书本吧。

有人认为，从书上所得的弥补不了所失的，这样的观点是值得支持的。长期以来感到身体不适、健康欠佳的人到头来只好听从医生的吩咐，请大夫规定一定的生活方式，不复逾越。退隐的人也是如此，他对社交生活失去兴趣，及至深感厌烦。他只得按理性的要求设计隐居生活，通过深思熟虑凭自己的见解好好地加以安排。他应当排除一切劳累困扰，不论他以何种形式呈现。他也应当摆脱有碍于身心宁静的世俗之欲，而选择最符合自己性情的生活之路。

延展阅读

《培根人生论》

培根是英国 17 世纪著名政治家、思想家和经验主义哲学家。1597 年，《培根人生论》在英国首版后，即以文笔优美、语句简洁、趣味隽永、格言精妙而大受欢迎，多次再版重印，历四百多年而未衰。培根的这本书虽然篇幅不大，但却是世界散文史和思想史上的一块绝世瑰宝。《培根人生论》中的相当一部分篇章，不仅体现了文艺复兴时代古典人文主义者的价值理想，而且许多教诲和论述就是在今天看也毫无过时之感。这不仅是指那些久已脍炙人口的篇章如《论读书》、《论美》、《论爱情》、《论狡猾》、《论逆境》、《论死亡》等，而且也包括其中一些论述宗教和政治问题的篇章。

《第一哲学沉思集》

〔法〕勒内·笛卡尔　著

关于作者

勒内·笛卡尔（1596—1650），生于法国都兰城，是伟大的哲学家、物理学家、数学家、生理学家，是解析几何的创始人，同时也是欧洲近代资产阶级哲学的奠基人之一，黑格尔称他为“现代哲学之父”，也被誉为“近代科学的始祖”。

因家境富裕且自幼多病，笛卡尔就读的教会学校允许他在床上早读，这使得笛卡尔养成终生沉思的习惯和孤僻的性格。在校期间，笛卡尔接受传统文化教育，但他对所学的东西颇感失望。他决定远离社交活动频繁的都市，投笔从戎，借机游历欧洲，开阔眼界。

长期的军旅生活和法国内乱使笛卡尔感到疲惫。1628 年，他移居荷兰，对哲学、数学、天文学、物理学、化学和生理学等进行了深入的研究，并通过数学家梅森神父与欧洲主要学者保持密切联系。他的主要著作几乎都是在荷兰完成的，包括《指导哲理之原则》、《论世界》、《折光学》、《气象学》、《几何学》、《形而上学的沉思》、《哲学原理》等等。这些著作囊括了笛卡尔在数学、哲学和许多自然科学问题上的看法。

笛卡尔的主要数学成果集中在他的《几何学》中。当时，代数还是一门新兴科学，几何学的思维在数学家的头脑中占有统治地位。在笛卡尔之前，几何与代数是数学中两个不同的研究领域。笛卡尔站在方法论的自然哲学的高度，认为希腊人的几何学过于依赖图形，束缚了人的想象力。因此，他提出必须把几何与代数的优点结合起来，建立一种“真正的数学”。笛卡尔的思想核心是：把几何学的问题归结成代数形式的问题，用代数学的方法进行计算、证明，从而达到最终解决几何问题的目的。依照这种思想，他创立了我们现在的“解析几何学”。1637 年，笛卡尔发表了《几何学》，创立了平面直角坐标系。

笛卡尔强调科学的目的在于造福人类，使人成为自然界的主人和统治者。他反对经院哲学和神学，提出怀疑一切的“系统怀疑的方法”。他最著名的哲学思想就是“我思故我在”。这句名言被笛卡尔当作自己哲学体系的出发点。

1649 年，笛卡尔受瑞典克里斯蒂娜女王之邀来到斯德哥尔摩，但不幸在瑞典患上肺炎，于 1650 年 2 月去世。

人们在笛卡尔的墓碑上刻下了这样一句话：“笛卡尔，欧洲文艺复兴以来，第一个为人类争取并保证理性权利的人。”

荐读理由

笛卡尔的《第一哲学沉思集》最初是用拉丁文写的，出版于 1641 年。在正式出版之前，笛卡尔曾托人把“六个沉思”的校样交给一些当时有名的神学家和哲学家阅读，请他们提意见，以便根据他们的意见再作进一步的阐述，以期能够更容易地得到巴黎神学院的出版许可。笛卡尔先后共收到六组反驳，他针对这些反驳作了相应的答辩。

第一个沉思即“论可以引起怀疑的事物”。笛卡尔认为：“只要我们在科学里除了直到现在已有的那些根据以外，还找不出别的根据，那么我们就有理由普遍怀疑一切，特别是物质性的东西。”这些怀疑包括：从感官或通过感官得到的东西，算学、几何学，以及类似这样性质的其他科学。这种怀疑是一种“方法论的怀疑”，是以怀疑为手段，破除旧的教条与成见。

第二个沉思是“论人的精神的本性以及精神为何比物体更容易被认识”。笛卡尔在书中说：“精神可以用它本身的自由，对一切事物的存在只要有一点点怀疑，就假定它们都不存在，不过决不能认为它自己不存在。”通过推论，笛卡尔得出“世界上根本就没有什么可靠的东西”是真实的，“没有什么对我来说比我的精神更容易认识的东西了”。

第三个沉思为“论上帝及其存在”。笛卡尔在其论证过程中否定了“无”能产生“有”，“我”这样一个存在不是凭空而生的。“我”在怀疑，且不完美，这样一个既怀疑又有缺陷的东西根本无法产生“我”。因此，“我”只能来自至上完满的存在，即上帝。

在第四个沉思中，笛卡尔沉思“真理与错误”。笛卡尔认为，犯错的形式的理由是缺陷，如果把上帝当作它的原因，应该叫作否定。如上所说，有些缺陷是上帝的设计，有些错误是意志扩展到理智之外。因此，避免错误的方法之一是不在弄清事实真相前下判断。而真理则是：“我把我的注意力充分地放在凡是我领会得完满的事物上，把它们从其余的、我所理解得糊里糊涂的事物中分别出来。”

第五个沉思系“论物质性东西的本质；再论上帝及其存在”。笛卡尔认为只有一个上帝存在；而且，它过去存在，将来也存在；并且，其他一切事物的可靠性都是绝对取决于它的。

第六个沉思为“论物质性东西的存在；论人的灵魂和肉体之间的实在区别”。笛卡尔在这一沉思里充分阐述了他的二元论思想：“我”既是精神的，又是肉体的，一个整体中具有两个“我”。精神具有单一、完整、不可分的属性，而肉体是可以分割的。笛卡尔以“物质性东西的存在”和对“人的灵魂和肉体之间”的沉思结束了他的这一系列伟大沉思，引起了哲学界的伟大转向，即由本体论转向认识论。

在《第一哲学沉思集》出版前，笛卡尔将他的手稿发给了多位哲学家、神学家和逻辑学家，其中一些人对笛卡尔的观点提出很多反驳意见，笛卡尔又针对这些反驳作了答辩。这些“反驳”和“答辩”也一同收入《第一哲学沉思集》，丰富了该书的内容。

先睹为快

从而，既然对我存在这个命题的认识是取决于对我思维这个命题的认识的，而对我思维这个命题的认识是取决于我们不能把思维跟一个在思维的物质分开，那么似乎应该得出这样的结论：一个在思维的东西是物质的，不是非物质的。

再说，因为，一切事物的创造者——上帝能够把一种实体改变成为另一种实体，后一种实体恰好待在包含过前一种实体的同一表面里，这也没有什么不可理解的或者困难的。不仅一切感觉，甚至一般地来说，这一个物体施加于另一个物体的一切行动，都在于接触，从而显然是：同一的表面总应该是以同二方式而主动或者被动，不管在它所覆盖的本质发生了什么变化，对于这一点，人们说不出什么更合乎道理的东西来，也说不出什么能为哲学家们一致接受的东西来。

既然你不认识肉体的能力和运动能够达到什么地方，因为你自己承认没有人能知道（除非是由于上帝的特别启示），上帝是给一个主体里放进了或能放进什么，那么你从哪里能够知道上帝没有把这种能力和特性如思维、怀疑等等放进什么物体里呢？

虽然我可以假定我过去也许一直是像我现在这样存在，但是我不会因此而避免这个推理的效力，也不能不认识到上帝是我的存在的作者这件事是必要的。因为我的全部生存时间可以分为无数部分，而每一部分都绝对不取决于其余部分，这样，从不久以前我存在过这件事上并不能得出我现在一定存在这一结论来。假如不是在这个时候有什么原因重新（姑且这样说）产生我，创造我，也就是说保存我的话。

事实上，这对于凡是要仔细考虑时间的性质的人都是非常清楚、非常明显的，即一个实体，为了在它延续的一切时刻里被保存下来，需要同一的能力和同一的行动，这种行动是为了重新产生它和创造它所必要的，如果它还没有存在的话。因此，自然的光明使我看得很清楚，保存和创造只是从我们的思想方法来看才是不同的，而从事实上来看并没有什么不同。所以，只有现在我才必须问我自己，我是否具有什么能力使现在存在的我将来还存在，因为，既然我无非是一个在思维的东西（或者至少既然一直到现在严格说来问题还只在于我自己的这一部分），那么如果这样的一种力量存在我心里，我一定会时刻想到它并且对它有所认识。可是，我觉得像这样的东西，在我心里一点都没有，因此我明显地认识到我依存于一个和我不同的什么存在体。

延展阅读

《正确思维和发现科学真理的方法论》

本书是作者的另一部精品。

该书写于1637年，通常简称为《方法论》。笛卡尔在这部书中指出，研究问题的方法分四个步骤：一、永远不接受任何我自己不清楚的真理，就是说要尽量避免鲁莽和偏见，只把那些十分清楚明白地呈现在我的心智之前，使我根本无法怀疑的东西放进我的判断之中。二、可以将要研究的复杂问题，尽量分解为多个比较简单的小问题，一个一个地分开解决。三、将这些小问题从简单到复杂排列，先从容易解决的问题着手。

四、将所有问题解决后，再综合起来检验，看是否完全，是否将问题彻底解决了。在16世纪60年代以前，西方科学研究的方法，从机械到人体解剖的研究，基本都是按照笛卡尔的《方法论》进行的，《方法论》对西方近代科学的飞速发展，起了相当大的促进作用。

《权力论》

〔英〕伯特兰 · 罗素 著

关于作者

伯特兰 · 罗素（1872—1970），20 世纪英国哲学家、数学家、逻辑学家、历史学家，也是 20 世纪西方最著名、影响最大的学者和和平主义社会活动家之一，1950 年诺贝尔文学奖得主。罗素也被认为与弗雷格、维特根斯坦和怀特海一同创建了分析哲学。

1872 年，罗素生于英国辉格党贵族世家。因为父母早逝，罗素由祖母抚养。祖母没有让罗素上一般贵族子弟上的公学，而是让他在家接受保姆和家庭教师的教育。受家人和家庭教师的影响，罗素青少年时期对数学、历史和文学产生了兴趣。

1890 年，罗素考入剑桥大学三一学院，学习数学、哲学和经济学。1893 年，他获得数学学位，而后在第四年转学哲学，并获得伦理科学学位。20 世纪 30 年代以前，罗素在数学、哲学和经济学三个学科上平行发展。他撰写了一篇论述非欧氏几何学研究员资格论文，这篇论文的成功使罗素在三一学院获得为期六年的研究员资格。同时，罗素还努力跟踪新物理学的发展。

1894 年，罗素不顾家人反对，与比他年长 5 岁的美国姑娘阿露丝·波尔萨斯·史密斯结婚。这是罗素的第一次婚姻。婚后，罗素和妻子一道去柏林，在那里研究经济学和政治学，与德国工人运动领袖倍倍尔和李卜克内西等来往，还参加了工人的集会。罗素这些活动的成果，表现在 1896 年出版的《德国的社会民主》这本著作中。

1900 年，因与意大利逻辑学家皮亚诺相识，罗素在皮亚诺的数学逻辑系统中找到他多年来所寻求的“用于逻辑分析的工具”，从而使他在实现把数学还原为逻辑的技术可能性上打开了眼界。在这之后，罗素和怀特海合作撰写《数学原理》，这部著作被誉为是“人类心灵的最高成就之一”，为罗素赢得了学术上的崇高地位和荣誉。在哲学方面，《论指谓》、《亲知的知识和摹状的知识》、《哲学问题》等著作也相继出版。

随着一战的爆发，罗素对哲学的兴趣减弱，而作为和平主义者投身到写作、演说和组织活动中去。除了出版《战争恐惧之源》、《社会重建原则》等著作外，他还一直为反战活动而奔波。他组织了“拒服兵役委员会”，并因一张传单而被法院判为有罪，因此被三一学院解职。1918 年，他因撰写一篇反战文章而被判刑入狱，他在狱中完成《数学哲学导论》，并开始撰写《心的分析》。出狱之后，罗素主要依赖写作谋生。

1920 至 1930 年间，罗素以非正式成员的身份随工党代表团访问苏维埃共和国，并应邀到中国讲学。在这期间，罗素撰写了大量有关俄国、中国、相对论、历史、教育、性道德、国际关系、宗教和未来社会的著作。

1944 年，罗素回到英国，继续担任三一学院的研究员职位，并在那里完成了最后一部重要的哲学著作《人类的知识》。他对一般的共产主义尤其是苏式共产主义的持续谴责很适合于冷战时期，因此罗素享受了一段不寻常的声誉。1949 年他被选为英国科学院荣誉院士，1950 年英王乔治五世为他颁发英国最高荣誉“功勋奖章”。

罗素晚年时，核战争的威胁开始支配他的思想。他于1955年争取到爱因斯坦的支持，发表了著名的《罗素—爱因斯坦宣言》。1964年，他建立了“罗素和平基金会”，为筹集基金而拍卖了部分文献档案。罗素于1967年出版了他的最后一部著作《在越南的战争罪行》，将生命的最后时刻献给了世界和平事业。

荐读理由

本书全名为《权力论：新社会分析》。罗素在韦伯、马克思、弗洛伊德、柏拉图等有关论述的基础上，对权力定义、权力形式、权力基础，以及权力的用途等作了深入剖析与全面论述。

本书共有18章，大体分为“人们为什么要追求权力”、“权力的现实基础和构成”、“规制权力的可能途径”三个主要部分。罗素围绕上述问题展开讨论。罗素从分析权力欲入手，论述了教权、王权、革命权力、经济权力、支配舆论权力等各种权力形态，以及权力与政体、权力与道德、权力与组织和个人的关系。

罗素在开篇就明确指出，人有众多欲望，但权力欲和荣誉欲是最主要的两种。二者虽有密切关系，却不等同。获得权力往往是获得荣誉的最便捷的途径。权力欲是人们追逐权力的根源，是产生社会变化的主要动机。罗素提出，“当适度的享受有了保证的时候，个人与社会所追求的是权力而不是财富：他们可以把追求财富作为追求权力的手段，他们也可以放弃财富的增加来确保权力的发展”。权力欲的冲动也有两种形式：成为领袖和对领袖的追随。“当人们心甘情愿地追随一个领袖时，他们这样做的目的是依仗这个领袖所控制的集团来获得权力；他们感到领袖的胜利也就是他们自身的胜利。大多数人觉得自身没有能力把他们的集团导向胜利，于是就想获得一个智勇兼备足以成就丰功伟业的首脑。”而权力服从的根源，则是恐惧。罗素指出，“一切服从的现象，根源都在于恐惧，不论我们所服从的领袖是人还是神”。

罗素认为，现实权力可以分为“对人的权力”和“对无生物或非人类的生物的权力”两种类别。基于以上分析，罗素进一步分析了现实社会中教权、王权和作为权力来源的信条等不同权力形态，区分和论述了基于组织制度的组织权力和基于“学问”和“智慧”的个人权力，并在考察不同社会历史和现实的基础上，分别论述了传统的权力、革命的权力和强暴的权力的不同形式。

罗素深刻认识到权力具有不断扩张的特性，明确提出要节制个人、组织和政府对权力的追求。他并不仅限于寻求“权力制约权力”、“法律约束权力”、“多元社会团体规制权力”这些政治学层面的一般路径，而是认为，权力规制需要具备四个方面的条件，即政治条件、经济条件、宣传条件、心理与教育条件，四者共同入手来改善权力。此外，罗素还对权力行使者加以道德性规劝。他告诫人们要始终把权力当作手段而不是目的，要让权力结出善果，首先需要有某种善良的目的。这种目的必须在实现后能有助于满足别人的愿望，而且实现目的所用的手段不可使附带的流弊超过目的实现后可得到的良果。

正如罗素在书中所说：“我始终抱有两个目的，一方面提出我自信比经济学家们所提供的要恰当的关于社会变化的一般分析方法，另一方面使现在和不远的将来变得比那些其想象力受 18 和 19 世纪支配的人所能理解的要容易理解。”罗素在权力的论述中结合历史和个人的智慧，为后世留下了一部思想巨著。

先睹为快

人与其他动物之间存在着许多区别，有些是智力上的，有些是情感上的。情感上的主要区别之一在于人类的某些欲望与动物的不同，是漫无边际的，而且不能获得完全的满足。蟒蛇吃饱了就去睡觉，一直睡到食欲恢复的时候；如果说别的动物不是这样，那是因为它们的食物不够或是因为它们害怕敌人。除了个别的例外，动物的活动是受生存和繁殖的基本需要的驱使，一般不会超出这些需要所必需的范围。

人却不然。的确，大多数人为了获得生活必需品不得不辛勤劳动，以致剩不下多少精力去用于其他目的，但是那些生活无忧无虑的人也并不因此而停止活动。赫西斯出征雅典时，他并不缺少衣食和妻妾。牛顿成为三一院士之后，物质上的舒适得到保证，但他正是在此之后才写出《原理》一书。圣弗朗西斯和伊格内修斯·洛伊拉也并不需要创立教派来摆脱贫困。

动物满足于生存和繁殖，人类则还要扩张，他们在这方面的欲望仅为想象暗示的可能性所制约。假如有可能，每个人都愿意成为上帝；少数人则感到难于承认这种不可能性。这类人是按照米尔顿的撒旦的模式构成的，他们像他那样，把高尚和不敬合为一体。我所说的“不敬”，是指不依赖神学信仰的东西：我的意思是说否认个人权力的局限性。这种高尚和不敬的泰坦式的结合，在大征服者身上体现得最为明显，但是这种结合的某些成分，在所有人身上都能看见。它使社会合作成为困难的事情，因为我们每个人都喜欢把这种合作想象成上帝和他的崇拜者之间的合作，而将自己摆在上帝的位置上。由此产生出竞争、妥协和管理的需要、反抗的冲动，以及动乱和周期性的暴行，并因此而需要道德来约束无政府主义的自我坚持。

在人类无限的欲望中，居首位的是权力欲和荣誉欲。这两种欲望并不是一回事，虽然它们之间有着密切的联系：英国首相的权力多于荣誉，而英国国王的荣誉却多于权力。然而，一般说来，获得荣誉最简便的方法是获得权力，这尤其适用于那些从事公共事业的人。因此，总的说来，荣誉欲所引起的行为与权力欲所引起的行为完全相同，实际上，这两种动机可以视为同一的东西。

延展阅读

《数学原理》

《数学原理》由罗素与怀特海联手撰写。罗素主要负责哲学方面的内容，怀特海主要负责数学方面的内容，他们相互交换草稿，共同订正。其工作的巨大成果分为三大卷，分别于1910、1912和1913年出版。这部著作是20世纪科学的重大成果，对逻辑学、数学、集合论、语言学和分析哲学有着巨大影响，被誉为是“人类心灵的最高成就之一”。

《通往奴役之路》

〔英〕哈耶克　著

关于作者

哈耶克（1899—1992），奥地利裔英国经济学家，新自由主义的代表人物。

1899 年，哈耶克出生在维也纳一个知识分子家庭。青年时代，他在维也纳大学获得法学和政治科学博士学位。20 世纪初，由门格尔的《经济学原理》所开创的奥地利经济学派已经由波姆、威塞尔及米塞斯等人发扬光大。哈耶克在维也纳大学就读时，发现米塞斯的反社会主义的观点适合他的胃口。正是米塞斯 1922 年出版的彻底批判社会主义的著作最终把哈耶克从社会主义思潮中拉了出来。

1938 年，哈耶克加入英国国籍。自由是哈耶克永恒的理想。他继承了 18 世纪启蒙思想家的思想，从个人主义出发，强调维护人的自由。这种自由包括政治自由、思想自由和经济自由。其中，经济自由是自由的基础。实现经济自由的途径是实行市场经济，让市场机制充分发挥调节作用，让人们在市场上进行自由竞争。因此，市场经济就是一种由个人主义出发的，能保证人的自由的“自然秩序”，是一种最符合人性的经济制度。

哈耶克早期以研究货币和经济周期理论成名，提出货币投资过度理论。他认为经济周期的根源在于信贷变动引起的投资变动。银行信贷的扩大刺激了投资，一旦银行停止信贷扩张，经济就会由于缺乏资本而爆发危机。他相信资本主义经济本身有一种自行趋于稳定的机能，反对国家对经济生活的干预。他把20世纪70年代资本主义滞胀的出现归罪于凯恩斯主义的理论和政策。哈耶克一直反对社会主义、反对计划经济，他认为社会目标是个人目标的总和，社会目标不能抑制个人目标。而社会主义贬低人的个人目标，遵从于社会的目标，限制了利己的动力，计划经济中的集中决策没有市场经济中的分散决策灵活，所以社会主义不可能有高效率；而且社会主义违背人性，计划经济导致政府极权，是“通往奴役之路”。他还反对西欧社会民主党和英国工党的社会改良措施。

哈耶克认为经济研究的主题还是这种“自然秩序”。其间，哈耶克用消费者主权的概念来说明市场经济的完善性。同时，他又认为，协调问题是市场发展过程中不可缺少的一部分。协调的失败能使市场经济达到更高程度的协调，而在实际不协调问题上，哈耶克则表示，在不同时间各种活动的协调比在同一时期各种活动的协调困难更大。1974年他与瑞典经济学家缪达尔共同获得诺贝尔经济学奖。

哈耶克于1992年去世，享年92岁。虽然他1974年获得过诺贝尔经济学奖，但他的学术贡献却远远超出经济学范围。他毕生发表了130篇文章和25本专著，包括《货币理论和经济周期理论》、《物价与生产》、《资本纯理论》、《通往奴役之路》、《法律、立法与自由》、《货币的非国家化：共存货币理论与实践的分析》等，涵盖的范围从纯粹的经济学到理论心理学，从政治哲学到法律人类学，从科学哲学到思想史。他对至少三个领域的理解作出了重大贡献：政府干预、社会主义的经济后果及社会结构的发展。

哈耶克被誉为20世纪最伟大的古典自由主义学者。

荐读理由

《通往奴役之路》一书在哈耶克的学术生涯中占有极其重要的地位，于1944年出版。这本书为哈耶克赢得了广泛的关注，他的世界性声誉就是由此奠定的。

哈耶克在这本书中论证道：当时正在计划中的福利国家不是为个人自由的战斗在和平时期的继续，倒是朝着专制的方向迈出了一步。因此，他认为追求计划经济，其无意识的后果必然是极权主义。为了反对这种计划经济，哈耶克有力地重申了他一贯坚持的古典自由主义观点，同时，也允许适度的政府活动。他在书中提道："对于那样的计划经济的批评，是不能与完全教条式的自由放任态度混为一谈的。"《通往奴役之路》也的确支持政府对于邮政、道路、污染和工厂噪音等的管制。

哈耶克认为苏联和纳粹德国这样的国家早已经在"通往奴役之路"上了，而当时许多民主国家也正在重蹈覆辙。哈耶克写道："为达目的而不择手段在个人主义伦理学看来是对所有道德的否定，但那在集体主义的伦理学里却成为最高的原则。"

应该强调的是，哈耶克的自由主义包括对许多有用的社会制度的赞赏，但这些制度只能是人的自发行动的后果，而不能是人设计的结果。这一论点是从休谟、亚当·斯密和苏格兰历史学派那里继承过来的，它在哈耶克的著作中占据了重要位置。由此出发，哈耶克认为，良好的社会不是简单地依赖于在政府所提供的法律框架内追求私利，相反，它应依赖于一套复杂的法律、道义传统和行为规则的框架，这套框架的特点应该为大多数社会成员所理解和认同。

哈耶克进一步主张，社会大众会感觉计划的失败是因为国家权力不够、无法有效推行目标所造成的，这样的感觉会使大众开始投票支持中央集权，并会支持那些看似"可以让计划付诸实现"的"强人"攫取政治权力。哈耶克主张，在经过这一连串的恶化后，一个国家将会不可避免地转变为极权主义。对哈耶克而言，“通往奴役之路”代表了国家进行中央计划的开端，随着自由市场制度的瓦解，所有个人的经济自由和人身自由都将化为乌有。

《通往奴役之路》是对古典自由主义和自由意志主义理论的阐述中最著名、最受欢迎的书籍之一。无论在当时或现在，本书对政治思想领域中古典自由主义的复兴都发挥了极大的作用。

先睹为快

现代的社会主义趋向，不仅对不久的过去，而且对西方文明的整个演进过程都意味着多么鲜明的决裂，如果不仅以19世纪为背景，而且以更长远的历史观点来看，就显然很清楚了。我们正在迅速放弃的不仅是科布登和布赖特、亚当·斯密和休谟，甚至是洛克和弥尔顿的观点，而且是在基督教以及希腊人和罗马人奠定的基础上逐渐成长起来的西方文明的显著特点之一。不仅是19世纪和18世纪的自由主义，而且连我们从伊拉斯谟和蒙田，从西塞罗和塔西伦、伯里克利和修昔底德那里继承来的基本的个人主义，都在逐渐被放弃。

纳粹领袖把民族社会主义革命说成是一次反文艺复兴运动，可能不由自主地说了真话。它是毁灭现代人从文艺复兴时代起建立的尤其是个人主义文明的一个决定性步骤。个人主义在今天名声不佳，这个词和利己主义与自私自利联系在一起。但我们所说的与社会主义和一切形式的集体主义相对立的个人主义，与这些东西没有必然的联系。只有在本书的进程中，我们才能逐步搞清这两种对立原则之间的不同。由基督教与古典哲学提供基本原则的个人主义，在文艺复兴时代第一次得到充分发展，此后逐渐成长和发展为我们所了解的西方文明。这种个人主义的基本特征，就是把个人当作人来尊重；就是在他自己的范围内承认他的看法和趣味是至高无上的，纵然这个范围可能被限制得很狭隘；也就是相信人应该发展自己的天赋和爱好。“Freedom”和“Liberty”这些字眼儿常常被滥用，以致我们在使用它们、表明它们当时所代表的理想时，也颇费踌躇。宽容或许是唯一还能保留这个原则完整意义的字眼儿，这个原则在那个时期整个过程中都处于上升状态，只是在近来才又趋低落，且将随极权主义国家的兴起而彻底消亡。

从一个严格组织起来的等级制度逐渐转变成另一种制度，在这种制度之下，人至少能尝试去创造自己的生活，有机会了解和选择不同的生活方式，这种转变是和商业的发展密切相关的。新的人生观随着商业从意大利北部的商业城市传到西部和北部，通过法国和德国西南部传到低地国家和不列颠诸岛，坚实地扎根于没有受到专制政治势力压抑的地方。在低地国家和不列颠，它长期得到充分的发展，并且第一次有机会自由生长，成为这些国家社会政治生活的基础。而正是从那里，在17世纪后期和18世纪，它再次以充分发展了的形式开始传到西方和东方，传到新大陆，传到欧洲大陆的中部，在那里，毁灭性的战争和政治上的压迫严重地压制了类似发展较早的开端。

延展阅读

《致命的自负——社会主义的谬误》

本书是哈耶克生前最后一部作品，也是他最重要和最具有代表性的著作之一。这部著作不同于以往，在某种程度上，它实际上是“哈耶克对自己毕生所反对的‘极权社会主义’思想努力的总结”。正是由于本书集中体现了哈耶克全面而系统地批判他所谓的“社会主义”的主题，认为“社会主义”的思想主张是一种“致命的自负”、“一种谬误”，它的译介出版势必会在中国读者中产生影响。

《人性论》

〔英〕休谟　著

关于作者

休谟（1711—1776），18 世纪英国哲学家、历史学家、经济学家。他被视为苏格兰启蒙运动以及西方哲学历史中最重要的人物之一。

休谟生活在英国资产阶级“光荣革命”结束到产业革命开始的社会变革的时代。这时，资产阶级的进步性和保守性交织在一起。作为这个阶级思想代表人物的休谟，其哲学思想受到经验主义者约翰·洛克和乔治·贝克莱的深刻影响，同时吸收了英格兰知识分子艾萨克·牛顿、弗朗西斯·哈奇森、亚当·斯密等人的理论。在此基础上，休谟建立了以动摇于唯物主义和唯心主义之间的怀疑论为特色的哲学体系。

休谟的社会历史观点以人性论为基础，把对财富、享乐和权力的追求看作是人的本性，并认为无论何时何地，人性是一致和不变的；他还认为历史的作用就在于发现有关人性的普遍原理，提供经验教训。基于此，休谟撰写了《人性论》。

休谟首次提出近代不可知论，对感觉之外的任何存在持怀疑态度，对外部世界的客观规律性和因果必然性持否定态度。他认为，感性知觉是认识的唯一对象，知觉分印象和观念两类，但认为人们不可能超出知觉去解决知觉的来源问题；否认因果联系的客观性，认为因果联系只是由于印象出现先后而形成的一种观念；在伦理观上，主张功利主义，认为快乐和利益是一致的。他还用其经验论、怀疑论和功利主义伦理学论述了上帝的观念和宗教问题。

在经济方面，休谟反对重商主义，他是18世纪货币数量论的代表，关于国际贸易的学说对英国古典政治经济学有很大的影响。1752年，休谟提出著名的“休谟机制”，即在国际普遍实行金本位制的条件下，一个国家的国际收支可通过物价的涨落和现金（即黄金）的输出输入自动恢复平衡。这一自动调节规律也被称为“物价—现金流动机制”。

荐读理由

《人性论》写于1732—1736年间。休谟想要创立一个完整的科学体系。休谟在《人性论》“引论”中指出，一切科学都离不开以“人性”作为研究对象，各门具体科学最终都涉及“人性”的某个方面。人性论则是从总体上来研究“人性”的科学，是一切科学的唯一稳固的基础。所以，他把自己的哲学著作取名为《人性论》。

作者试图把实验推理的方法推广应用于精神哲学，剖析人性中的理智和情感。作品出版后，因公众对此书的反应冷淡，休谟又对全书进行了修订和改写。他在书中说：“知性和情感这两篇是单独构成一系列完整的推理连锁的；我欣然利用这种自然的划分来试一试一般读者的趣味。”因此，修改后的《人性论》分为三卷：“知性”、“情感”和“道德学”。

第一卷阐述认识论，提出了休谟的不可知论；第二卷以感觉的观点说明伦理学和美学问题，认为快乐的感觉是善和美的共同基础；第三卷论述快乐论、功利论的伦理学原理以及人性论、契约论的政治学原理。

《人性论》中的一个重要观念是对自宗教改革以来西方近代世俗人性观念的充分肯定。他提出支配人的生活的是意志、情感（或激情）而非理性，道德和政治的基础是“自利心”，以及同“自利心 ”相辅相成的“同情感”。休谟的话语中充满着对资本主义制度的充分肯定。休谟毫不隐讳地把对财富、权力和享乐的追求与对贫贱的鄙视看作是人的本性。他承认人性中自私因素的本质性和合理性。他说：“财富的本质就在于获得生活中的快乐和舒适的能力”、“没有东西比一个人的权力和财富更容易使我们对他尊敬；也没有东西比他的贫贱更容易引起我们对他的鄙视”。

休谟在《人性论》中阐述的怀疑论，被康德称为“打破了自己的独断论的迷梦”。他的思想具有一种承前启后的历史作用，对当代哲学的影响巨大。

先睹为快

凡自命在哲学和科学方面为世人发现任何新事物的人们，总喜欢贬抑前人所提出的体系，借以间接夸耀自己的体系，这对他们来说是最通常和最自然的事情。诚然，对于那些可以提交人类理性法庭的最重要的问题，我们现在仍然愚昧无知；这些人如果满足于惋惜这种愚昧无知，那么一切熟悉科学现状的人们很少会对他们不欣然同意的。一个具有判断力和学识的人很容易看到这样一个事实，即那些最为世人称道，而且自命为高深达到精确和深刻推理地步的各家体系，它们的基础也是很脆弱的。盲目接受原理，由此而推出来的残缺的理论，各个部分之间的不相调和，整个体系的缺乏证据；这种情形在著名哲学家们的体系中到处可以遇到，而且为哲学本身带来了耻辱。

用不着渊博的知识，就可以发现现在各种科学的缺陷情况，即使门外的群众，根据他们所听到的吵闹的声音，也可以断定科学门内并非一切顺利。任何事物都是论辩的题材，学者们对它都持有相反的意见。对于一些最为微不足道的问题，我们也爱争辩，而对于一些极为重要的问题，我们确也不给予确定的结论。争论层出不穷，就像没有一件事情是确定的，而当人们进行争辩之际，却又表现出极大的热忱，就像一切都是确定的似的。在这一切吵闹中间，获得胜利者不是理性，而是辩才。任何人只要具有辩才，把他的观点及荒诞不经的假设说得天花乱坠，就用不着怕得不到新的信徒。获得胜利者不是持矛执剑的武士，而是军中的号手、鼓手和乐队。

据我看来，对于各式各样的形而上学推理，一般人之所以产生厌恶心理，就是这个缘故。甚至自命为学者，而且对其他任何学术部门都给予恰当重视的一些人，也同样具有这种厌恶心理。他们所谓形而上学的推理，并不是指有关任何特殊科学部门的推理，而是指在任何方面相当深奥的、需要思考才能理解的任何一种论证。由于在这类研究中我们往往枉费心力，所以我们通常总是毫不犹豫地就摈弃它们，以为人类既然不得不永远受错误和幻想的支配，那么我们至少也应该使我们的错误和幻想成为自然的和有趣的。不过，只有最坚定的怀疑主义和极大程度的懒惰，才能为这种厌恶形而上学的心理辩解。因为，真理如果毕竟是人类能力所及的，我们可以断言，它必然是隐藏在深奥的地方。最伟大的天才花了极大的精力，还是没有收获；我们如果希望真理可以不劳而获，那真可谓是狂妄自大了。在我下面所有阐述的哲学中，我并不自以为具有这种优越条件，而且我的哲学如果是十分浅显容易，我反而会认为是对它的一种极大的反对理由。

延展阅读

《人类理解研究》

本书是休谟的又一力作，主要内容包括：各派哲学、观念的起源、观念的联络、关于理解作用的一些怀疑、关于这些怀疑的一种怀疑主义的解决方法、必然性、“必然联系”的观念、自由和必然、动物的理性、神迹、特殊的大意和来世的状况、怀疑哲学等。

《道德情操论》

〔英〕亚当·斯密　著

本书是温家宝五次推荐的大师巨著。温家宝曾说："亚当·斯密的《国富论》，各位都很熟悉，他所著的《道德情操论》同样精彩。"

关于作者

亚当·斯密（1723—1790），大家熟知的经济学家，公认的经济学体系创立者，被誉为"近代经济学的鼻祖"。他在1776年发表的《国富论》一书，将前人零星的经济学论述进行总结，并提出了自己的系统主张，从而建立起经济学的完整体系。

然而，很少有人知道，亚当·斯密在成为经济学家之前，首先是一位哲学家。他的伦理学讲义《道德情操论》先于《国富论》发表，并为他赢得了英国一流学者的地位。

亚当·斯密于1723年出生在苏格兰克科的一个海关官员家庭。自幼丧父，与母亲相依为命。14岁时斯密进入格拉斯哥大学学习哲学和数学，随后由他的恩师哈奇逊引荐，结识了大哲学家大卫·休谟。17岁时，斯密转入牛津大学继续深造。

1751年，斯密返回格拉斯哥大学担任逻辑学和道德哲学教授，接替哈奇逊，主要讲授伦理学。当时的伦理学涉及范围广泛，包括神学、道德学、法学和政治学。而政治经济学，就包含在政治学中。在这期间，亚当·斯密出版了他的第一部学术著作——《道德情操论》，获得学术界极高的评价。

1764年，斯密辞去大学教授职务，担任年轻的贝克莱公爵的私人教师。随后两年间，他陪伴公爵游历欧洲，在法国认识了启蒙思想家伏尔泰、中农学派代表魁奈和杜尔阁等名流。这次游历对他经济学学说的形成有很大帮助。

1767年结束了对贝克莱的教学后，斯密回到家乡，专心致力于《国富论》的写作。历时十年之久，《国富论》终于于1776年出版。因为这本书为英国实行自由放任的经济政策提供了理论依据，因而斯密也成为当时英国最著名的经济学家。

1778年，斯密担任爱丁堡海关专员，1787年被推选为母校格拉斯哥大学的名誉校长。

1790年7月7日，斯密逝世。去世前，他烧毁了自己的全部手稿。理由是：以免误导后人！他的墓志铭是：《国富论》作者亚当·斯密长眠于此。

荐读理由

提起亚当·斯密，人们第一反应自然是他功垂千秋的著作《国富论》。然而很多人却不知道，他在哲学领域同样颇有造诣，其《道德情操论》得到了温家宝的推荐。

在亚当·斯密生活的时代，“道德情操”这一短语，是用来说明人的令人难以理解的能力，即能判断、克制私利的能力。因此，亚当·斯密竭力要证明的是：具有利己主义本性的个人是如何在资本主义生产关系和社会关系中控制自己的感情和行为，尤其是自私的感情和行为。

《道德情操论》共分七部分，修订过六次。在书中，斯密用同情的基本原理来阐释正义、仁慈、克己等一切道德情操产生的根源，说明道德评价的性质、原则以及各种美德的特征，并对各种道德哲学学说进行了介绍和评价，进而揭示出人类社会赖以维系、和谐发展的基础，以及人的行为应遵循的一般道德准则。

亚当·斯密在《国富论》中所建立的经济理论体系，就是以他在《道德情操论》中的这些论述为前提的。《道德情操论》和《国富论》不仅是亚当·斯密交替创作、修订再版的两部著作，而且是其整个写作计划和学术思想体系的两个有机组成部分。《道德情操论》所阐述的主要是伦理道德问题，《国富论》所阐述的主要是经济发展问题，从现在的观点看来，这是两门不同的学科，前者属于伦理学，后者属于经济学。

亚当·斯密把《国富论》看作是《道德情操论》思想的继续发挥。《道德情操论》和《国富论》这两部著作，在论述的语气、论及范围的宽窄、细目的制定和着重点上虽有不同，如对利己主义行为的控制上，《道德情操论》寄托于同情心和正义感，而在《国富论》中则寄希望于竞争机制，但对自利行为的动机的论述，在本质上却是一致的。在《道德情操论》中，亚当·斯密是把“同情”作为判断核心的，而其作为行为的动机则完全是另一回事。

《道德情操论》一经出版，反响热烈。美国1976年度诺贝尔经济学奖得主米尔顿·弗里德曼曾对它评价道：“不读《国富论》不知道应该怎样才叫‘利己’，读了《道德情操论》才知道‘利他’才是问心无愧的‘利己’。”

先睹为快

人，不管被认为是多么的自私，在他人性中显然还有一些原理，促使他关心他人的命运，使他人的幸福成为他的幸福必备的条件，尽管除了看到他人幸福他自己也觉得快乐之外，他从他人的幸福中得不到任何其他好处。属于这一类的原理，是怜悯或同情，是当我们看到他人的不幸，或当我们深刻怀想他人的不幸时，我们所感觉到的那种情绪。我们时常因为看到他人悲伤而自己也觉得悲伤，这是一个显而易见的事实，根本不需要举出任何实例予以证明。因为这种同情的感觉，就像人性中所有其他原始的感情那样，绝非仅限于仁慈的人才感觉得到，虽然他们的这种感觉也许比其他任何人都更为敏锐强烈。即使是最残忍的恶棍，最麻木不仁的匪徒，也不至于完全没有这种感觉。

由于我们没有直接体验到他人的感觉，我们不可能知道他们有什么样的感受，除非我们设想在相同的处境下我们自己会有什么样的感觉。即使我们的亲兄弟正在拷问台上遭受酷刑，只要我们本身还轻松自在，我们的感官便不可能使我们感受到他正在遭受什么样的痛苦。我们的感官从来没有，也绝不可能，带给我们超出我们自身以外的感受；只有透过想象，我们才能对他的感觉有所感知。而想象的机能，除非是向我们描述，倘使我们身处他的处境时，我们自己将会有的感觉外，也不可能以其他任何方式帮助我们对他的感觉有所体会。我们的想象所复制的，是我们自身的感官所感受到的感觉，不是他的感官所感受到的感觉。借由想象，我们把自己摆在他的位置，我们设想自己正在忍受所有相同的酷刑折磨，我们可以说进入他的身体，在某一程度内与他合而为一，从而对他的感觉有所体会，甚至我们自身也升起某种程度上虽然比较微弱，但也并非与他的感觉完全不相像的感觉。当我们这样对他的种种痛苦有所感知时，当我们这样接纳那些痛苦，并让那些痛苦变成我们的痛苦时，他的种种痛苦终于开始影响我们，于是我们一想到他的感觉便禁不住战栗发抖。因为，正如任何痛苦或穷困的处境都会激起悲伤的情绪那样，所以，设想或想象我们身处那样痛苦或穷困的处境，也会激起同一种情绪，其强弱视我们的想象鲜明或模糊的程度而定。

延展阅读

《国富论》

本书是作者的另一部精品，是第一本试图阐述欧洲产业增长和商业发展历史的著作，也是开展现代经济学科研究的先驱，还是资本主义和自由贸易最为重要的论述基础之一。《国富论》一书的原始版本存在一些争议，一些人认为书中的内容曾被窜改得较为温和，以符合当时某些思想家如休谟和孟德斯鸠的既定理论。的确，斯密的许多理论都只简单地描述历史的走向将会远离重商主义并朝向自由贸易，而当时这种走向早已发展了数十年，并且已对政府政策有极大影响。无论如何，斯密的作品广泛地组织了他们的理论，因此至今仍是经济学界最为重要而最具影响力的书籍之一。

《君主论》

〔意〕尼科洛·马基雅维里　著

关于作者

从15世纪下半叶起，以意大利为发源地，欧洲进入了文艺复兴时期。正如恩格斯曾经指出的，这是一次人类从来没有经历过的最伟大的、进步的变化，是一个需要巨人的时代，而且也产生了巨人——在思维能力、热情和性格方面，在多才多艺和学识渊博方面的巨人时代。尼科洛·马基雅维里正是这个伟大时代的巨人之一。

尼科洛·马基雅维里（1469—1527），意大利佛罗伦萨的政治家、外交家、政治思想家、诗人，同时也是第一个使政治学独立，同伦理学彻底分家的人，有“资产阶级政治学奠基人”之称。

马基雅维里出生在佛罗伦萨一个没落贵族家庭，他出生时，家中除了四壁图书外已经一无所有。所以，马基雅维里没有多少受教育的机会，完全依靠自学。

1498年，马基雅维里出任佛罗伦萨共和国第二国务厅的长官，兼任共和国执政委员会秘书，负责外交和国防，成为佛罗伦萨首席执政官的心腹。马基雅维里看到佛罗伦萨的雇佣军军纪松弛，极力主张建立本国的国民军。1505 年，佛罗伦萨通过建立国民军的立法，成立国民军九人指挥委员会，马基雅维里担任委员会秘书，并在征服比萨的战争中率领军队，亲临前线指挥作战。1509 年，比萨投降佛罗伦萨。在罗马帝国皇帝和教皇的矛盾中，他到处出使游说，力图使其和解，以避免将佛罗伦萨拖入战争。但当马基雅维里 1511 年前往比萨时，教皇的军队攻陷佛罗伦萨，废黜执政官，马基雅维里丧失了一切职务。1513 年马基雅维里被投入监狱，出狱时已经一贫如洗。

之后，马基雅维里隐居乡间，开始进行写作。他在给朋友的一封信中这样描述："我编写一本关于君主的小册子，我倾注了我的全部想法，同时也考虑到他们的臣民，讨论君主究竟是什么？都有什么类型的君主？怎样去理解？怎样保持君主的位置？为什么会丢掉王位？"在此期间，马基雅维里完成了《君主论》和《论蒂托·李维〈罗马史〉的最初十年》。

1523 年朱理当选教皇，起用马基雅维里。教皇让他编写《佛罗伦萨史》，他将新书献给教皇，被赏赐 120 金币，并起用他为城防委员会秘书，参加教皇的军队，为神圣罗马帝国皇帝作战。

1527 年，梅迪奇家族倒台，佛罗伦萨恢复共和制，马基雅维里想继续为共和国效力，但因为他曾效力于梅迪奇家族，不被共和国起用。马基雅维里最终郁悒成疾，58 岁即去世。

荐读理由

《君主论》被称作"邪恶的圣经"，是马基雅维里向君王进言的著作。马基雅维里的核心思想就是为达目的不择手段，绝对维护君主至高无上的权威。

马基雅维里批评以往的作家谈论政治时只涉及理想的与想象的国家，他宣称自己所处理的政治问题是具有实效的真理。深思市民人文精神传统的马基雅维里，极度关切城市的宪政体制以及英雄人物的光荣事迹。他对这个时期之苛酷现实作风的贡献，是他认识到具有政治家情操的英雄不必千篇一律遵循基督教的道德蒙诫，而实际上某些老套的道德格言压抑着君王极可能直接导致其毁灭。他辩称，一个君王因此必须明了如何不为善，并且顺势运用这种体认。此外，他也认为正在巩固其权力的君王必须知道怎样支配人们的想象力。鲍吉亚即能达到此境界，他曾派遣手下将领欧柯以必要的残酷手段，镇抚新近征服的罗曼迦那；然后他差人杀了欧柯，使之尸体身首异处，弃置于席塞那的广场。此举是为了安抚当地的怨尤之声，而且无疑也想操纵人们的想象力。马基雅维里在《君王论》的第七章写道，这个残暴的景象“同时带给人们满意和惊讶”。

尽管马基雅维里有犬儒的风格，但他对善恶的率直认定却断然而坚决。统治者并未被赋予一种不同的道德原则；只是统治者被解释为道德本身的守护者，而于必要时得以侵犯道德规范。作者将其劝谏君王的语言换成对正在出现的现代国家特征的描绘，这点便成了国家理由的观念。

马基雅维里绝非鼓励任何犯罪行为。政治家是文明的创造者，除非为了公益，他们的野心并无荣耀可言。他以稍带保留的态度，谈论政治活动里适当使用残暴手段的问题。必要使用残暴手段的判断标准是：它不能流于滥用。而且，这种实效性与荣耀伦理的结合，是他极为独特的态度。马基雅维里在一段通常译为“目的合理化手段”的文字中写道：“当行为指控他时，行为的结果却应宽恕之。”但他所关心的不是道德的合理化，而是由臣民和史学家所作的适当判断。从这个技术的观点而言，宗教是重要的，因为它可使人勇于献身，强化其德行。马基雅维里以拉丁式风格，强烈反对教士干政，而且时常率直地反对基督教，因它的谦卑论削弱了政府，并阻止严肃的军事狂暴行为。他只赞美现世的英雄而非来生的虔诚奉献者。

《君主论》虽然有讨好当时君主的意图，但也包含着马基雅维里对当时建成统一强大的意大利的强烈愿望。《君主论》在打破了旧的、自欺式的政治家观点的同时，创立了新的政治学观点。对后世政治学和哲学发展起到极大的推动作用。

先睹为快

凡是想要获得君主恩宠的人们，向来都是把自己认为最宝贵的东西或者自以为君主最喜爱的东西作为献礼。

我想，一个身居卑位的人，敢于探讨和指点君主的政务，不应当被看做僭妄，因为正如那些绘风景画的人们，为了考察山峦和高地的性质便厕身于平原，而为了考察平原便高踞山顶一样，同理，深深地认识人民的性质的人应该是君主，而深深地认识君主的性质的人应属于人民。

因为世袭的君主得罪人民的原因和必要性都比较少，因此他自然会比较为人们所爱戴。除非他异常恶劣，惹人憎恨，他的臣民自然而然地向着他，这是顺理成章的。

对人们应当加以爱抚，要不然就应当把他们消灭掉；因为人们受到了轻微的侵害，能够进行报复，但是对于沉重的损害，他们就无能为力进行报复了。所以，我们对一个人加以侵害，应当是我们无需害怕他们会报复的一种侵害。

一个君主如果占有上面所说的在语言、习惯和各种制度上同本国不同的地区，他就应当使自己成为那些较弱小的邻近国家的首领和保护者，并且设法削弱它们当中较强大的势力，同时要注意不让任何一个同自己一般强大的外国人利用任何意外事件插足那里。而且常常会发生这样的情况：那些心怀不满的本地人，由于分外野心或者由于恐惧，把外国人引进来了。

人们决不应当为了逃避一场战争而听任发生混乱，因为战争不是这样逃避得了的，延宕时日只是对自己不利而已。

由此可以得出一条永远没错或者罕有错误的一般规律：谁是促使他人强大的原因，谁就自取灭亡。因为这种强大是由于他用尽心机否则就是使用武力促成的，而那个变成强大的人对于这两者都是猜疑的。

由此可见，占领者在夺取一个国家的时候，应该审度自己必须从事的一切损害行为，并且要立即毕其功于一役，使自己以后不需要每时每日侵害下去。这样一来，由于不需要一再从事侵害行为，他就能够重新使人们感到安全，并且通过施恩布惠的方法把他们争取过来；反之，如果一个人由于怯懦或者听从坏的建议不这样做，他的手里就必需时时刻刻拿着钢剑，而且他永远不能够信赖他的老百姓，而由于他的新的继续损害，人民不可能感到安全。因为损害行为应该一下干完，以便人民少受一些损害，他们的积怨就少些；而恩惠应该是一点儿一点儿地赐予，以便人民能够更好地品尝恩惠的滋味。总之，君主最重要的一件事就是应该在人民当中生活，以免发生任何意外事件——不论是好的或者坏的，迫使自己改弦易辙，因为如果这种变革的必要性是在不利时期发生的，这时你采取严酷手段就太晚了，而你做好事也帮助不了你自己，因为人们认为你是被迫如此，你是不会因此得到任何的感谢的。

延展阅读

《佛罗伦萨史》

本书是作者的另一部精品，是文艺复兴时期人文主义历史学的巨著。作者摈弃了过去排列史实的编年史写法，用生动具体的文笔记叙了意大利佛罗伦萨从建立城邦直至1492年止的历史；他一反过去教士修史充满宗教迷信的做法，而用人的行动来解释历史的发展变化。书中提供了一些生动的史料，例如，梳毛工人起义经过、梅迪奇家族的商业经营和统治的部分情况，以及对热那亚的圣焦尔焦银行的描述等。但更主要的是，作者运用人文主义的观点，写了人的历史，揭露了教皇及其他统治者的贪婪、狡诈、穷兵黩武等。

《新教伦理与资本主义精神》

〔德〕马克斯·韦伯 著

关于作者

马克斯·韦伯（1864—1920），德国的政治经济学家和社会学家，被公认为现代社会学和公共行政学最重要的创始人之一。他与卡尔·马克思和爱米尔·杜尔凯姆并称为现代社会学的三大奠基人。

韦伯出生于德国图林根的埃尔福特，父亲是一位知名的政治家和公务员。父亲的职业使家里充满了政治的气氛，许多突出的学者和公众人物都经常造访家中。受到家庭环境的耳濡目染，在1876年的圣诞节，年仅13岁的马克斯·韦伯撰写了两篇历史论文送给父母，标题分别为《论德国历史的发展以及皇帝和教宗的角色》以及《论罗马帝国从君士坦丁至民族迁徙运动的历史》。韦伯在进入大学前已经熟读歌德、斯宾诺莎、康德、叔本华等人的理论。年轻的韦伯表现出对研究社会科学的强烈兴趣。

1882年，韦伯进入海德堡大学的法律系就读。除了法律的学习外，韦伯还学习了经济学、中世纪历史、神学。毕业后，韦伯在大学任职。

1888年，他加入了一个名为“社会政治联盟”的团体，这个专业团体的成员大多是当时经济历史学派的德国经济学家，他们将经济视为解决当时广泛社会问题的主要方法，并且对当时的德国经济展开大规模的统计研究。1889 年，韦伯开始对当时的社会政策产生兴趣。1890 年，联盟成立了一个专门的研究计划，以检验当时日趋严重的东部移民问题。韦伯负责这次研究，并且写下了许多调查结果。最后的报告得到良好评价，被广泛认为是一篇杰出的观察研究报告，这也因此巩固了韦伯身为农业经济专家的名声。

1893 年，韦伯与一名远亲的表妹玛丽安娜·施尼特格尔结婚，玛丽安娜后来成为一名女性主义者和作家。新婚的两人在 1894 年搬家至弗莱堡，韦伯在那里获聘为弗莱堡大学的经济学教授。1896 年，韦伯又被聘为母校海德堡大学的教授。一年后韦伯的父亲去世了，在他死前两个月，父子间刚巧经历了一场激烈的争吵，这场没有和解的争吵成为韦伯毕生的遗憾。在那之后韦伯患上了失眠症，个性也变得越来越神经质，这使他越来越难以胜任教授的工作。他的精神状况使他不得不减少教学量，并且在 1899 年的学期中途休假离开。韦伯在 1900 年的夏季和秋季于精神疗养院休息了数月的时间，接着在年底和妻子前往意大利旅游，一直到 1902 年的 4 月才返回海德堡。

韦伯在 19 世纪 90 年代初期著作频出，而在 1898 年至 1902 年底都没有再发表任何著作，最后在 1903 年秋季辞去了教授的职位。在摆脱了学校的束缚后，韦伯在同年与他的同事维尔纳·松巴特创办了一本名为《社会学和社会福利档案》的社会学期刊，由韦伯担任副编辑。1904 年，韦伯开始在这本期刊上发表一些他最重要的文章，尤其是一系列名为《新教伦理与资本主义精神》的论文，这后来成为他毕生最知名的著作，并且替他后来许多针对文化和宗教对经济体系的影响的研究奠定了根基。这篇论文是唯一一篇他在世时便已出版成书的著作。

同年，韦伯参与了在美国圣路易斯举行的社会和科学大会——世界博览会相关的大会之一。尽管韦伯表现得越来越成功，但他仍觉得自己无法再胜任固定的教学工作，因此最终维持着私人学者的身份。

荐读理由

20 世纪初，德国正处于虚弱的魏玛共和国的统治之下，饱受一战割地赔款之苦，工业产值萎靡不振，人人处于现代化的巨大压抑之下。在思想领域，19 世纪下半期到 20 世纪初，以黑格尔为代表的古典主义哲学让位于以康德、叔本华、尼采为代表的新康德主义、非理性主义哲学。作为经济和思想交汇的产物，两大思潮应运而生，其中之一即是以马克斯·韦伯为代言人的反现代主义思潮。

《新教伦理与资本主义精神》是韦伯对宗教社会学最初的研究。韦伯在这本书中主张宗教是造成东西方文化发展差距的主要原因，并且强调新教伦理在资本主义、官僚制度和法律权威的发展上所扮演的重要角色。

本书共三个部分，第一部分为导论，第二部分为上篇：问题，第三部分为下篇：禁欲主义新教诸分支的实践伦理观。

本书的理论前提建立在精神和文化因素对经济社会具有巨大的推动力的基础之上，论述了新教伦理与隐藏在资本主义发展背后的某种心理驱动力之间的关系。任何一种社会状态既不是经济和物质的单一产物，也不是社会个体理想的简单叠加，而是与该社会的精神文化一脉相承并且是它的集中体现。在韦伯看来，商业高度发达的犹太民族创造的只是一种贱民式的资本主义，获利的欲望并不等于资本主义，资本主义也不等于现代资本主义，现代资本主义是建立在理性的基础上的资本主义精神和资本主义生产方式的交融。

韦伯将“资本主义的精神”定义为一种拥护追求经济利益的理想。韦伯指出，若是只考虑到个人对于私利的追求，这样的精神并非只限于西方文化，但是这样的个人——英雄般的企业家——并不能自行建立一个新的经济秩序。韦伯发现这些个人必须拥有的共同倾向还包括试图以最小的努力赚取最大的利润，而隐藏在这个倾向背后的观念，便是认为工作是一种罪恶，也是一种应该避免的负担，尤其是当工作超过正常的分量时。“为了达成这样的生活方式而自然吸纳了资本主义的特质，能够以此支配他人”，韦伯如此写道：“这种精神必定是来自某种地方，不会是来自单独的个人，而是来自整个团体的生活方式。”

在定义了资本主义的精神后，韦伯主张有很多原因使我们应该从宗教改革运动的宗教思想里寻找这种精神的根源。韦伯认为，理性的精神源泉正是一种非理性的宗教冲动——新教伦理，一种为了个人的赎救而兢兢业业、克勤克俭的禁欲主义的“天职”观。在这种宗教情绪的指引下，人们为了上帝的荣耀和选民的身份而努力工作并勤俭节约。当宗教的冲动慢慢冷却之后，宗教热情异化，先前的生活习惯就积淀成为人们的行为准则，正如作者所说：“那些伟大的宗教运动对于经济发展的意义首先在于其禁欲主义的教育影响，而它们的充分的经济效果，一般来讲，只有当纯粹的宗教热情过去之后，才会显现出来。这时，寻求上帝的天国的狂热开始逐渐转变为冷静的经济德行；宗教的根慢慢枯死，让位于世俗的功利主义。”

韦伯在本书中将国家定义为一个“拥有合法使用暴力的垄断地位”的实体，这个定义对于西方现代政治学的发展影响极大。韦伯在各种学术上的重要贡献通常被通称为“韦伯命题”。

先睹为快

初看上去，加尔文主义在社会组织方面的无可置疑的优越性竟能够与这样一种斩断个人和尘世的千丝万缕的联系的倾向有关系，这似乎是不可思议的。但无论看起来多么奇怪，事实上，这种关系源于基督教胞爱在加尔文式信仰所导致的个人内心孤独重压下所采取的特殊形式。首先教义就是如此，整个尘世的存在只是为了上帝的荣耀而服务，被选召的基督徒在尘世中唯一的任务就是尽最大可能地服从上帝的圣诫，从而增加上帝的荣耀。与此宗旨相吻合，上帝要求基督徒取得社会成就，因为上帝的意旨是要根据他的圣诫来组织社会生活，因而尘世中基督徒的社会活动完全是为“增加上帝的荣耀”。为社会的尘世生活而服务的职业中的劳动，也含有这一特性。即使在路德身上，我们也可以发现他以胞爱来证明职业中具体化的劳动的合法性。但在他看来，这仅仅是一个未确定的、纯理性的设想，然而到了加尔文宗那里，则成为他们伦理系统中的一个鲜明特点。胞爱只能为了上帝的荣耀而存在，而不是为肉体服务，那么这种友爱首先只能表现在完成自然所给予人们的日常工作中；渐渐地，完成这些工作开始具有一种客观的、非人格化的特性：只是为我们社会的理性化组织的利益服务。因为根据《圣经》的启示及人的天然直觉，我们所处的这个极有意义的组织结构以及整个宇宙的安排无疑是上帝为了人类的便利而创造的，这样，就使得为非人格化的社会利益服务的劳动显得也是为了增添上帝的荣耀，从而这种劳动也就成为上帝的意愿了。彻底摒除曾经折磨过其他一些人的神正论问题（the theodicy problem）以及所有那些关于世界与人生的意义的问题，对清教徒来说是不言而喻的，对犹太人是这样，甚至在一定意义上说对所有非神秘主义类型的基督教会也是这样，尽管他们各自的理由可能完全不同。

加尔文主义在这种力量布局上又增添了同一方向上的另一趋势。个人与伦理之间的冲突（即克尔凯郭尔所说的那种冲突）对加尔文教来说不复存在，尽管该教要求个人对一切宗教事务完全负责。这里我们暂且不去分析产生这一事实的原因，以及这一事实对加尔文主义政治和经济方面的理性主义所具有的重大意义。加尔文教伦理学的功利主义特点正是起源于此，而加尔文教关于职业的思想中的特点也同出一源。但目前我们必须回过头来具体地考察预定论。

延展阅读

《经济史学与社会分层》

本书是作者的另一部精品，其解释社会学的原则是社会学主要的研究范例之一，支持者和批评者都相当多。这种研究方式主张社会学、经济学和历史学等社会科学的研究永远不能彻底地归纳和记载，因为研究者必须一直有着概念上的认知才能加以探索，韦伯将这种条件称为“理想形式”。这种理想可以这样归纳：一个理想的形式是由许多现象提供的某些特征和成分所组成，但它却不会与任何特定的现象有着完全一样的特征。韦伯的理想形式成为他对社会科学最重要的贡献之一。

《乌托邦》

〔英〕托马斯·莫尔　著

关于作者

托马斯·莫尔（1478—1535），英国作家，空想社会主义者。

1478 年，托马斯·莫尔出生在伦敦的一个法学家庭，父亲约翰·莫尔是皇家高等法院的法官。莫尔自幼受到良好的教育，就读于伦敦的圣安东尼学校，13 岁时又寄居在坎特伯雷主教、红衣主教莫顿的家中，博览群书，打下了坚实的拉丁文基础。受到祖父和父亲的影响，1492 年，莫尔进入牛津大学攻读法律专业。毕业后不久，莫尔便成为当时知名的律师。

作为一名律师，莫尔既能言善辩，又为人正直，主持公道，不久就因替受冤屈的人撑腰而闻名伦敦。他处理案件公正不阿，并减少诉讼人的费用，这样的做法为他赢得了市民的爱戴。由于他良好的声誉，英国商人两次请求英王派莫尔到国外，调和与当地商人的纠纷，他不遗余力地为商界利益斗争，由此被称为“商界的圣徒”。

1504 年，莫尔当选为议员。此时，英王亨利七世以要为公主举行婚礼等名义向国会索要一笔费用，在莫尔的提议下，国会取消了这笔巨款，这为他招来亨利七世的憎恨。因此，直到1509年亨利七世病故，莫尔才重返政界。

在1516年的一次出使中，莫尔开始写作《乌托邦》，这本书最终成为莫尔留给后世最大的财富之一。在莫尔的理想社会里，私有制被废除，产品归全社会所有，公民在政治上一律平等，人人参加劳动。但由于时代的局限，这个理想的社会以农业和手工业生产为基础，而且还有奴隶存在。

《乌托邦》出版后，亨利八世十分欣赏莫尔的才华。自此，莫尔迎来了他政治上的黄金时段。1518年，莫尔被任命为王室请愿裁判长、枢密顾问官；1521年出任财政副大臣，受封为爵士；1523年当选为国会下院议长；1525年受命为兰开斯特公国首相；1525年被任命为英国大法官，权势达到顶点，同时他是资产者阶层中第一个担任该职位的人。

然而，因为莫尔在协助亨利八世时，拒绝附和别人、委曲求全，因此与亨利八世、教皇之间发生了纠纷。作为惩罚，他先是被外放到西班牙当大使。1532年，他辞去大法官职务，回家隐居。1535年，莫尔因拒绝宣誓认同亨利八世作为英国教会首领的身份而被斩首。

荐读理由

乌托邦本意为“没有的地方”或者“好地方”。在中文翻译中，通常可以这样理解：“乌”是没有，“托”是寄托，“邦”是国家，“乌托邦”三个字合起来的意思即为“空想的国家”，是一个虚构的、一切至美的理想国。

《乌托邦》全名为《关于最完全的国家制度和乌托邦新岛的既有益又有趣的全书》，出版于1516年。大多数空想社会主义者都认为私有制是万恶之源，而主张实行“财产公有制”，但各有见解。莫尔等人把财产公有制理解为生产资料和消费品都由公共占有。按照对公有制的理解，他虚构了一个航海家拉斐尔·希斯拉德航行到一片奇异土壤——“乌托邦”的旅行见闻。为了增强乌托邦岛存在的可信性，他还特意将它与当时人们已经非常熟悉的阿美利哥·韦斯浦奇的航海经历联系在一起。

《乌托邦》一书共分两部。在第一部里，莫尔主要借拉斐尔之口对当时英国社会的种种弊端予以辛辣的嘲讽和深刻的揭露。在第二部中，莫尔将自己对人类美好国家制度的憧憬投射在他所假想的乌托邦岛上。在这部分里，莫尔用了八个不太引人注目的标题，系统地规划了理想社会乌托邦的政治、经济、科学文化、社会生活、宗教、对外关系等方面的主要特征。

在书中，乌托邦是一个完全理性的共和国。在这个国家里，财产是公有的，人民是平等的。生活用品按需分配，人人从事生产劳动，而且有充足的时间从事科学研究和娱乐。乌托邦没有酒店、妓院，也没有堕落和罪恶。大家穿统一的工作服，在公共餐厅就餐，官吏由秘密投票产生。在战争时期雇佣临近好战国家的雇佣兵，而不使用自己的公民。

在《乌托邦》中，莫尔首次用“羊吃人”来揭露罪恶的“圈地运动”。莫尔提倡公有制，讨论了以人为本、和谐共处、婚姻自由、安乐死、尊重女权、宗教多元等与现代人生活休戚相关的问题。莫尔借由《乌托邦》将乌托邦中的善良人民和现实社会的罪恶作巧妙的对比，讽刺和批判私有制的弊端。

乌托邦可以说是人类的普遍理想，从柏拉图的理想国，到莫尔的乌托邦，再到空想社会主义家们的屡次尝试，虽然屡次失败，但人类对美好生活的向往永不停歇。很多人期盼乌托邦，也有很多人惧怕它成为专制的工具，因此，“反乌托邦”的思潮也很盛行。但什么是乌托邦，怎样建立乌托邦，可能历史才会带给我们真正的答案。

先睹为快

“英王十分听信他的意见。我在英国时，他似乎是国家所倚仗的栋梁。不出一般人所预料，他几乎在很年轻时就从学校进入宫廷，一生处理重大政务，经过种种的世运浮沉，从而在许多惊风骇浪中获得了一个政治家的远见，这样从亲身经历中来的远见是不容易忘的。”某日，我正和他共餐，有一个精通英国法律的未奉圣职的俗人在座。这个人不知怎地找到一个机会咬文嚼字地谈起英国当日对盗窃犯执法的严峻。他们到处被执行死刑。据他说，送上绞刑台的有时一次达二十人之多。他又说，他感到更加惊奇的是，尽管漏网的人极少，为何不幸全国仍然盗窃犯横行呢？当时我不揣冒昧，在红衣主教席上毫不隐讳地发表了我的意见，我说：“你无须惊奇，因为这样处罚盗窃犯是越法的，对社会不利。对于盗窃，这是过于严厉的处分，但又不能制止盗窃。仅仅盗窃不是应处以死刑的重罪，而除盗窃外走投无路的人，随你想出什么惩治的办法，也还是要从事盗窃。在这点上，你们英国和世界上大多数地方一样，很类似误人子弟的教书匠，他们宁可鞭挞学生，而不去教育学生。你们对一个盗窃犯颁布了可怕的严刑，其实更好的办法是，给以谋生之道，使任何人不至于冒始而盗窃继而被处死的危险。”

“英国人和康瓦尔人作战以及不久前对法国作战，都有这种情况。这些英国人为他们的国和王效劳，竟弄得四肢不全。他们由于残废而无从干自己的行当，由于年纪不小又不能学新行当。我们且不考虑这些人，因为战争总是偶尔才有。我们不妨思考一下每天都有的情况。”首先，有大批贵族，这些人像雄蜂一样，一事不做，靠别人的劳动养活自己，例如，靠在自己田庄上做活的佃农，尽力剥削这些佃农，以增加收入，（他们唯独在这点上锱铢必较，否则他们总是挥金如土，把自己搞穷搞光！）而且带着大批从未学过任何糊口技艺的游手好闲的随从。只要主人一死，或者他们自己生病，这批人便立刻被赶出去。主人宁养闲客，不养病号。后嗣也往往无力像先人一样维持偌大的门户，至少一开始无力这样做。同时，这些人如不尽可能从事盗窃，就只有尽可能挨饿。的确，他们能怎样办？流浪的生活逐渐使他们的衣服破烂不堪，并且身体衰弱不堪，既然如此贫病交迫，任何绅士都不屑于去雇用他们，农民也对他们望而生畏。农民深知，一个人习惯于舒适懒散，挂刀持盾，对周围的人自吹自夸，摆出神气十足的样子，他就不会为了些微的报酬和粗淡的饭食，去拿起铁锹和锄头，老老实实地替贫苦老百姓干活。

延展阅读

《托马斯·莫尔传》

本书是一部学术性的传记。作者奥西诺夫斯基参照世界各国近百种莫尔的传记，研究了大量当时的历史背景材料，以科学的态度全面地向读者介绍了莫尔的思想和著作，包括他的文学活动。本书内容十分充实，具有极高的学术价值，凡是对社会主义思想史和英国文学有兴趣的读者，都可以从中汲取有益的养料。

《神学政治论》

〔荷〕斯宾诺莎　著

关于作者

斯宾诺莎（1632—1677），荷兰哲学家，西方近代哲学史重要的欧陆理性主义者，与法国的笛卡尔和德国的莱布尼茨齐名。

斯宾诺莎出生在阿姆斯特丹的一个从西班牙逃往荷兰的犹太商人家庭。他的父母以经营进出口贸易为生，生活颇为宽裕，斯宾诺莎也因此得以进入当地的犹太神学校，学习希伯来文、犹太法典以及中世纪的犹太哲学等。他也接受了拉丁语的训练，而正是凭借着拉丁语，斯宾诺莎得以接触到笛卡尔等人的著作。他也由此渐渐脱离所谓正统的学说范围。

斯宾诺莎的著作中最伟大的莫过于《几何伦理学》（简称《伦理学》），该著作一直到斯宾诺莎死后才得以发表。其他重要的作品包括《神学政治论》、《政治论》、《哲学原理》、《知性改进论》、《神、人及其幸福简论》等。1656 年，斯宾诺莎因反对犹太教教义而被开除教籍。他不得不搬出犹太人居住区，以磨镜片为生，同时进行哲学思考。

斯宾诺莎一直受到公开的指责并收到大捆的批评信。但是也有好消息：惠更斯、莱布尼茨、奥顿博格、谢恩豪斯这些知识界的精英向他表示敬意，一个富商坚持把财产遗赠给他，法皇路易十四要送给他一笔年金，荷兰的执政官给他一笔50磅的年金。

1670年斯宾诺莎移居海牙，此后一直过着隐居的生活。他跟荷兰的首席执政官德·维特结下了深厚的友谊。1672年法国入侵，法军统帅孔代亲王邀请斯宾诺莎到他的军帐里做客，斯宾诺莎毫无戒备，回来却被栽赃为卖国贼。1673年有人为他提供海德堡大学哲学系的教职，条件是不可提及宗教，不过被斯宾诺莎婉拒了。

1677年，斯宾诺莎去世，享年45岁。他毕生的名言是："自由人最少想到死，他的智慧不是关于死的默念，而是对于生的沉思。"很多人哀悼他的去世，哲学家和政府官员加入送葬的人群，不同信仰的人聚集到这个异教徒的墓旁，让斯宾诺莎获得了安宁。

黑格尔说："要达到斯宾诺莎的哲学成就是不容易的，要达到斯宾诺莎的人格是不可能的。"

尼采也曾说："最后一个基督徒已在十字架上死去了！可他忘记了斯宾诺莎！"

荐读理由

本书是斯宾诺莎的主要著作之一。作者借本书与教会进行了尖锐的斗争。

斯宾诺莎在哲学上是一名一元论者或泛神论者。他认为宇宙间只有一种实体，即作为整体的宇宙本身，而上帝和宇宙就是一回事。他的这个结论是基于一组定义和公理，通过逻辑推理得来的。斯宾诺莎所说的上帝不仅仅包括了物质世界，还包括了精神世界。他认为人的智慧是上帝智慧的组成部分。上帝通过自然法则来主宰世界，所以物质世界中发生的每一件事都有其必然性；世界上只有上帝是拥有完全自由的，而人虽可以试图去除外在的束缚，却永远无法获得自由意志。如果我们能够将事情看作是必然的，那么我们就愈容易与上帝合为一体。

与当时的神学家们援引各种“奇迹”以证明《圣经》的神圣性相对立，斯宾诺莎在历史上第一次提出：研究《圣经》只能以《圣经》本身为根据，即探讨圣书各卷的作者是谁，他们是在什么条件下写的，以及为何而作等等。斯宾诺莎用这种方法在本书中对《圣经》进行了详细的考证，从而驳倒了神学家们的各种神秘的说教。

本书由三部分组成，分别是如何对待、接受《圣经》；《圣经》旧约的研究；政治评论。关于《圣经》新约，斯宾诺莎只用一章的篇幅解释新约的信徒与旧约的预言家不同：前者借自己的天赋与判断论证，劝诫人们；后者传达神命与启示，超越普通人类的理智。斯宾诺莎也指出，犹太人看不起哲学，信徒们对犹太人传道，迁就听众的脾气，所传内容与思想完全无关。只有保罗具有哲学教养，并在犹太人之外的罗马世界与希腊文明中传道，才真正在实际上完成由基督开启的、把只适应于一个种族的犹太教转换成使所有人类得救的普通福音。斯宾诺莎不懂希腊文，且深知新约涉及的思辨内容与水准都超出他个人的知识范围，所以没有进一步展开。

斯宾诺莎以世界本身说明世界，以《圣经》内容与历史解释《圣经》，并得出这样的结论：“在我研究的整个过程中，我发现《圣经》的教义没有与我们的理解力不合，或矛盾之处。我发现预言者所说的无一不是极其简单、容易为大家领会的。而且，他们用种种理由以证实他们的教义，所用的文体感动人心，极其深切，使人敬奉上帝。”

作为一名彻底的“决定论”者，斯宾诺莎的哲学或许显得冰冷而消极，但却对后世的科学研究提供了信仰。爱因斯坦、费尔巴哈等均受过其思想的影响。而斯宾诺莎的人格更受到人们的尊敬。黑格尔曾经说过：“要达到斯宾诺莎的哲学成就是不容易的，要达到斯宾诺莎的人格是不可能的。”

先睹为快

凡有新奇的事物，在未经证明其为虚妄以前，总是为大众所深喜的。

世俗的宗教不外是对教士的尊崇。

我决定要谨慎地，公正地，以无拘无束的精神来把《圣经》重新研究一番。

每人应自由选择自己的信仰的根据。

个人的天赋权利是与个人的欲望和力量同其广大的。

我们只能把此等权利转交给我们所委托保护我们的人，他们除了有保护我们的义务之外，还有安排我们的生活的权利。

统治者所享有的权利只能以它的权力之大小为限。

人的天然所赋予的权利都不能绝对为人所剥夺，而人民由于默认或公约，保留几许权利，此诸权利若被剥夺，必大有害于国家。

让人人自由思想说他心中的话，这是统治者保留这种权利和维护国家安全的最好的办法。

自然本身就是上帝的力量，不过是另一名词而已。

律这个字，概括地来说，是指个体或一切事物，或属于某类的诸多事物，遵一固定的方式而行。

由于物理之必然而成的律，事物的性质或物的定义的必然结果。

由人的命令而成的律，说得更正确一点，应该叫作法令。这种法律是人们为自己或别人立的，为的是生活更安全，更方便，或与此类似的理由。

万事万物都预先为普遍的自然律所规定，其存在与运行都有一固定的方式。

律是人给自己或别人为某一目的立下的一个方案。

只有少数人知道立法的目的是什么，大多数人虽然为法律所限制，却无法知道立法的目的何在。

人的法律是指生活上的一种方策，使生命与国家皆得安全。

神的法律其唯一的目的是最高的善。

神律的主要的格言是，爱上帝乃最高的善。

每个个体应竭力以保存其自身，不顾一切，只有自己，这是自然的最高的律法与权利。

最高的律法与权利，那就是，按照其天然的条件以生存与活动。

如果人要大致竭力享受天然属于个人的权利，人就不得不同意尽可能安善相处，生活不应再为个人的力量与欲望所规定，而是要取决于全体的力量与意志。

人人是会两利相权取其大，两害相权取其轻。

人人有天赋之权以做伪，不履行契约，除非有某一更大的好处的希望或某一更大的祸患的恐惧以羁勒之。

若是每个个人把他的权利全部交付给国家，国家就有统御一切事物的天然之权；就是说，国家就有唯一绝对统治之权，每个人必须服从，否则就要受最严厉的处罚。这样的一个政体就是一个民主政体。

民主政体的界说可以说是一个社会，这一社会行使其全部的权能。统治权不受任何法律的限制。

统治者强行完全不合理的命令是罕见的，因为他们不能不顾全他们自己的利益。

只有完全听从理智的指导的人才是自由的人。

延展阅读

《笛卡尔哲学原理》

本书是作者的另一部精品。包括两个部分：《笛卡尔哲学原理》和附录《形而上学思想》。前者采取几何学方式讲述笛卡尔哲学原理，主要取材于笛卡尔的《形而上学的沉思》和《哲学原理》第一章“论人类知识原理”；后者是对一些重要形而上学问题和概念分析说明的札记。如果说前者是更多地表明笛卡尔的观点，那么后者对斯宾诺莎自己的哲学观点却有更多的暗示。

《时间简史》

〔英〕斯蒂芬·威廉·霍金　著

关于作者

霍金出生于1942年，他的生平是非常富有传奇性的。在科学成就上，他是当代最重要的广义相对论家和宇宙论家，黑洞理论和“大爆炸”理论的创立人。然而这些学术成就都是他在半身不遂的疾病折磨下完成的。

霍金曾先后毕业于牛津大学和剑桥大学三一学院，并获剑桥大学哲学博士学位。在大学学习后期，霍金开始患肌肉萎缩性脊髓侧索硬化症，半身不遂。霍金丧失了语言能力，他表达思想唯一的工具是一台电脑声音合成器。他用仅能活动的几个手指操纵一个特制的鼠标在电脑屏幕上选择字母、单词来造句，然后通过电脑播放声音。人们最为熟知的霍金的形象便是一个骨瘦如柴、斜躺在轮椅上的人，却无时无刻不在运转着他智慧惊人的头脑。

1965年，霍金进入剑桥大学冈维尔和凯厄斯学院任研究员。这个时期，他在研究宇宙起源问题上，创立了宇宙之始是“无限密度的一点”的著名理论。70年代，他和彭罗斯一道证明了著名的奇性定理，为此他们共同获得了1988年的沃尔夫物理奖。他还证明了黑洞的面积定理，即随着时间的增加黑洞的面积不减。这很自然地使人将黑洞的面积和热力学的熵联系在一起。

1972年开始，霍金先后在剑桥大学天文研究所、应用数学和理论物理学部进行研究工作。霍金的成名始于黑洞研究。1973年，他考虑黑洞附近的量子效应，发现黑洞会像黑体一样发出辐射，其辐射的温度和黑洞质量成反比，这样黑洞就会因为辐射而慢慢变小，而温度却越变越高，它以最后一刻的爆炸而告终。黑洞辐射的发现具有极其重要的意义，它将引力、量子力学和统计力学统一在一起。霍金在《自然》上发表论文，阐述了自己的新发现——黑洞是有辐射的（所指的辐射被称为“霍金辐射”）。他的新发现，被认为是多年来理论物理学最重要的进展，该论文被称为“物理学史上最深刻的论文之一”。1974年，霍金当选为皇家学会最年轻的会员；1989年获得英国爵士荣誉称号。

关于黑洞的发现于2004年被霍金自己推翻，他修正了自己原来的“黑洞悖论”观点，认为信息应该守恒。

在富有学术传统的剑桥大学，霍金目前担任着也许是有史以来最为崇高的教授职务，即牛顿和狄拉克担任过的卢卡逊数学教授。

荐读理由

《时间简史》是一部关于宇宙学的经典著作，是将高深的理论物理通俗化的科普范本。

2004年7月21日，在爱尔兰都柏林举行的“第17届国际广义相对论和万有引力大会”上，霍金宣布了他对宇宙黑洞的最新研究结果：黑洞并非如他和其他大多数物理学家以前认为的那样，对其周遭的一切“完全吞食”，事实上被吸入黑洞深处的物质的某些信息实际上可能会在某个时候释放出来。根据信息守恒，从研究黑洞出发，《时间简史》探索了宇宙的起源和归宿，解答了人类有史以来一直探索的问题：时间有没有开端，空间有没有边界。

《时间简史》融汇了深奥的物理学、数学、哲学知识，但却不晦涩。霍金以浅入浅出的方式，把遥远星系、黑洞、夸克、“带味”粒子和“自旋”粒子、反物质、“时间箭头”等物理概念介绍给读者，并对宇宙是什么样的、空间和时间以及相对论等古老问题作了阐述，带领读者遨游外层空间奇异领域。

自1988年首版以来，《时间简史》已成为全球科学著作的里程碑。它被翻译成40种文字，销售了2500余万册，成为国际出版史上的奇观。虽然在该书出版后，无论在微观还是宏观宇宙世界的观测技术方面都有了非凡的进展，但这些观测都证实了霍金在该书第一版中的许多理论预言，显露了霍金超人的时空感知能力。

虽然本书确切地说是一部科学著作，但论及宇宙本质的理论物理学从某种意义上讲却也是哲学的基本形态。人类无数次仰望星空，追寻生命的意义，探寻真理，可能正倚赖科技的进步才能解答。从这个意义上来说，《时间简史》是爱好哲学的读者的必读书目。

先睹为快

我们发现自己是处于使人为难的世界中。我们要为自己在四周所看的一切赋予意义并问道：什么是宇宙的性质？我们在它之中的位置如何，以及宇宙和我们从何而来？为何它是这个样子的？我们采用某种“世界图”来试图回答这些问题，如同无限的乌龟塔——一个支持平坦的地球是这样的一种图像一样，超弦理论也是一种图像。虽然后者比前者更数学化、更精确，但两者都是宇宙的理论。两个理论都缺乏观察的证据：没人看到一个背负地球的大龟，但也没有人看到超弦。然而，龟理论作为一个好的科学理论是不够格的，因为它预言了人会从世界的边缘掉下去。除非发现它能为据说在百慕大三角消失的人提供解释。这个预言和经验不一致！

最早先在理论上描述和解释宇宙的企图牵涉到这样的思想，事件或自然现象是由具备人类感情的灵魂所控制，它们的行为和人类非常相像，并且是不可预言的。这些灵魂栖息在自然对象之中，诸如河流和山岳，包括诸如太阳和月亮这样的天体之中。它们必须被祈祷并供奉，以保证土壤的肥沃和四季的变化。然而，一些规律性逐渐地被注意到：太阳总是东升西落，而不管是否用牺牲去对之进贡。更进一步，太阳、月亮和行星沿着已被预言得相当精确的轨道穿越天穹。太阳、月亮仍然还可以是神祇，只不过是服从严格定律的神。如果你不将耶和华停止太阳运行之类的神话当真，则这一切显然是毫不例外的。

在本书中，我特别将制约引力的定律突出出来，因为正是引力使宇宙的大尺度结构成形，即使它是四类力中最弱的一种。引力定律和直到相当近代还被坚持的宇宙随时间不变的观念不相协调：引力总是吸引的这一事实意味着，宇宙必须或者在膨胀或者在收缩。按照广义相对论，宇宙在过去某一时刻必须有一无限密度的状态，亦即大爆炸，这是时间的有效起始。类似地，如果整个宇宙坍缩，在将来必有另一个无限密度的状态，即大挤压，这是时间的终点。即使整个宇宙不坍缩，在任何坍缩形成黑洞的局部区域里都会有奇点。这些奇点正是任何落进黑洞的人的时间终点。在大爆炸或其他奇点，所有定律都失效，所以上帝仍然有完全的自由去选择发生了什么以及宇宙是如何开始的。

延展阅读

《果壳中的宇宙》

本书是作者的另一部精品，是一本图文并茂的科普著作，主题是宇宙学，涉及广义相对论、量子论、黑洞、时间旅行、弦论、超引力等诸多前沿概念。该书是《时间简史》的姊妹篇，曾获得安万特科学图书奖。

《开放社会及其敌人》

〔英〕卡尔·波普尔　著

关于作者

卡尔·波普尔（1902—1994），英国著名犹太哲学家和思想家，证伪主义创始人，被西方学界誉为“开放社会之父”，1964 年获英国女王授予的爵士头衔。

波普尔出生在维也纳一个中产阶级家庭，其父西蒙·西格蒙德·卡尔·波普尔是维也纳大学法学教授，并有一座藏书约 14000 卷的私人图书馆，波普尔同时继承了这座图书馆和他父亲的性格。

1919 年，波普尔对马克思主义产生了兴趣，随后，他加入了奥地利共产党。虽然不久后，波普尔对马克思提出的历史主义和暴力革命理论大失所望，但马克思主义对他的一生，包括他提出的“有节制的自由主义”都有相当大的影响。

1922 年，波普尔开始研习数学和物理，并获得博士学位。之后他一直在中学任教，期间完成了《科学发现的逻辑》。本书首次提出了波普尔著名的证伪主义，并把它作为区分“科学”与“非科学”的标准，对心理主义和逻辑实证主义进行了批判。

1937年德奥合并之后，波普尔被迫迁往新西兰，并担任坎特伯雷大学哲学讲师。期间，他完成了《历史决定论的贫困》和《开放社会及其敌人》，前者在1944年哈耶克主编的《经济学》上发表，后者于1945年在英国出版，并首次提出民主社会的“三大悖论”——民主悖论、宽容悖论、自由悖论。这两本书使他获得了国际性的声誉。1946年，伦敦大学经济学院授予波普尔高级讲师的职务。

波普尔于1994年在伦敦去世，和妻子合葬。

在西方，从科学家到文史哲界的专家，从政界要员到财界“大腕”，无不深受波普尔学说的影响。波普尔为科学哲学的发展作出了巨大贡献。他的证伪主义、对科学主义和逻辑实证主义的批判，使人们对“科学”与“非科学”有了全新的认识；在政治上，他拥护民主和自由主义，并提出一系列社会批判法则，为“开放社会”奠定了理论基础。

荐读理由

哲学家德特·马林曾说，几乎不曾有过任何一部比《开放社会及其敌人》更为宏大的、反对那些20世纪暴行之基础的思想作品。

《开放社会及其敌人》初版于1945年，其后马上成为哲学类图书中的畅销书，被译成多种文字，影响深远。在这部巨著中，波普尔把笔墨集中于对柏拉图、黑格尔和马克思三个思想家的社会政治哲学的批判上，认为正是他们的思想构成现代极权主义的来源，但对于“开放社会”究竟是什么，他却很少正面提及，更没有加以系统说明。

在波普尔看来，开放社会是好的社会。按照波普尔的归纳，开放社会是一个个人主义的社会，其变化和进步是零星的，而不是整体的、全盘的。这样的社会，是多元的、法制的，实行民主的。这样，他几乎把开放社会等同于民主社会、平等社会、自发的社会，不是人工设计的社会，当然也就是好的社会。反之，封闭社会是一个集体主义社会，是人治的社会，乌托邦的社会，其变化是一种整体工程的乌托邦的实现，因而是坏的社会。

对于开放社会的敌人，波普尔从哲学、政治等多个方面进行归纳。从哲学思想上讲，开放社会的敌人有整体主义、本质主义至善论、理性主义、历史主义。从社会的组织形态上说，开放社会的敌人就是一种集体主义的社会。在政治上，开放社会的敌人就是极权主义。开放社会的经济敌人，是大一统的高度中央集权的计划经济。

本书就其思想指向来讲，可与乔治·奥威尔的《动物农庄》和《1984》相提并论，其对极权主义的批评可以作为我国进行政治建设和制度改革的参考，对于建立富有活力的、健康的社会主义政治制度有很强的借鉴作用。

先睹为快

从未有过不受制约的政治权力，只要人仍保有人性（只要“美丽的新世界”还没有变为现实），就不会有绝对的不受限制的政治权力。只要一个人手中不能积聚统治所有其他人的足够的物质力量，仅此他就必须依赖其助手。即便是最有权力的专制君主，也须依赖秘密警察、仆从和刽子手。这种依赖性意味着，他的权力可能异常巨大，但决非不受制约，他不得不有所让步，使一个集团对抗另一集团。这意味着还有其他的政治力量，除他的力量之外的力量存在，他只有利用或抚慰它们才可行使其统治权。

肉体的创造性和身体的勇气也许并不很难断定，然而心智超群的秘密是批判精神，是心智的独立性，这就导致了任何种类的权威主义也难以克服的困难。一般而言，独裁主义者将选择那些服从、相信并响应他的权威的人。但在这么做时，他必定要选择平庸之辈。因为他要排除那些反叛、怀疑、敢于抵制他的权威的人。从来没有一个权威承认过，思想上大无畏的人，即那些敢于蔑视他的权威的人，可能是最可宝贵的一类人。当然，权威们总是对他们鉴别创造性的能力保持自信。但他们所指的创造性仅仅是快速领会他们的意图，他们永远不可能明白到两者之间的不同。

假如至善至美在任何程度上可以实现的话，那么它也是极其遥远的，而且每一代人，并且因此也包括所有在世者就拥有了一种权利；或许不是一种要求获得幸福快乐的权利，因为并不存在使一个人幸福快乐的制度手段，而是一种在能够避免的情况下要求不被造成不幸的权利。假如他们遭受苦难，他们有权利要求给予所有可能的帮助。因此，零星工程将采取找寻社会上最重大最紧迫的恶行并与之斗争的方法，而不是追求其最大的终极的善，并为之奋斗的方法。这种区别远远超过单纯的字面上的差异。实际上，这是极其重要的。它是一种改善人类命运遭际的明智的方法与另一种方法之间的区别，后者假如真的加以尝试，会很容易地导致不可容忍地加剧人类苦难。其区别在于，前者可以在任何时间加以运用，而后者的主张会容易成为持续的拖延行动的手段，把行动拖延到以后各种条件更为有利的时候。其区别还在于，前者是迄今为止在任何时候、任何地点（我们将看到，包括苏俄在内）唯一真正取得成功的改善事物状况的方法；而后者，无论在哪里，只要加以采用，就会导致采用暴力而不是采用理性，如果不是导致放弃这个方法本身，至少也得导致放弃原来的蓝图。

延展阅读

《历史决定论的贫困》

本书是作者的另一部精品。

波普尔认为，由于人类根本无法预知人类知识的增长，而历史进程又受制于人类知识的影响，所以人类无法对未来的历史进行预测，因此所谓的“历史决定论”实际上是毫无可能的。和波普尔的其他代表作一样，本书论点突出，指向明确，影响巨大，以逻辑的方式证明所谓的历史的“螺旋上升的发展阶梯”实际上根本不存在，该观点对哈耶克等学者有着很大影响。

《小逻辑》

〔德〕黑格尔 著

关于作者

黑格尔（1770—1831），德国哲学家，德国古典唯心主义的集大成者。他所创立的学派被称为“黑格尔学派”，对费尔巴哈、马克思、列宁、海德格尔、萨特等哲学家影响颇深。

黑格尔于1770年出身于一个政府公务员家庭。青年时代，黑格尔曾经当过家庭教师和耶拿大学讲师，并与谢林共同创办《哲学评论》杂志。1807年，黑格尔出版了他的第一部著作《精神现象学》。

黑格尔把绝对精神看作世界的本原。绝对精神并不是超越于世界之上的东西，自然、人类社会和人的精神现象都是它在不同发展阶段上的表现形式。因此，事物的更替、发展、永恒的生命过程，就是绝对精神本身。黑格尔哲学的任务和目的，就是要展示通过自然、社会和思维体现出来的绝对精神，揭示它的发展过程及其规律性，实际上是在探讨思维与存在的辩证关系，在唯心主义基础上揭示二者的辩证统一。

1808—1816年，黑格尔在纽伦堡当了八年的中学校长。在此期间，他完成了《逻辑学》。1816 年，他被聘为海德堡大学教授。1817 年，出版《哲学全书》，完成了他的哲学体系。黑格尔的哲学是对三个阶段的描述，相应地由逻辑学、自然哲学和精神哲学三个部分组成。逻辑学是“研究观念（理念）自在自为的科学”，将质量互变、对立统一、否定之否定当作思维的规律加以阐明，在概念的辩证法中，他猜测到了客观事物本身的辩证法。自然哲学是“研究观念他在或外在化的科学”，他以幻想代替事实，发表了一些错误理论，但他也提出了合理的思想。精神哲学是“研究观念由他在回复到自身的科学”，他提出了社会政治、伦理、历史、美学等方面的观点和主张，并试图找出贯穿在历史各方面的发展线索。

1829 年，黑格尔被任命为柏林大学校长和政府代表，1831 年死于霍乱。黑格尔一生著述颇丰，他在柏林大学的讲稿被整理为《哲学史讲演录》、《美学讲演录》和《宗教哲学讲演录》，此外他还著有《美学》、《法哲学原理》等。

荐读理由

本书是黑格尔哲学著作《哲学全书》的第一部分，为了与黑格尔此前的著作《逻辑学》相区分，人们将这一部分称为《小逻辑》。《哲学全书》的另外两部分分别是《自然哲学》与《精神哲学》。

包括《小逻辑》在内的《哲学全书》，本来是黑格尔印发给学生的讲课提纲，原书有纲要性的正文和说明两部分，都出自黑格尔的手笔。黑格尔去世后，他的学生在编订全集时，又把听课笔记加进去作为附释。《小逻辑》于 1817 年出版。

在《小逻辑》中，黑格尔的逻辑体系可分为三个部分：存在论、本质论和概念论。

黑格尔认为：“存在只是潜在的概念。存在的各个规定或范畴都可用是去指谓。把存在的这些规定分开来看，它们是彼此对立的。从它们进一步的规定（或辩证法的形式）来看，它们是互相过渡到对方的。这种向对方过渡的进程，一方面是一种向外的设定，因而是潜在存在的概念的展开，并且同时也是存在的向内回复或深入于其自己本身。因此在存在论的范围内去解释概念，固然要发挥存在的全部内容，同时也要扬弃存在的直接性或扬弃存在本来的形式。”

对于本质论，黑格尔这样加以阐释：“当我们一提到本质时，我们便将本质与存在加以区别，而认为存在为直接的东西，与本质比较看来，只是一种假象。但这种假象并非空无所有，完全无物，而是一种被扬弃的存在。本质的观点一般地讲来即是反思的观点……我们常认为哲学的任务或目的在于认识事物的本质，这意思只是说，不应当让事物停留在它的直接性里，而须指出它是以别的事物为中介或根据的。事物的直接存在，依此说来，就好像是一个表皮或一个帷幕，在这里面或后面，还蕴藏着本质。”

黑格尔指出，概念论是绝对唯心论的观点。概念既是抽象的，也是具体的。“概念作为概念是不能用手去触摸的，当我们在进行概念思维时，听觉和视觉必定已经成为过去了。可是如前面所说，概念同时仍然是真正的具体东西。这是因为概念是‘存在’与‘本质’的统一，而且包含这两个范围中全部丰富的内容在自身之内。”

《小逻辑》和《逻辑学》内容基本相同，但文字简明扼要，大体上是《逻辑学》的一个提要或缩写。但是，《小逻辑》比《逻辑学》成书晚，一些观点比《逻辑学》更成熟，发挥得更充分。

作为西方哲学史上最伟大的哲学家之一，黑格尔在西方影响深远。恩格斯对黑格尔给予高度的评价：“近代德国哲学在黑格尔的体系中达到了顶峰，在这个体系中，黑格尔第一次——这是他的巨大功绩——把整个自然的、历史的和精神的世界描写为处于不断运动、变化、转化和发展中，并企图揭示这种运动和发展的内在联系。”研读黑格尔的哲学著作，可以让读者迅速打通西方哲学的脉门，取得事半功倍的成效。从这个角度讲，《小逻辑》实在值得认真研读。

先睹为快

概括讲来，哲学可以定义为对于事物的思维着的考察。如果说“人之所以异于禽兽在于他能思维”这话是对的（这话当然是对的），则人之所以为人，全凭他的思维在起作用。不过哲学乃是一种特殊的思维方式，——在这种方式中，思维成为认识，成为把握对象的概念式的认识。所以哲学思维无论与一般思维如何相同，无论本质上与一般思维同是一个思维，但总是与活动于人类一切行为里的思维，与使人类的一切活动具有人性的思维有了区别。这种区别又与这一事实相联系，即基于思维、表现人性的意识内容，每每首先不借思想的形式以出现，而是作为情感、直觉或表象等形式而出现。这些形式必须与作为形式的思维本身区别开来。

对于一般人的普通意识，哲学须证明其特有的知识方式的需要，甚至必须唤醒一般人认识哲学的特有知识方式的需要。对于宗教的对象，对于真理的一般，哲学必须证明从哲学自身出发，即有能力加以认识。假如哲学的看法与宗教的观念之间出现了差异，哲学必须辩明它的各种规定何以异于宗教观念的理由。

谈到哲学的开端，似乎哲学与别的科学一样，也须从一个主观的假定开始。每一科学均须各自假定它所研究的对象，如空间、数等等，而哲学似乎也须先假定思维的存在，作为思维的对象。不过哲学是由于思维的自由活动，而建立起自身于这样的观点上，即哲学是独立自为的，因而自己创造自己的对象，自己提供自己的对象。而且哲学开端所采取的直接的观点，必须在哲学体系发挥的过程里，转变成为终点，亦即成为最后的结论。当哲学达到这个终点时，也就是哲学重新达到其起点而回归到它自身之时。这样一来，哲学就俨然是一个自己返回到自己的圆圈，因而哲学便没有与别的科学同样意义的起点。所以哲学上的起点，只是就研究哲学的主体的方便而言，才可以这样说，至于哲学本身却无所谓起点。

换句话说，科学的概念，我们据以开始的概念，即因其为这一科学的出发点，所以它包含作为对象的思维与一个（似乎外在的）哲学思考的主体间的分离，必须由科学本身加以把握。简言之，达到概念的概念，自己返回自己，自己满足自己，就是哲学这一科学唯一的目的、工作和目标。

延展阅读

《美学》

本书为黑格尔于18世纪至19世纪30年代在德国海德堡大学和柏林大学的授课讲稿。黑格尔死后，由其学生根据听课笔记整理编辑出版，故又称为《美学讲演录》。该书是黑格尔后期成熟的美学思想的汇集和总结，集西方传统美学思想和德国古典美学之大成，是德国古典美学的高峰。《美学》是黑格尔整个哲学体系中的一个重要部分，而它本身又具有相对独立的完整体系。全书共分三卷。第一卷主要论述了美的概念和艺术美的基本原理；第二卷分讲象征艺术、古典艺术和浪漫艺术的特征及其历史发展过程；第三卷详细论述与上述三类艺术相应的各门艺术的审美特征和历史发展，其中又把诗作为重点来分析。

《宗教的本质》

〔德〕 费尔巴哈 著

关于作者

费尔巴哈（1804—1872），德国旧唯物主义哲学家。他摒弃了康德的不可知论和黑格尔的唯心主义，恢复了唯物主义的权威。费尔巴哈的唯物主义依然是形而上学的，社会历史观是唯心主义的。

费尔巴哈早年先后在海德堡大学、柏林大学、爱尔兰根大学学习神学、哲学、植物学、解剖学和心理学，大学毕业后留在爱尔兰根大学任教。青年时代，费尔巴哈对黑格尔哲学十分感兴趣，不顾父亲的反对，到柏林跟随黑格尔学习哲学。黑格尔逝世后，黑格尔学派迅速分化瓦解，形成了保守的右翼派、老年黑格尔派和激进的左翼派即青年黑格尔派。费尔巴哈即是青年黑格尔学派的成员，主张政治与宗教分离。

1830 年，费尔巴哈匿名发表了第一部著作《论死与不朽》，抨击个人不朽的概念，拥护斯宾诺莎等人提出的“人死后会被自然重新吸收”的哲学。他的这种激进思想加上不善演讲，使他一直无法在学术界取得成功，并被永远驱逐出大学讲坛，只能依靠他妻子在一座瓷厂中的股份生活，居住在纽伦堡附近的勃鲁克堡。这期间，费尔巴哈先后出版《黑格尔哲学批判》、《基督教的本质》、《未来哲学原理》等著作。

1860年，由于费尔巴哈赖以为生的瓷厂倒闭，他只得离开家，搬到纽伦堡，靠朋友的帮助生活。随后他发表了最后一本著作《上帝、自由和不朽》。不久后，费尔巴哈加入了德国社会民主党。

费尔巴哈在唯心主义统治德国哲学界达数十年之久后，恢复了唯物主义的权威。他批判了黑格尔的思维和存在同一说，提出了以人和自然为哲学唯一对象的人本学。他肯定自然是物质的客观实在，空间、时间和机械运动是物质的存在形式，人是自然的产物，是灵魂和肉体的统一，唯物地阐述了思维和存在的关系。

费尔巴哈认为人是认识的主体，主体和客体通过感觉直接联系达到统一，自然是可以被认识的，主张直观的反映论。他在批判黑格尔的唯心主义时，抛弃了黑格尔的辩证法。他的人本学对人的理解是抽象的。他论证了宗教和唯心主义在本质上的联系，提出唯心主义只是用理性改造了的神学。在否定了过去的宗教之后，他试图建立一种无神的宗教来宣扬超阶级的爱。

马克思和恩格斯批判地吸取了费尔巴哈哲学的“基本内核”，建立了科学的、革命的辩证唯物主义。因此，费尔巴哈哲学是马克思主义哲学的来源之一。

荐读理由

《宗教的本质》是费尔巴哈的代表作品之一。在本书中，费尔巴哈概述了宗教，尤其是自然宗教即多神教的本质，明确提出神学就是人本学和自然学的论点，弥补了《基督教的本质》漠视自然界的缺陷。

《宗教的本质》由55节组成。前26节论述宗教的基础、自然宗教；后29节阐述自然宗教向精神宗教的过渡以及一般宗教的本质。

费尔巴哈指出，人的依赖感是宗教的基础。自然是人生存的基础和依赖的最初对象，是宗教的原初对象。人依赖的自然对象各不相同，自然宗教因而也就有众多的神。而自然事物、自然现象乃至动物之所以被崇拜为神，是由于人为了实现摆脱依赖的愿望，从人的立场把所依赖的对象想象成为像人那样的东西，把自然看作是具有人性的东西，而后又崇拜它。自然宗教的本质同样是人的本质的异化，不过是用自然被人化的间接方式表现出来。自然宗教的神是人把自己的本质依附于个别的、具体的自然对象，具有一定的局限性。当人由物理实体变为政治实体时，当君王的占有、决定统治着、支配着人的时候，自然宗教就被精神宗教即一神教（基督教）所代替。

费尔巴哈在本书中论述自然宗教时，还阐明了自然的存在并不像有神论所妄想的那样，以神的存在为基础；相反，神的存在倒是以自然的存在为前提。费尔巴哈认为，将自然视为由一个最高最完满的精神实体创造的，乃是世界上最矛盾、最颠倒和最荒唐的事情。自然是非发生的、永恒的，在时间上是第一位的实体。它没有开端，也没有终结，它在空间和时间中变化运动着。自然存在、发展的根据就在它自身之内。

《宗教的本质》系统扼要地体现出费尔巴哈宗教哲学的基本思想，是西方哲学史和无神论史上的代表著作之一，也是研究费尔巴哈宗教哲学的入门著作。

先睹为快

人的本质或上帝，我在《基督教的本质》一书中，已经加以阐明。至于那异于人的本质、不依靠人的本质的实体，亦即那不具人的本质、人的特性、人的个性的实体，真正说来，不是别的东西，就是自然。

人的信赖感，是宗教的基础；而这种依赖感的对象，亦即人所依靠并且人也自己感觉到依靠的那个东西，本来不是别的东西，就是自然。自然是宗教的最初原始对象，这一点是一切宗教和一切民族的历史所充分证明的。

说宗教是人一生下来就自然而然地具有的，这话是错误的；如果我们把一般宗教认为就是有神论的那些观念，即真正信仰上帝的那些观念的话。可是如果我们把宗教认为只不过是依赖感，只不过是人的感觉或意识：觉得人若没有一个异于人的东西可依赖，就不会存在，并且不可能存在，觉得他的存在不是由于他自己，那么，这句话倒完全是真的。这一个意义之下的宗教，对于人的关系，很像光对于眼、空气对于肺、食品对于胃那样密切。宗教乃是对于我之所以为我的思量和承认。无论如何，我总不是一个离开光、离开空气、离开水、离开大地、离开食料而存在的东西，总是一个依靠自然的东西。这种依赖性在动物和动物阶段的野蛮人中，是个不自觉、不自省的依赖性；将它提升到意识中，表象它、思量它、承认它，就是进入宗教。因此一切生命都依傍于季节的变化，而唯独人则用戏剧式的观念，用度节日的行为，来庆贺这个变化。这些仅仅表示季节变迁或月亮盈亏变化的节日，乃是人类最古老最原始的本来的宗教表白。

一个人，一个民族，一个氏族，并非依靠一般的自然，也非依靠一般的大地，而是依靠这一块土地、这一个国度；并非依靠一般的水，而是依靠这一处水、这一条河、这一口泉。埃及人离了埃及就不成为埃及人，印度人离了印度就不成为印度人。普遍的人既然可以将他的普遍的本质当作上帝崇拜，那么，那些肉体和灵魂都束缚在自己的土地上面、将自己的本质限制在自己民族和氏族的特质中而不放在人性之中的古代闭塞的民族，当然有同样的充分理由把他们国度中的一些山岳、树木、动物、河川泉源当作神来崇拜，因为他们的整个存在、整个本质确乎只是寄托在他们的国度、他们的自然的特质上面。

延展阅读

《黑格尔哲学的批判》

本书是作者的另一部重要哲学著作，它代表了当时的唯物主义观点，从认识论的根源对黑格尔的唯心主义进行分析批判。费尔巴哈认为人的精神、思想是人脑的属性，是附属于肉体的，黑格尔的错误在于把精神和思维看作一种脱离人脑而独立存在的东西。费尔巴哈指出黑格尔所说的“绝对精神”，不过是以精神、思维形式表现出来的上帝，“唯心论直接地将理性神化”。费尔巴哈认为，黑格尔将精神、思维“外在化”为自然的学说，不过就是改装了的上帝创世说，“从精神里推出自然，意思等于算账不找掌柜”，“等于用语言呼风唤雨，用语言移山倒海，用语言使瞎子复明”。

《共产党宣言》

〔德〕卡尔·马克思　著

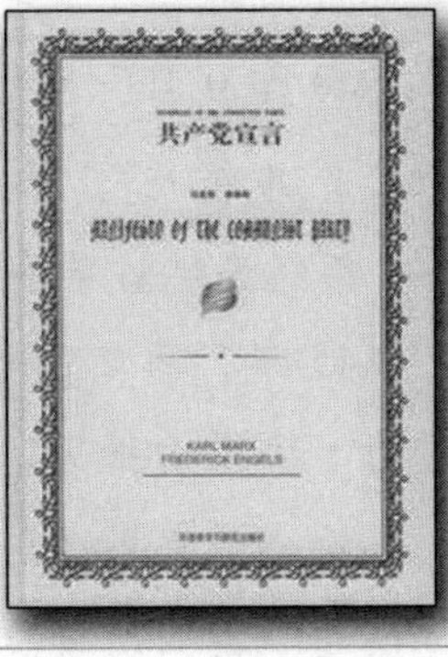

本书是马克思主义诞生的重要标志。

关于作者

卡尔·马克思（1818—1883），全世界无产阶级的伟大导师，科学共产主义的创始人，伟大的政治家、哲学家、经济学家、革命理论家。他是无产阶级的精神领袖，是近代共产主义运动的弄潮儿。

马克思出生在德国普鲁士邦莱茵省特里尔城一个律师家庭。马克思读大学期间，因博士论文里哲学高过神学的立场不能被刚即位的普鲁士新国王腓特烈·威廉四世接受，所以马克思将博士论文改寄给萨克森·魏玛·艾森纳赫大公国的耶拿大学审查博士资格。1841 年马克思以论文《德谟克利特的自然哲学和伊壁鸠鲁的自然哲学之区别》申请获得耶拿大学哲学博士。

毕业后，马克思担任《莱茵报》主编，因在《莱茵报》撰文抨击普鲁士政府而引起沙皇尼古拉一世和普鲁士国王的不满，不久后，《莱茵报》被查封。

1843 年 6 月，马克思与出身德国贵族家庭的燕妮·冯·威斯特法伦喜结连理。1843 年秋，年轻的马克思夫妇一同踏上流放的征途，来到巴黎。在此期间他着手研究政治经济学、法国社会运动及法国历史，并最终成为一名社会主义者。

1844年9月，恩格斯到访巴黎，与恩格斯并肩开始了对社会主义的研究，并结成了深厚的友谊。在这期间，马克思撰写了著名的《1844年经济学哲学手稿》。

1845年，马克思参与编写《前进周刊》，在其中对德国的专制主义进行了尖锐的批评。同年，马克思遭当局驱逐，宣布脱离普鲁士国籍。其后，马克思和恩格斯一起完成了《德意志意识形态》，第一次系统地阐述了他们所创立的历史唯物主义，明确提出无产阶级夺取政权的历史任务，为社会主义由空想到科学奠定了初步理论基础。

1847年，马克思和恩格斯应邀参加正义者同盟。1847年6月，同盟更名为共产主义者同盟，马克思起草了同盟的纲领《共产党宣言》。

马克思的一生都在为共产主义事业而奋斗，因此颠沛流离。由于被许多国家驱逐，到处流亡，他曾自称是“世界公民”。在被流放的时间里，马克思因为经济和债务问题，精神焦虑，受疾病所困扰情绪不佳，四个孩子中的三个死亡。但在这期间，马克思写出了他最重要的著作——《资本论》。

1881年12月2日，燕妮·马克思去世。1883年3月14日，马克思在伦敦寓所辞世，后与燕妮合葬于伦敦北郊的海格特公墓内。

荐读理由

《共产党宣言》又译《共产主义宣言》，是马克思和恩格斯为共产主义者同盟起草的纲领、国际共产主义运动第一个纲领性文献、马克思主义诞生的重要标志，由马克思执笔。

《共产党宣言》运用辩证唯物主义和历史唯物主义分析了生产力与生产关系、经济基础与上层建筑的矛盾，分析了阶级和阶级斗争，特别是资本主义社会阶级斗争的产生、发展过程，论证了资本主义必然灭亡和社会主义必然胜利的客观规律，以及作为资本主义掘墓人的无产阶级肩负的世界历史使命。

1848 年2 月，《共产主义宣言》在伦敦第一次以单行本问世，第一次全面系统地阐述了科学社会主义理论，指出共产主义运动已成为不可抗拒的历史潮流。

在《共产党宣言》中，马克思认为，每一历史时代主要的生产方式与交换方式以及必然由此产生的社会结构，是该时代政治的和精神的历史所赖以确立的基础，并且只有从这一基础出发，历史才能得到说明。从原始社会解体以来，人类社会的全部历史都是阶级斗争的历史；这个历史包括一系列发展阶段，现在已经达到这样一个阶段，即无产阶级如果不同时使整个社会摆脱任何剥削、压迫以及阶级划分和阶级斗争，就不能使自己从资产阶级的剥削统治下解放出来。

《共产党宣言》公开宣布必须用革命的暴力推翻资产阶级的统治，建立无产阶级的“政治统治”，表述了以无产阶级专政代替资产阶级专政的思想；还指出无产阶级在夺取政权后，必须在大力发展生产力的基础上，逐步地进行巨大的社会改造，进而达到消灭阶级对立和阶级本身的存在条件；批判当时各种反动的社会主义思潮，对空想社会主义作了科学的分析和评价；阐述作为无产阶级先进队伍的共产党的性质、特点和斗争策略，指出为党的最近目的而奋斗与争取实现共产主义终极目的之间的联系。

《共产党宣言》最后庄严宣告：“无产者在这个革命中失去的只是锁链。他们获得的将是整个世界。”并发出国际主义的战斗号召：“全世界无产者，联合起来!”

作为无产阶级政党的纲领性文件，一百多年来，《共产党宣言》一直激励着世界广大贫苦人民的抗争。信仰者将其视若救星，仇恨者将其视若毒瘤。但历史肯定了其非凡价值，它也成为我们理解世界近代历史的一把钥匙。

先睹为快

至今一切社会的历史都是阶级斗争的历史。

自由民和奴隶、贵族和平民、领主和农奴、行会师傅和帮工，一句话，压迫者和被压迫者，始终处于相互对立的地位，进行不断的、有时隐蔽有时公开的斗争，而每一次斗争的结局是整个社会受到革命改造或者斗争的各阶级同归于尽。

在过去的各个历史时代，我们几乎到处都可以看到社会完全划分为各个不同的等级，看到社会地位分成的多种多样的层次。在古罗马，有贵族、骑士、平民、奴隶，在中世纪，有封建主、臣仆、行会师傅、帮工、农奴，而且几乎在每一个阶级内部又有一些特殊的阶层。

从封建社会的灭亡中产生出来的现代资产阶级社会并没有消灭阶级对立。它只是用新的阶级、新的压迫条件、新的斗争形式代替了旧的。

资产阶级的这种发展的每一个阶段，都伴随着相应的政治上的进展。它在封建主统治下是被压迫的等级，在公社里是武装的和自治的团体，在一些地方组成独立的城市共和国，在另一些地方组成君主国中的纳税的第三等级；后来，在工场手工业时期，它是等级制君主国或专制君主国中同贵族抗衡的势力，而且是大君主国的主要基础；最后，从大工业和世界市场建立的时候起，它在现代的代议制国家里夺得了独占的政治统治。现代的国家政权不过是管理整个资产阶级的共同事务的委员会罢了。

资产阶级在历史上曾经起过非常革命的作用。

资产阶级在它已经取得了统治的地方把一切封建的、宗法的和田园诗般的关系都破坏了。它无情地斩断了把人们束缚于天然尊长的形形色色的封建羁绊，它使人和人之间除了赤裸裸的利害关系，除了冷酷无情的“现金交易”，就再也没有任何别的联系了。它把宗教虔诚、骑士热忱、小市民伤感这些情感的神圣发作，淹没在利己主义打算的冰水之中。它把人的尊严变成了交换价值，用一种没有良心的贸易自由代替了无数特许的和自力挣得的自由。总而言之，它用公开的、无耻的、直接的、露骨的剥削代替了由宗教幻想和政治幻想掩盖着的剥削。

资产阶级抹去了一切向来受人尊崇和令人敬畏的职业的神圣光环。它把医生、律师、教士、诗人和学者变成了它出钱招雇的雇佣劳动者。

资产阶级撕下了罩在家庭关系上的温情脉脉的面纱，把这种关系变成了纯粹的金钱关系。

延展阅读

《资本论》

本书是作者的另一部精品。

本书是以唯物史观的基本思想为指导，通过深刻分析资本主义生产方式，揭示了资本主义社会发展的规律，同时也使唯物史观得到了科学的验证和进一步的丰富和发展。《资本论》运用唯物史观的观点和方法，将社会关系归结为生产关系，将生产关系归结于生产力，从而证明了社会形态的发展是一个不以人的意志为转移的自然历史过程。

《第二性》

〔法〕西蒙娜·德·波伏娃　著

本书被誉为“有史以来讨论妇女的最健全、最理智、最充满智慧的一本书”。

关于作者

西蒙娜·德·波伏娃（1908—1986），20世纪法国最有影响力的女性之一，存在主义学者、文学家。法国前总统密特朗称她为“法国和全世界的最杰出作家”；另一位法国前总统希拉克则在一次讲演中说：“她介入文学，代表了某种思想运动，在一个时期标志着我们社会的特点。她的无可置疑的才华，使她成为一个在法国文学史上最有地位的作家。”

波伏娃头脑明晰、意志坚强，具有旺盛的生命力和强烈的好奇心。19岁时，她发表了一项个人“独立宣言”，宣称“我绝不让我的生命屈从于他人的意志”。波伏娃毕业于巴黎高等师范学院，后成为一名哲学教师。

波伏娃个性独立，不同意父母为其安排的婚姻和生活。她与萨特结识，并从此成为萨特的从未履行结婚手续的事实上的终身伴侣。两人有共同的对书本的爱好，有共同的志向，成为共同生活的伴侣，虽没有履行婚姻手续，但两人建立在互相尊重、有共同信仰基础上的爱情非常强烈。萨特去世后波伏娃写了《永别的仪式》，是对与萨特共同生活的最后日子的痛苦回忆，流露出强烈的爱意。

波伏娃将存在主义哲学和现实道德结合在一起，写过多部小说和论文，她的小说《达官贵人》获得了法国最高文学奖龚古尔文学奖。小说的主题在于说明知识分子不能为革命和真理同时服务，两位主人公的革命目的和方法虽然不同，但在错综复杂的关系中都失败而牺牲了。此外她还写过多部小说，如《女宾》、《他人的血》、《人不免一死》、《名士风流》以及论文《建立一种模棱两可的伦理学》、《存在主义理论与各民族的智慧》、《皮鲁斯与斯内阿斯》等，提出了道德规范与存在主义理论之间的关系。

波伏娃去世后，和萨特合葬在巴黎蒙帕纳斯公墓。

荐读理由

《第二性》是波伏娃最重要的作品，这部作品被认为是女权运动的“圣经”。

本书分上、下两卷，以涵盖哲学、历史、文学、生物学、古代神话和风俗的文化内容为背景，纵论了从原始社会到现代社会的历史演变中，妇女的处境、地位和权利的实际情况，探讨了女性个体发展史所显示的性别差异。

波伏娃认为，除了天生的生理性别，女性的所有“女性”特征都是社会造成的。作者首先从生物学的角度探讨了雌雄两性的性生活，揭示了动物界当中出现的雌雄分体、雌雄同体、雌雄间体和雌雄嵌体的有趣现象，认为单性生殖和有性生殖具有同等重要的作用，驳斥了将女性等同于子宫或卵巢的观点。

其后，作者对精神分析学及马克思主义中的妇女观进行分析。波伏娃认为，弗洛伊德的所谓的“恋父情结”，是根据他依照男性模式得出的“恋母情结”炮制出来的，从而批判了弗洛伊德的以男性为中心的，把女性的生理、心理和处境归结为“性”的“性一元论”。作者还用大量篇幅论述了从原始社会到社会主义社会（苏联社会）妇女的处境、权利与地位的变化，揭露了许多鲜为人知的历史事实。

波伏娃在书中提出，女人因为体力较差，当生活需要体力时，女人自觉是弱者，对自由感觉恐惧，男人用法律形式把女人的低等地位固定下来，而女人还是甘心服从。她不同意恩格斯所说的从母系氏族社会向父系氏族社会的过渡使男人重新获取权力，认为历史上女人从没有得到过权力，即使是在母系氏族社会。她认为妇女真正的解放必须获得自由选择生育的权力，并向中性化过渡。

《第二性》可谓是一部俯瞰整个女性世界的百科全书，揭开了妇女文化运动向久远的性别歧视开战的序幕，使女性在这个男权社会有所觉醒。

先睹为快

真正的爱情应当建立在两个自由人相互承认的基础上；这样人们才能够感受到自己既是自我又是他者：既不会放弃超越，也不会被弄得不健全；他们将在世界上共同证明价值与目标。对这一方和那一方，爱情都会由于赠送自我而揭示自我，都会丰富这个世界。乔治·古斯朵夫在他论述自我认知的一书中，非常准确地总结了男人对爱情要求些什么。

爱情使我们离开自己，从而向我们揭示自己。我们通过接触那种外在于我们并补充于我们的事物肯定我们自己……爱情作为一种感受形式，甚至在我们已经生活在里面的景致之内，它揭示了新的天、新的地。这里面有个重要秘密：世界是不同的，我自己是不同的。我不再独自知道这一点。甚至还有更好的：某人告诉了我这一事实。所以女人在男人获得自我认知当中，扮演了不可缺少的领导角色。

这说明年轻男人的恋爱实习对他是重要的；我们已经看到司汤达和马罗对这段话里所出现的奇迹是多么惊讶：“我是我自己，我是不同的。”

但是古斯朵夫写这番话时他却是错误的：“同样，男人对女人来说，也是她和她自己之间不可缺少的中介”，因为她今天的处境和男人不是同样的；男人虽然被揭示成另外一副模样，但他仍是他自己，而且他的新模样同他的人格总体连为一体。只有当女人的生存与男人的生存同样重要时，她才可以是如此；这意味着她要有经济独立地位，她要向她自己的目的运动，并且要在无须利用男人充当代理人的条件下向着社会总体超越她自己。爱情在这种情况下也同样是可以实现的，如马罗在《人的命运》中所描写的乔与梅之间的爱情就是如此。女人甚至可以扮演男性的支配角色，如德·华伦夫人和卢梭在一起时就是这样，柯莱特《心爱的人》一书中的丽亚和谢利在一起时也是这样。

但是女人往往只知道自己是不同的、相对的；她的他为、她与他人的关系，同她的存在混为一体；对于她，爱情不是“她同她自己”的中介，因为她并未获得自己的主观生存；她仍然淹没在不仅被男人所揭示也被他所创造的这个恋爱女人当中。

对她的拯救要依靠这个创造了她并能够马上把她摧毁的专横的自由者。她在这个男人面前，生活在恐惧和战栗之中，他控制了她的命运，却对这一命运不全了解，也不十分想了解。她危险地借助于一个他人，她在她自己的命运面前，是一个痛苦而又无能的旁观者，这个他人作为不自觉的暴君，作为不自觉的强行执行者，由不得她也由不得他自己地具有敌对的外貌。

延展阅读

《女宾》

本书是波伏娃1941年完成的长篇小说，并于1943年出版。出版之后，该书引起热评，其中认为"《女宾》是西蒙娜·德·波伏娃的自传体小说"者大有人在。波伏娃本人也坦言书中的一个女主角格扎维埃尔是以她生活中的奥尔嘉为原型创作的。

《社会契约论》

〔法〕让－雅克·卢梭　著

关于作者

让－雅克·卢梭（1712—1778），法国著名启蒙思想家、哲学家、教育家、文学家，是18世纪法国大革命的思想先驱，启蒙运动最卓越的代表人物之一。他是《百科全书》的撰稿人之一，主要著作有《论人类不平等的起源和基础》、《社会契约论》、《爱弥尔》、《新爱洛伊斯》、《忏悔录》等。

卢梭出生在瑞士日内瓦一个钟表匠的家庭，母亲因生他难产去世。卢梭的母亲遗留下不少小说作品，这些作品在卢梭懂事后成为他的启蒙读本。卢梭的父亲嗜好读书，时常为卢梭诵读妻子的小说，有时甚至通宵达旦。可以说，卢梭对文学的热爱与父母的影响密不可分。在家中，卢梭通读了许多使他受益终生的经典著作，他的广泛阅读培养了其对古希腊、罗马英雄的崇拜及其对民主自由精神的追求。父亲的教诲与历史典范的影响，使卢梭深深体会到了自由思想和民主精神的可贵。

与其他启蒙思想家不同，卢梭是一名钟表匠的儿子，是从下层社会走进法兰西的思想界的。其他启蒙思想家如孟德斯鸠、伏尔泰、狄德罗等人，都出自上流社会，过着安逸富足的生活。而卢梭当过学徒、仆人、伙计、随从，像乞丐一样进过收容所，在经过长期勤奋的自学和个人奋斗之后，才逐渐步入社会中层，成了音乐教师、秘书、职业作家。这就使他有条件把下层社会的情绪、愿望和精神带进18世纪的文学中。卢梭的第一篇引起全法兰西瞩目的论文《论科学与艺术》中那种敢于反对"人人尊敬的事物"的战斗精神和傲视传统观念的叛逆态度，以及《论人类不平等的起源和基础》和《社会契约论》中对社会不平等和奴役的批判，对平等、自由的歌颂，都是卢梭个人经历的投射。

卢梭认为，一切权利属于人民，政府官吏是人民委任的，人民有权委任他们，也有权撤换他们，直至消灭奴役压迫人民的统治者。这就是人民主权思想。

在哲学上，卢梭主张感觉是认识的来源，坚持自然神论的观点；强调人性本善，信仰高于理性。

在社会观上，卢梭坚持社会契约论，主张建立资产阶级的"理性王国"；主张自由平等，反对大私有制及其压迫；提出"天赋人权说"，反对专制、暴政。

在教育上，他主张教育的目的在于培养自然人；反对封建教育戕害、轻视儿童，要求提高儿童在教育中的地位；主张改革教育内容和方法，顺应儿童的本性，让他们的身心自由发展。

荐读理由

《社会契约论》，又译《民约论》，是卢梭于1762年写就的作品。该书分为四卷，分别论述了：社会结构和社会契约、主权及其权利、政府及其运作形式以及几种社会组织。

卢梭相信，一个理想的社会是建立在人与人之间而非人与政府之间的契约关系。与约翰·洛克一样，卢梭认为政府的权力来自被统治者的认可。卢梭声称，一个完美的社会是为人民的“公共意志”（公意）所控制的，虽然他没有定义如何达成这个目标，但他建议由公民团体组成的代议机构作为立法者，通过讨论来产生公共意志。

《社会契约论》的主要表述是探究是否存在合法的政治权威，“人是生而自由的，但却无往不在枷锁之中”。他所说的政治权威在我们的自然状态中并不存在，所以我们需要一个社会契约。在社会契约中，每个人都放弃天然自由，而获取契约自由；在参与政治的过程中，只有每个人同等地放弃全部天然自由，转让给整个集体，人类才能得到平等的契约自由。

虽然卢梭喜爱民主共和国胜过其他的政府形式，但他对此表达得含糊其词。他阐明政府必须分成三个部分：主权者代表公共意志，这个意志必须有益于全社会；由主权者授权的行政官员来实现这一意志；最后，必须有形成这一意志的公民群体。他相信，国家应保持较小的规模，把更多的权利留给人民，让政府更有效率。人民应该在政府中承担活跃的角色。人民根据个人意志投票产生公共意志。如果主权者走向公共意志的反面，那么社会契约就遭到破坏；人民有权决定和变更政府形式和执政者的权力，包括用起义的手段推翻违反契约的统治者。

《社会契约论》中主权在民的思想，是现代民主制度的基石，深刻地影响了逐步废除欧洲君主绝对权力的运动和18世纪末北美殖民地摆脱英帝国统治、建立民主制度的斗争。美国的《独立宣言》和法国的《人权宣言》及两国的宪法均体现了《社会契约论》中的民主思想。

卢梭的很多思想在现代被人们广泛接受并习以为常，但在提出的时候却具有振聋发聩的作用，当我们评价现代制度的优劣得失的时候，不妨回归到这些思想的本源中，去追寻那智慧的光芒，定会大有收获。

先睹为快

奴隶制和权利，这两个名词是互相矛盾的，它们是互相排斥的。无论是一个人对一个人，或者是一个人对全体人民，下列的说法都是同样毫无意义：我和你订立一个担负完全归你而利益完全归我的约定；只要我高兴的话，我就守约；而且只要我高兴的话，你也得守约。

因而，如果我们撇开社会公约中一切非本质的东西，我们就会发现社会公约可以简化为如下的词句：我们每个人都以其自身及其全部的力量共同置于公意的最高指导之下，并且我们在共同体中接纳每一个成员作为全体之不可分割的一部分。

如果我们探讨，应该成为一切立法体系最终目的的全体最大的幸福究竟是什么，我们便会发现它可以归结为两大主要的目标：自由与平等。自由，是因为一切个人的依附都会削弱国家共同体中同样大的一部分力量；平等，是因为没有它，自由便不能存在。

应该正是根据这种种对比关系来给每个民族都确定一种特殊的制度体系，这种制度体系尽管其本身或许并不是最好的，然而对于推行它的国家来说则应该是最好的。例如，土壤是荒瘠不毛的吗，或者国土对于居民来说是过于狭隘了吗？那么，你就转向工业和工艺方面去吧，你可以用它们的产品来交换你所缺乏的食粮。反之，你占有的是富庶的平原和肥沃的山坡吗，你是有美好的土地而缺少居民吗？那么，你就专心致力于能够繁殖人口的农业，并驱除一切工艺吧；工艺把一国仅有的少量人口都集中在几个地点上，结果只能造成国家人口的减少。你占有的是广阔而便利的海岸吗？那么，你就把海上布满了船舶吧，经营商业与航运吧，你将会获得一个光辉而短暂的生命。海洋在你的沿岸上是在冲洗着几乎无法攀越的岩石吗？那么，你就安心做个野蛮的渔人吧，你会因此生活得更恬静，或许会更美好，而且无疑地还会更幸福。

延展阅读

《爱弥尔》

本书是卢梭的另一部重要著作，是第一本小说体教育名著，创作于1757年，1762年第一次在荷兰的阿姆斯特丹出版，轰动了整个法国和西欧一些资产阶级国家，影响巨大。在此书中，卢梭通过对他所假设的教育对象爱弥尔的教育，来反对封建教育制度，阐述他的资产阶级教育思想。

当代经典哲学阐释

《时间与自由意志》

〔法〕亨利·柏格森　著

关于作者

亨利·柏格森（1859—1941），法国哲学家。柏格森自小便接受典型的法国式教育，对文学、哲学、数学、心理学、生物学有浓厚兴趣。柏格森曾任巴黎高等师范学校讲师、伦理政治科学院主席等。

柏格森的主要著作有《时间与自由意志》、《物质与记忆：身心关系论》、《笑的研究》、《形而上学导论》、《创造的进化》、《生命与意识》、《道德与宗教的两个起源》等。他的著作采用的不是哲学界通行的要领法或抽象法，而是在风格上既有孔狄亚克的严谨和简洁，又像柏拉图和培根的文章那样，充满了色彩和比喻，辞藻华丽，文体优美。

柏格森倡导生命哲学。这种哲学体系是对现代科学主义文化思潮的反驳。他提倡直觉，贬低理性，认为科学和理性只能把握相对的运动和实在的表皮，不能把握绝对的运动和实在本身，只有通过直觉才能体验和把握到生命存在的“绵延”，那唯一真正本体性的存在。在《时间与自由意志》中，柏格森说：“它使人置身于实在之内，也不是从外部的观点来观察实在，它借助于直觉，而非进行分析。”这种体认、领悟实在的方法，在哲学史上叫作直觉主义。

第一次世界大战期间，柏格森以学者的身份步入政界，历任驻西班牙和美国大使。1919 年任法国政府文教最高会议委员，1922 年担任国际联盟文化合作委员会第一任主席。

1927 年，“为了表彰其丰富而生气勃勃的思想和卓越的技巧”，柏格森被授予诺贝尔文学奖。瑞典学院高度评价了柏格森的生命哲学在批判传统哲学的理性主义机械论和决定论、解放人类思想方面的巨大意义，认为《创造的进化》是“一篇震撼人心的雄伟诗篇，一个含蕴不竭之力与驰骋天际之灵感的宇宙论”，“他亲身穿过理性主义的华盖，开辟了一条通路。由此通路，柏格森打开了大门，解放了具有无比效力的创造推进力……向理想主义敞开了广阔无边的空间领域”。

荐读理由

《时间与自由意志》是柏格森关于人的心理状态和意识状态的探讨。本书共分三章，分别是心理状态的强度、意识状态的众多性——关于绵延的观念、意识状态的组织——自由意志。

这本书第一章通过批判心理物理学的机械决定论观点，将心理或意识的强度与物理的广度作了明确的区分。在柏格森看来，之所以会出现心理物理学的思考思路，即把心理状态的变化还原为肉体或肌肉的变化，由计算肌肉变化的大小来推测心理变化的大小这样一种思路，原因在于人们没有看到心理或意识在每一个瞬间都有独特的性质，它的变化不是量的变化而是性质的变化。既然每一个心理瞬间都是一个独特的心理事件，它们彼此有别，那么就没法通过肉体的量的变化来推测心理的变化。也就是说，心理物理学的毛病就在于没有看到意识或心理是一个不同质的众多体，不同的心理状态或心理强度之间不可通约，更没法还原到肉体或肌肉的量的变化。由此，柏格森引出了意识的不同质的众多体的概念。

第二章对意识的众多体进行更加深入的分析，重点批判了将时间空间化的思想。在柏格森看来，人们之所以在意识问题上出现上面所提到的错误，根源在于人们把事件看成了一种纯一的媒介，一种类似于空间那样的均质化的媒介，而且人们对意识的反思往往是通过对外界物的反思而得来的，将意识对象化，从而将对象内在化，而这样做的前提是将时间均质化。只有将时间均质化才能得出时间前后相续的序列，而这种时间的前后相续恰好是把时间呈现于视觉面前，即把时间空间化。为了反对时间的均质化和空间化，柏格森提出了绵延的概念。

第三章重点分析了绵延的含义及其与自由问题的关联。绵延是先后无别的陆续出现，是一堆因素的互相渗透，而这些因素是那样的各式各样，以至于过去的状态无法重新出现。他指出纯一性的、可被测量的时间是人为的一个概念，这概念的构成乃是由于空间这个观念侵犯到纯绵延的领域里。

本书体现了西方非理性主义的典型风格——以理性主义的分析方式得出非理性主义的结论。或许人类本身就并非是完全理性的生命体，所以对其意识的研究越深入，就越能发现“直觉”与“理想”的难能可贵，越能碰触到生命的本质。

先睹为快

人们通常承认意识状态、感觉、感情、热情、努力等能够有增有减；我们甚至还听说过，一个感觉可比同类的另一感觉强二、三、四倍。后面这个论点是心理物理学家所主张的，以后将加以讨论。但是，说一个感觉比另一感觉强，说一种努力比另一种努力大，因而主张在纯内心状态之间有数量上的差异，则甚至对于反对心理物理学的人们说来，也看不出什么害处。并且常识在这一点上毫不迟疑地宣布判决。人们说他们感觉很热或不大热，很悲伤或不大悲伤，而这种对于多少的分别即使应用于主观的事实上和不占空间的对象上，也没有什么可以大惊小怪的。但是这里面有一个很不清楚的地方，牵涉到一个比平常所假定的重要得多的问题。

这样，当我们问一种未来的动作可否被人们预知的时候，我们不知不觉地把两种东西等同起来。一种是时间，它是各准确科学所处理的，又是可还原为数目的；一种是真正的绵延，它的所谓数量其实是一种性质，并且若是从它减去一二瞬间，则那些充满于其中的事实就不可能不改变性质。在一大堆的情况下，我们有充分理由处理真正的绵延，如同处理天文时间一样：这事实无疑地使人们较易于把时间与绵延等同起来。例如当我们回忆过去，即回忆一系列往事的时候，我们总把过去缩短，我们却不因此就歪曲了那些对我们有趣的事件之性质。理由是：我们已经知道了过去；因为进展就是心理状态的存在本质，心理状态在它到达进展的终了时就变为一件东西，而我们对于这东西一下子就能在心目中有一个形象。在这里，我们发现我们自己所处的地位相同于天文学家把一个行星所需要好几年才走得完的轨道一眼就看完时的地位。其实，天象预报应当比作对于以往意识状态的回忆，而不应当比作对于未来意识状态的预知。但当我们要确定一个未来的意识状态之时，不管这状态是多么不深刻，我们无法再认为种种前件是处于静止状态中的一堆东西，我们要认为它们是处于动力式状态中的一串过程，因为我们所关心的只是它们的影响。可是它们的绵延就是这种影响。所以缩短未来的绵延以便事先看出这绵延的各部分就无济于事了；人们必须得在这种绵延开展时去经历它。就根深蒂固的心理状态而言，在预见、看见、动作三者之间没有任何可辨别得出来的差异。

延展阅读

《道德与宗教的两个来源》

这是作者的另一部精品。

本书出版于 1932 年，是柏格森最重要的著作之一，是作者经过多年潜心研究而推出的有关道德和宗教问题的专著。这是柏格森哲学思想在人文—社会领域的一次集中运用。这一运用使作为体系的“柏格森哲学”得以完成。要了解柏格森关于社会问题的见解，人们首先想到的就是这本著作。在本书中，作者所探求的是道德与宗教存在的依据和性质。根据柏格森的考察，道德有两个来源：一是作为“义务”的道德；一是作为“抱负”的道德，并认为道德的这两种形式都是应生命进化的要求而产生出来的。宗教在本质上也是生物学的。依柏格森之见，宗教是自然为对付“理智”所可能带来的危险而采取的一种防范手段。

《创造进化论》

〔法〕亨利·柏格森　著

关于作者

见《时间与自由意志》之“关于作者”。

荐读理由

柏格森在《创造进化论》中对生命的本质作了深刻阐述，指出“我们是自己生活的创造者，每一瞬间都是一种创造”，“我们每个人都只有一次生命，因而必须有所选择”，“当我们自由行动时，就在自然中体验到了创造”，这些观点对我们今天仍有重要的启迪意义。

柏格森在书中揭示的问题是围绕着“生命冲动”展开的。“生命冲动”既是主观的非理性的心理体验，又是创造万物的宇宙意志。“生命冲动”的本能的向上喷发，产生精神性的事物，如人的自由意志、灵魂等；而“生命冲动”的向下坠落则产生无机界、惰性的物理的事物。柏格森在其中导入的概念是“智力”。因为智力作为能够生产器官的能力，它只不过是生命冲动的复制品。智力与本能虽然有对立的成分，然而却在人这种特殊的生命形式中得到更多渗透。

相对于本能，智力只能对应固态存在。因此智力是非连续性的，是空洞的、没有内核的。智力的目的是“向外观望生命”，并且盲目地把一切自然中的材料转变为“器官”。柏格森虽然力图摆脱智力对于人类生命冲动的作用，却以智力为分野，将本能与直觉彻底区分开来。

“生命就是趋向，而趋向的本质就是以集束的形式发展，依靠自身的成长，而冲动就在这些方向上被分化。”柏格森继而提出，在生命进化的过程中，由于我们只能活一次，因此我们必须要对自己的个性作出选择，同时我们也不得不放弃别的东西。因此，生命只可以是一个整体，生命有其独一无二的绝对性——生命的冲动。冲动带来直觉，直觉产生创造，智力稳定创造。

柏格森的生命哲学具有强烈的唯心主义和神秘主义的色彩，但它对种种理性主义认识形式的批判和冲击，对于人类精神解放确有重要意义，因而不仅成为现代派文学艺术的重要哲学基础，而且对现代科学和哲学也影响很大。同时代的哲学家詹姆斯·怀特海、文学家普鲁斯特、画家莫奈、音乐家德彪西等都对柏格森的学说赞赏有加。1927年，柏格森被授予诺贝尔文学奖，以表彰其“生机勃勃的思想和卓越的创造技巧”。而在颁奖词中，瑞典学院更是对《创造进化论》赞赏有加，称其为“一篇震撼人心的雄伟诗篇，一个蕴含不竭之力和驰骋天地之灵感的宇宙论”。

先睹为快

让我们立即指出我们的证实的原则。我们谈及生命时说：生命从起源开始，就是同一个冲动的延续，它分成了各种不同的进化路线。通过一系列的增添，一些东西成长发展起来，而这些增添就是许许多多的创造。这种发展造成了各种趋向的分离，这些趋向若是不变得互不相容，其成长就不能超出某个点。严格地说，任何东西都无法阻止我们去想象：生命的进化有可能通过分布于数千个世代中的一系列变形，发生在一个单一的个体上。要么，不是单一的个体，也可以假定任何数目的个体，它们彼此相继，形成以由低到高的直线发展序列。在这两种情况下，进化都将（可以说）仅仅具有一个维度（dimension）。但是，进化实际上出现在数百万的个体上，发生在各个不同的线路上，每条线路都结束于一个岔口，而从这个岔口又放射出一些新的路径。如此发展，乃至无穷。我们的假定若是正确的，沿着这些不同道路运作的基本原因若是属于心理学方面的，那这些原因就必定保留了某些共同的东西，尽管它们的结果并不相同，这就如同久别的校友都保留着对童年时期的同样记忆一样。道路可能分岔或者分出旁支，一些分散的元素可能会沿着这些支路按照独立的方式发展，尽管如此，使各个部分的运动得以继续的，依然是整体的原始冲动。所以，整体的某些东西必定一直存在于各个部分当中；而这种共同元素会以某种方式被我们看清，也许正是极不相同的有机体中呈现出相同的器官，使我们看清了这些共同的元素。例如，假定机械论的解释是正确的：那么，进化就必定通过一系列彼此相加的事件而发生，每个新的事件若是有利于当前生命体所表现的那些先前有利事件的总和，那它就会被选择而保留下来。将两个截然不同的事件系列加在一起，使两种截然不同的进化将达到近似的结果，这如何可能呢？两条进化路线的差别越大，偶然的外部影响或者偶然的内部变动在它们上面造就同样器官构造的可能性就越小，倘若产生分支时根本不存在这种器官，那就尤其如此。但是，与此相反，按照我们这样的假定，两个产物之间的这种相似性却是很自然的：甚至在最新的通道里，冲动中也存在某种得自源头的东西。因此，纯粹机械论将是可以驳倒的，而目的性（在我们理解的特定意义上）若能证明在进化的不同路线上，生命可能制造出相似的器官和不相似的手段，那么它将在某个特定方面得到证实。而证据的说服力，将与如此选择出来的路线的差异性、与在它们当中发现的相似结构的复杂性形成正比。

延展阅读

《笑的研究》

本书是作者的另一部精品，于1900年出版，又名《笑——论滑稽的意义》。书中汇集了《由滑稽引起的笑》等三篇论文，主要探讨滑稽、笑作为美学范畴的内涵和外延以及喜剧。《笑的研究》包括泛论滑稽（形式的滑稽和动作的滑稽）、滑稽的扩张力、情景的滑稽和语言的滑稽、性格的滑稽等部分。

《科学的反革命》

〔英〕哈耶克 著

关于作者

见《通往奴役之路》之“关于作者”。

荐读理由

本书的全名为《科学的反革命：理性滥用之研究》，全书分为三个部分，即第一部分“唯科学主义与社会研究”、第二部分“科学的反革命”与第三部分“孔德和黑格尔”，并附有德文版与美国版的前言。第一部分所做的工作是对一般问题的理论探讨，后两部分是对相关观念的历史作用的考察。在内容上，本书涵盖了经济自由主义观念的传播，经济、科学与政治，充分就业、计划和通货膨胀，工会、通货膨胀和利润，工资刚性增加引起的通货膨胀，自由企业制度的道德因素等内容。

哈耶克从知识论出发，把科学主义在社会科学领域内滥用理性的情况分为客观主义、集体主义和历史主义三种，一一加以驳斥，并以从法国启蒙时代思想家到圣西门至孔德的观念史回顾，考证了科学主义的渊源。哈耶克还比较了孔德与黑格尔的思想实质，发现他们的核心观念可以用一句话来概括："一切社会研究的核心目标，必须是建立一种包括全人类的普遍历史学，它被理解为一幅遵循着可认知规律的人类必然发展过程的蓝图。"

哈耶克在这部著作中重点论述了社会科学家对自然科学的误用。自然科学与社会科学，虽然都打着"科学"的旗号，但此"科学"却非彼"科学"。比如，常识告诉我们，太阳每天东升西落，但天文学却告诉我们，常识在欺骗我们，真相是地球在绕日运转。就此而言，自然科学理论常常向我们揭露常识的不可靠性。但与此相反，社会科学却必须立足于常识之上。这就是哈耶克要告诉我们的道理。然而，由于受自然科学的影响，不少社会科学家却常常于有意无意间忽略这点。社会科学受到了自然科学的严重影响，自然科学的许多研究习惯也就自觉不自觉地被研究者带入了对人群的研究分析中。自然科学的对象是客观的，而社会科学的对象往往随着观察者的研究而改变。

哈耶克指出，在进行经济分析的过程中有三种错误的倾向：客观主义、集体主义和历史主义。正是因为认为经济现象是客观的，研究者才会安心地按照自然科学，尤其是物理学的方法来分析问题。数学等科学概念的介入，使得经济学变成了独立于现实而存在的学问，进而很容易产生理论决定实践的颠倒。

本书收录的文章，都写于哈耶克思想最活跃的一段时期，因此我们可以从中清晰地看到他从专业经济学家变为一个贯通多学科思想家的发展脉络。哈耶克在近半个世纪前的许多分析，对现代的我们仍具有指导意义。

先睹为快

对经济和社会现象的研究，在从 18 世纪到 19 世纪初的缓慢发展过程中，当它选择自己的方法时，主要是受它所面对的问题的性质引导。它逐渐发展出一种适合于这些问题的技能，并未过多地思考这些方法的特点，或它们跟其他知识学科的关系。政治经济学的研究者，既可把这门学问称为科学的一支，也可把它称为道德哲学或社会哲学的一支，从不介意自己的题目属于科学还是哲学。那时，“科学”一词尚未获得今天这样特别狭隘的含义，也不存在把自然科学单独区分出来并赋予其特殊尊严的做法。其实，投身于这些领域的人，在研究自己的问题中较具一般性的方面时，他们很乐于选择哲学这个名称，我们甚至不时可以看到“自然哲学”和“道德科学”的对比。

讨论唯科学主义对社会研究的影响之前，我们不妨先大概介绍一下社会研究的特殊对象和方法。它研究的不是物与物的关系，而是人与物或人与人的关系。它研究人的行为，它的目的是解释许多人的行为所带来的无意的或未经设计的结果。

然而，研究人类群体生活的知识学科，并非都会提出在所有重要方面不同于自然科学的问题。传染病的扩散，显然是个跟人类社会生活关系密切的问题，不过对它的研究不具备狭义社会科学的特点。同样，遗传学研究、营养学研究、对人口数量或年龄构成之变化的调查，跟类似的动物研究没有重要区别。人类学或人种学的某些分支，就它们研究人类的自然属性而言，也可以这样说。换言之，研究人类的自然科学，不必提出我们无法用自然科学方法加以解决的问题。只要我们关心的是人类机体内的无意识的反应或过程，我们就可以毫无障碍地把它们当作由可以进行客观观察的事件引起的现象加以“机械的”研究。它们的出现与相关的人的知识无关，他也没有能力去改变它们。

延展阅读

《个人主义与经济秩序》

本书是作者的另一部精品。

作为一个坚持自由主义的学者，哈耶克对于自由的论述有其独到之处，这种独到之处在于他的论证思路是从个体主义的知识论进入的，而不是或不限于传统的政治哲学。正如哈耶克在本书的序言中这样谈这本文集的内容："初看上去，收集在本书中的这些论文所关注的论题似乎是各不相同的，但是我希望读者很快就能够发现，其中大多数论文所讨论的问题实际上是密切相关的。的确，这些论文涉及的范围相当广泛，从道德哲学的问题到社会科学研究方法的问题；从经济政策的问题到纯经济理论的问题；但需要指出的是，在大多数论文中，我却是把上述问题当作同一核心问题的不同方面来看的。……"阅读这本《个人主义与经济秩序》，会使读者更好地理解哈耶克的自由主义。

《中国思想史》

葛兆光 著

关于作者

葛兆光，出生于1950年，籍贯福建，清华大学校务委员会委员，清华大学人文社会科学学院教授，博士生导师。

1968年，葛兆光还未读完中学便离开课堂，参加“上山下乡”运动，其间分别在贵州省凯里县砖瓦厂、农药厂、供销社当工人。1977年全国恢复高考，葛兆光考取北京大学古文献专业；1984年，北京大学研究生毕业。1984年10月至1992年3月任江苏省扬州师范学院历史系副教授，其间著有《禅宗与中国文化》、《道教与中国文化》、《古代诗文要籍详解》、《想象力的世界——道教与唐代文学》等著作。

1992年至今，葛兆光任清华大学人文学院教授，主要研究方向为历史学、专门史及历史文献学。其间著有《唐诗卷》、《中国经典十种》、《中国禅思想史——从6世纪到9世纪》、《中国宗教与文学论集》，以及随笔集《门外谈禅》、《佛影道踪》、《考槃在涧》、《作壁上观——葛兆光书话》、《并不遥远的历史》、《丰子恺护生画集选》、《中国思想史》等。

葛兆光现任全国古籍整理出版规划小组成员，全国高校古籍整理研究委员会委员，中国社会科学院研究生院、北京大学、复旦大学、四川大学、中国人民大学兼职教授。

荐读理由

《中国思想史》分上、下两卷，共三部分：导论《思想史的写法》、第一卷《七世纪前中国的知识、思想与信仰世界》及第二卷《七世纪至十九世纪中国的知识、思想与信仰》，于1998年问世，引起海内外学术界的广泛关注。

《中国思想史》的写作初衷源于葛兆光对于“平庸时代的平庸思想”的关注。葛兆光认为：“以往的思想史可以说是精英思想的历史，精英思想固然应该记录，但这些思想在当时的社会究竟起多大作用却值得怀疑，我们应该关注的不只是那些经典的文本和精英思想，更应关注在实际的历史生活中起作用的那些一般的普通的知识和思想，发掘以前不为人们关注的平庸的时代和平庸的思想，这些思想并非与精英思想毫无关系，而是后者存在的土壤和依据。”另外，因为研究对象的不同造成研究所依据的材料与以往有所不同，以往的思想史多运用古代经典文献，而这部思想史则在文献以外将目光投射到以往不为人注意的古代星占历算、祭祀仪式、出土文物、医学著作、地图、绘画、墓室壁画等等，挖掘出它们对于思想史研究的重大价值。《中国思想史》按照思想延续的过程对整个中国思想发展史进行了宏观的把握，比如传统的思想史对盛唐时期的研究几乎空白，而实际上这一时期虽然没有出现大思想家，但书中仍对这一时期的思想状况进行了具体分析，找出了孕育后代思想的渊源。

《中国思想史》以作者独特的观察和理解，对上古至7世纪以前、7世纪至19世纪的中国知识、思想与信仰的历史作了历史性的描述与阐述。

在创作方法上，《中国思想史》的体裁运用值得关注。在以往的思想史、经济史、政治史等的写作中，作者们都有以章节分篇的癖好，割断事象发展的血脉，使读者不能一窥全貌。葛兆光的《中国思想史》避免了教科书模式与章节对思想发展的割裂，对于一种思想必追其来龙去脉，为后来的思想史研究者们提供了借鉴。

先睹为快

心灵的自由有时是以终极意义的丧失为代价的。

从一开始，佛教曾经悬置了一个充满光辉与永恒的终极世界，把这个社会称为佛性的境界，这无非是引导信仰者从现实的、短暂的、苦难的世界中解脱出来，但是最终他又给信仰者设计了一个平常的但在现实生活中又很有魅力的，只能在心灵中由于自我调整而得到的轻松境界。他把日常的生活境界当成佛教的终极境界，把人所具有的性情当做宗教追求的佛性，把平常心情当作神圣心境，于是终于完成了从印度佛教到中国禅宗的转化，也使本来充满宗教性的佛教渐渐卸缺了它作为精神生活的规训与督导的责任，变成了一种审美的生活情趣、语言智慧和优雅生活态度的提倡者。于是他尽管渗入了中国的人生与艺术世界，却在很长的时间里渐渐淡出了中国思想与信仰的世界。

似乎在精英和经典的思想与普通的社会和生活之间，还有一个“一般知识、思想与信仰的世界”，而这个知识、思想与信仰世界的延续，也构成一个思想的历史过程，因此它也应当在思想史的视野中。

语言从承载意义的符号变成意义，从传递真理的工具变成真理本身。

《老子》的来源：古代祝史对天道变化的体验，文化贵族对世道崩溃的反思，以及楚人对于人道永恒的追索。

我们在自己生活的世界中常常发现，可以依靠著述表达自己思想的精英和可以流传后世的经典毕竟很少，而且生活的世界常常与他们分离很远，当社会已经有条件使一批人以思想与著述为职业以来，他们的思想常常是与实存的世界的思想有一段距离。当我们的学者在大学里宣讲孔子、老子、柏拉图、亚里士多德和佛陀的时候，地铁的书报摊上在火热地销售着各种各样载满了明星逸事的小报；当我们的文人正在正襟危坐地讨论着理想主义的时候，生活却使大多数人实行着一种并不冠以主义名称的实用精神；当我们的教授在研究室里撰写他的政治学与经济学论著时，政治领袖已经使国家建立了与教授们的想法全然不同的运作体制。思想与学术，有时是一种少数精英知识分子操练的场地，它常常是悬浮在社会与生活的上面的，真正的思想，也许说是真正在生活与社会支配人们对宇宙的解释的那些知识与思想，它并不全在精英和经典中。

延展阅读

《禅宗与中国文化》

本书是作者从中国文化史的角度来研究禅宗的又一力作。禅宗作为中国文化史上的一种思想现象，它对中华民族（尤其是文人、士大夫）心理性格、思维方式、基本观念的影响，是本书研究的主题。作者围绕心理性格、人生哲学与生活情趣、审美情趣与艺术思维几方面展开讨论，展现了禅宗研究的全新视角。

《沉重的肉身》

刘小枫　著

关于作者

刘小枫，1956 年出生于重庆。他在《个体信仰与文化理论》的序言里记录了自己青少年时期的经历：其父“念小学未毕，然一生嗜读古书”，“我自幼常听他念东坡、廖平、沫若的贤人经”，“高中最后一年有点醒事，偷读旧体诗、新诗、小说。高中毕业下乡落户后，才开始自修。友人从城里每隔两月寄几本欧洲古典小说，还帮我借旧高中英文教本，偷音乐理论书和唐宋笔记小说。三年半务农，成了全把式农民，也还读了些杂书。返城后在重庆图书馆做学徒工，这个原为纪念罗斯福总统而建的图书馆有不少英文书。借书有限制，目录还是可以随便看。闲翻英文书目录卡片给我很大刺激，若不通西文，等于半盲，于是开始自学法语。不久大学开考，我的考分不高不低，进了外语学院。大学四年，多不务专业，有计划地读文史哲书”。

1982 年，刘小枫大学毕业，考取北京大学研究生，专业是美学。1986 年，他硕士毕业，进入深圳大学任教，同年出版了第一部个人作品《诗化哲学》。

1993 年起，刘小枫任香港中文大学中国文化研究所研究员、北京大学比较文化研究所兼任教授，现任中国人民大学中文系客座教授、香港汉语基督教文化研究所学术总监、香港中文大学中国文化研究所荣誉研究员，现为中山大学哲学系教授、比较宗教研究所所长。

刘小枫的主要研究方向是基督教思想史、古希腊思想史、中西方古典诗学、古希腊语文学、古典拉丁语文学、德国近现代思想、宗教—政治哲学。目前担任外国哲学、宗教学及西方哲学博士点博士生导师，美学硕士点硕士生导师。著有《拯救与逍遥》、《诗化哲学》、《走向十字架的真》、《现代性社会理论绪论》、《个体信仰与文化理论》、《沉重的肉身》、《刺猬的温顺》、《圣灵降临的叙事》等，随笔集《我们这一代人的怕与爱》等。

荐读理由

《沉重的肉身》收录了刘小枫的八篇随笔，书中用清新流畅的文笔解读了一批现代作家的经典之作，并通过叙事使一个个沉淀在我们生活中习以为常的伦理问题真正成了问题。毕希纳、昆德拉这些卓越的叙事思想家的叙事在刘小枫的复叙事中重新又鲜活了起来，呈现着新的意义。

正如《沉重的肉身》的副标题“现代性伦理的叙事纬语”所言，这本书集中讨论了现代性伦理问题。所谓伦理，其实是“以某种价值观念为经脉的生命感觉”，“伦理学是关于生命感觉的知识，考究各种生命感觉的真实意义”。伦理学有两种：理性的和叙事的。理性伦理学探究生命感觉的个体法则和人的生活应遵循的基本道德观念，进而制造出一些理则，让个人随缘而来的性情通过教育符合这些理则。叙事伦理学则通过叙述某一个人的生命经历触摸生命感觉的个体法则和人的生活应遵循的道德原则的例外情形，某种价值观念的生命感觉在叙事中呈现为独特的个人命运。理性伦理学关心道德的普遍状况，叙事伦理学关心道德的特殊状况，而真实的伦理问题从来就只是在道德的特殊状况中出现的。由于现代性伦理与叙事乃是一体的，现代性伦理其实就是依据个人的心性而非既定道德体系进行的叙事，“一种叙事，也是一种生活的可能性、一种实践性的伦理构想”。从中不难看出，现代性伦理并非基于某种规范的说教，而必然呈现为纷然杂多的状态。

现代性伦理，指的是人民伦理和个体自由伦理。时下人们正身不由己地从人民伦理中脱身出来，转向个体自由伦理。《沉重的肉身》的叙事纬语从人民伦理转到个体自由伦理，主要围绕中欧两位当代作家的叙事，以探讨两种不同的个体自由伦理的差异。《沉重的肉身》一书志不在现代性伦理的理论建构，而在具体探究一些作家在其作品中呈现出来的现代性伦理。本书谈到的作家（导演）有毕希纳、丽莲、昆德拉、卡夫卡、基斯洛夫斯基等，谈到的文学作品则有《丹东之死》、《牛虻》、《生命中不能承受之轻》、《笑忘录》、《被背叛的遗嘱》、《小说的艺术》，电影《薇娥丽卡的双重生命》、《红·白·蓝》、《永无休止》、《盲目的机遇》、《十诫》等。通过对这些作家和作品的再叙述与再阐释，刘小枫指出小说（包括电影等一切叙事形式）存在的唯一理由，“就是个体偶在的喃喃叙事，就是小说的叙事本身：在没有最高道德法官的生存处境，小说围绕着某个个人的生命经历的呢喃与人生悖论中的模糊性和相对性厮守在一起，陪伴和支撑每一个在自己身体上撞见悖论的个人挨过被撕裂的人生伤痛时刻”。在这个意义上说，“自由的叙事伦理学不说教，只讲故事，首先是‘陪伴的伦理’”。

作为生活在人民民主社会中的一员，刘小枫对人民伦理予以了充分批判，认为“人民民主的伦理制度化地勾销了个人在生活中感受实际的困惑、作出自己的选择、确立自己的信念的能力”，即抽空了个人，这也是人民伦理社会中的个人道德意识冷漠的根本原因。不过刘小枫并未满足和停留于此。正像他最喜爱的导演基斯洛夫斯基对人之伦理困境的关注超越了社会制度和意识形态那样，刘小枫也借助“思想侦探”毕希纳的调查发现，指出在积极自由（人民伦理）和消极自由（自由伦理）之上盘踞着的同为上帝缺席导致的虚无。实际上，个体与自身性情的关系才是伦理的本体性基础。每个人的性情都是一个随机形成的价值感觉秩序，决定了一个人只能这样而不是那样生活。从这个意义上说，个人的伦理问题与政治问题没有直接的关系。政治和社会制度问题解决了，个人的伦理问题并不必然随之解决。这一洞见表明，出入神学与哲学的刘小枫对革命的反省达到了新高度，乃是其超出一般制度论学者之所在。

先睹为快

个体出世以后，身体与自己的影子——身体之灵或灵的身体——通常是一体的。身体看不到自己的影子，就像眼睛看不到眼睛。除非在一种特别的光亮照射下，影子才会与自己的身体分开，我才可能看到自己的影子——还得看我站在什么位置，与光处于什么关系。一个人要站到可以让自己身体的影子显露出来的有光的地方，不是因为身不由己，就是由于忘乎其形。

个体热情的产生既需要身体也需要身体的影子，两者不可或缺。没有身体及其感觉或没有灵魂的价值偏好，都不会产生生命的热情。身体有在世欲望，但没有选择价值偏好的能力，身体的影子——灵魂，有能力选择价值的偏好却没有在世的欲望，只有当影子的价值偏好被身体的欲望感觉充满，才会形成一种生命的热情。灵魂就是价值偏好，它必须通过身体来实现自己的偏好，没有身体，灵魂只是嘘气，所以说灵魂是身体的影子。

任何超出了个体身体的价值都不适用于兴奋的现在，在兴奋的现在中，个体身体才回到了自身，没有需要操心的他者关系，没有让人难过的与过去或未来的时间关系。专制的道德归罪正式依据过去或将来的连带关系来评判现在，切断现在与过去和将来的联系，专制的道德法庭就无从判断了。

如果“兴奋的道德”战胜了“审判的道德，人生过程变得迷雾（道德的模棱两可）般迷漫”。昆德拉用生存迷雾比喻没有道德法庭和道德归罪的生存状态，与青天白日的生存状态形成对比。在迷雾中前行与在黑暗中或艳阳天中潜行不一样。黑夜与光明相辅相成，雾中的光景没有光明与黑夜之分，也就是没有善恶之分、有意义与无意义之分。

延展阅读

《拯救与逍遥》

本书是作者的另一部精品，是一次中西思想史的巡礼和对话。中西文化精神的品质存在巨大差异，它们并不能互译，最为根本性的不同就是拯救与逍遥。中国精神中，恬然之乐的逍遥是最高的精神境界，孔子也说“吾与点也”，佛道更不必说。而西方精神，受难的人类通过耶稣基督的上帝之爱而得拯救，人与亲临苦难深渊的上帝重新和好是最高境界。这两种精神品质的差异乃是“乐惠文化”（李泽厚语）与“罪恶”、“爱恶”文化，是超脱与救赎的精神冲突。本书是在救赎与超脱、拯救与逍遥这两种不同的精神方式之间展开精神冲突的对话。

《周国平论人生》

周国平　著

关于作者

周国平，1945 年出生，中国当代著名中青年散文家、哲学家，其作品因富有文采与哲思而赢得了读者的青睐。

周国平有读书的癖好，在他少年甚至童年时代便已见端倪。1962 年，周国平考入北京大学哲学系后，尽管哲学是“凌驾于一切科学的科学”，但他对课外书还是有浓厚的阅读兴趣。上课时，课桌上摆着教科书，课桌下却是托尔斯泰、陀思妥耶夫斯基、屠格涅夫、易卜生等文学家的著作。与此同时，他还醉心于写诗、写日记，以此来积累感受。“现在看来，当年我在文学方面的这些阅读和习作并非徒劳。”周国平说，“我在哲学上的趣味大约是受文学熏陶而形成的。”

1978 年，周国平考入中国社会科学院哲学系就读研究生，先后获哲学硕士、博士学位。1981 年进入中国社会科学院哲学研究所工作至今。主要著作有《苏联当代哲学》（合著），学术专著《尼采：在世纪的转折点上》，随感集《人与永恒》、《尼采与形而上学》，诗集《忧伤的情欲》、《只有一个人生》，散文集《善良丰富高贵》，自传《岁月与性情》、《今天我活着》、《爱与孤独》等；译著有《论辩证法的叙述方法》（合译）、《偶像的黄昏》、《希腊悲剧时代的哲学》等。

周国平的哲学散文是众多写作方式的融合与升华，形成了他独特的写作特色，他的哲学散文更侧重于把哲学生活化或者应用化，然而并不是刻意去生活化。周国平的散文中满溢着对生命的敬畏感，他鼓励人们要积极地面对人生，要饱含热情地好好活着。他认为人生或许是徒劳的，命运是不可改变的，可以改变的只是我们对生命的态度。

周国平用文学的方式在谈哲学。在周国平的哲学散文中，所表达的感悟仍是围绕着那些古老的哲学问题，例如生命的真谛、人生的意义、死亡、性与爱、自我、灵魂和超越等等。人生的意义、生命的真谛与哲学的关系，这是周国平一生所追求的，而生与死正是这两种思想的终极命题，让周国平更加深刻地看到了人生和生命过程中的哲学意义。他旨在把情感升华至哲学的高度，把哲学融入情感世界之中，以文学、散文的形式阐释出来。

另一方面，周国平的哲学散文也包含了哲学。作为一门学科，哲学也需要知识的搜集和整理，但是哲学如果仅仅是以理论的方式出现，这就离开了哲学的根本，所以周国平的哲学散文就采取另一种表达方式，把哲学理论和现实生活相联系，脱离了哲学家和散文家的界限，把对生活中的欢乐、痛苦、坚强和执着等生活感悟通过哲学散文的形式表达出来。

周国平的作品虔诚地探索现代人精神生活中的普遍困惑，重视观照心灵的历程与磨难，寓哲理于常情中，深入浅出，平易之中多见理趣。

荐读理由

《周国平论人生》是周国平的一部散文集，收入了《在义与利之外》、《自己的园地》、《精神栖身于茅屋》、《心灵的空间》、《有所为必有所不为》、《每个人都是一个宇宙》、《幸福是灵魂的事》、《寻常的苦难》、《死亡不是一个思考的对象》、《失去的岁月》、《困惑与觉悟》等散文作品。文句精练，富有哲理，耐人寻味。

在《周国平论人生》中，周国平强调寻找人的存在意义，其实是强调一种形而上的精神性生活，但面对世俗化社会的物质潮流尤其是许多人在为生存而奔波的情况下，这很容易被认为是一种贵族式的理想主义，因此他所界定的人文主义并不排斥人的世俗幸福："人在世上生活，必须维持肉体的生存，也必须与他人交往，于是有肉身生活和社会生活。肉身生活和社会生活所满足的是人的外在的功利性需要。在此之外，人还有内在的精神性需要，其实质是对生命意义的寻求。这种需要未得到满足，人就会觉得自己是一个盲目的存在，并因此而感到不安。精神生活也是人的生活的不可缺少的维度。"这就是说，人的世俗幸福是人文精神的必要条件，但人对寻求意义的精神生活更是不可缺少的维度，而只有在人的精神生活的统摄下，人的全部才是有意义的，不至于走向虚无。

周国平在散文中表现出一种很自觉的强烈的批判意识，在他的散文里有一个思想核心——关注人的精神生活。他认为"精神生活的普遍平庸化是我们时代的一个明显事实"，并把其主要表现概括为三点：信仰生活的失落、情感生活的缩减、文化生活的粗鄙。对此持否定和批判态度的人可分为救世者和自救者两类，前者具有强烈的社会责任，而后者是比较个人化的知识分子，他们更加关注自己独立的精神探索和文化创造活动，与世俗保持距离。

从周国平的思想和散文创作来看，毫无疑问他属于自救者，正因为他坚守自己的人文精神立场，关注现实世界中生活的个人，却没有知识分子的精神导师式的优越感，关注公共空间，却拒绝做时代或人民的代言人，这保证了他极为清醒、独立的批判立场。

周国平的哲理散文具有很强的思辨性，既充满着对人的存在意义的终极关怀，也从人的存在走向人的生存，贴近人的日常生活。在关注人的存在时，他认为人只有在寻找意义的过程中才能使自己成为一种精神性的存在，同时作者以批判性的角度来关注人的世俗生活，揭示人在生存中只有放弃对意义的追寻过程，才不至于在日益商业化、世俗化的时代丧失人的精神性。周国平是在这个意义上来坚守人文精神的。

先睹为快

法国思想家帕斯卡尔有一句名言："人是一支有思想的芦苇。"他的意思是说，人的生命像芦苇一样脆弱，宇宙间任何东西都能置人于死地，可是，即使如此，人依然比宇宙间任何东西高贵得多，因为人有一颗能思想的灵魂。

珍惜内在的精神财富甚于外在的物质财富，这是古往今来一切贤哲的共同特点。英国作家王尔德到美国旅行，入境时，海关官员问他有什么东西要报关，他回答："除了我的才华，什么也没有。"使他引以为自豪的是，他没有什么值钱的东西，但他拥有不能用钱来估量的艺术才华。正是这位骄傲的作家在他的一部作品中告诉我们："世间再没有比人的灵魂更宝贵的东西，任何东西都不能跟它相比。"

做事和交人是否顺利，包括地位、财产、名声方面的遭际，也包括爱情、婚姻、家庭方面的遭际，往往受制于外在的因素，非自己所能支配，所以不应该成为人生的主要目标。一个人当然不应该把非自己所能支配的东西当作人生的主要目标。一个人真正能支配的唯有对这一切外存遭际的态度，简言之，就是如何做人。人生在世最重要的事情不是幸福或不幸，而是不论幸福还是不幸都保持做人的正直和尊严。我确实认为，做人比事业和爱情都更重要。不管你在名利场和情场上多么春风得意，如果你做人失败了，你的人生就在总体上失败了。最重要的不是在世人心目中占据什么位置，和谁一起过日子，而是你自己究竟是一个什么样的人。

“天有不测风云”——不测风云乃天之本性，“人有旦夕祸福”——旦夕祸福是无所不包的人生的题中应有之义，任何人不可心存侥幸，把自己独独看作例外。

一种西方的哲学教导我们趋乐避苦。一种东方的宗教教导我们摆脱苦与乐的轮回。可是，真正热爱人生的人把痛苦和快乐一齐接受下来。

幸福的反面是灾祸，而非痛苦。痛苦中可以交织着幸福，但灾祸绝无幸福可言。另一方面，痛苦的解除未必就是幸福，也可能是无聊。可是，当我们从一个灾祸中脱身出来的时候，我们差不多是幸福的了。

苦难与幸福是相反的东西，但它们有一个共同之处，就是都直接和灵魂有关，并且都牵涉到对生命意义的评价。

痛苦和欢乐是生命力的自我享受。最可悲的是生命力的乏弱，既无欢乐，也无痛苦。

欢乐与欢乐不同，痛苦与痛苦不同，其间的区别远远超过欢乐与痛苦的不同。

延展阅读

《守望的距离》

本书是迄今为止周国平最完整的一部散文集，汇集了他从 1984 年以来发表的几乎全部散文。“守望者”的职责是：与时代潮流保持适当的距离，守护人生的那些永恒的价值，瞭望和关心人类精神生活的基本走向。此书写作期间，作者生活中发生了一连串变故，因而更多地偏向于对人生难题的思考，诸如生与死、爱与孤独、执着与超脱、苦难与幸福等等。事实上，这些问题是每一个热爱人生但又难免遭遇挫折的人都会面临的，周国平凭借哲学的思考为生活中的问题找出答案。

《南怀瑾讲演录》

南怀瑾　讲述

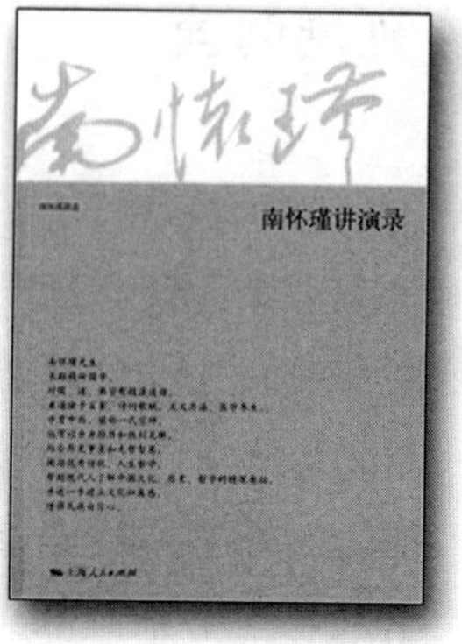

关于作者

南怀瑾，国学大师、诗人，中国传统文化的积极传播者，曾一度被列为“台湾十大最有影响的人物”。其著作多以演讲整理为主，内容往往将儒、释、道等思想进行比对，别具一格。

1918 年，南怀瑾出生在浙江温州乐清县一个世代书香之家，从孩提时起即接受严格的传统私塾教育。到 17 岁时，南怀瑾除精研儒家四书五经外，涉猎诸子百家，兼及拳术剑道等多种中国功夫，同时苦心研习文学历史、琴棋书画。1945 年，南怀瑾前往四川、西康、西藏参访，其间三年闭关，潜心阅读经书。闭关期间，南怀瑾穿上僧衣，日夜苦读经、律、论三藏十二部五六千卷佛家经典，以经为法。

南怀瑾去台湾以后，相继受聘于文化大学、辅仁大学执掌教席，且应邀到多所大学、机关、社会团体讲学。其间，面对当时学术界对禅学与道家的诸多误解和歧见，南怀瑾作《禅宗与道家》一书，正本清源，全面阐释禅宗宗旨与宗派源流，深刻剖析了禅宗对中国文化与社会的深远影响。该书亦以翔实史料纵论正统道家及隐士、方士、内丹、外丹各派源流变迁及其修炼要旨，使学术界耳目为之一新。该书一经问世，各界读者若久旱之望云霓，南师之名遂为更多的人所知晓。

1969 年，南怀瑾创立“东西精华协会”，促进中西文化交流，取精用宏。协会会务繁忙，南怀瑾讲学范围又极广，除深入浅出讲述儒、释、道三家之学外，尚有中国文化大系、历代谋略学、中华医药、中国建筑与园林艺术、中国企业管理，以及诗词、书画、星相、堪舆、卜易之学等等。其间，南怀瑾又创办了《人文世界》月刊，其中连载的长文《静坐修道与长生不老》引起众多读者的热烈反响。

同年，南怀瑾创立了“老古出版社”，后更名为“老古文化事业公司”，创立了“大乘学舍”，后更名为“十方丛林书院”，并出版发行《知见》杂志。这一时期，《论语别裁》、《孟子旁通》、《老子他说》、《易经杂说》、《易经系传别讲》、《历史的经验》、《新旧的一代》、《中国佛教发展史》、《中国道教发展史》、《金刚经说什么》、《圆觉经略说》等学术著作及讲演稿也相继出版。

1985 年盛夏时节，南怀瑾应邀抵达华盛顿，成立了“东西学院”，致力于东西方文化沟通。

南怀瑾先生至今仍笔耕不辍，并热心于传播民族文化。20 世纪 80 年代末，南先生筹资兴建金温铁路，并于 1998 年建成通车；2006 年，南怀瑾先生在江苏吴江的太湖之滨，创建太湖大学堂。

荐读理由

2004 年以来，南怀瑾先生在上海、海南等地对知识界、工商界、传媒界作过五次重要讲演，内容包括东西方文化发展的走向、中国经济发展的趋势、当代人文教育的现状与对策、中国传统文化与工商经济的关系、现代传媒业对社会和文化传播的责任、现代社会中个人的品格修炼和读书养性等方面所作的思考和见解。这些演讲，浅显易懂，思想深邃，充满睿智，发人深省，是南先生一生研究中国传统文化及西方文化所得之精华反哺，体现了一位长者和智者对国家发展、民族振兴、文化繁荣、社会和谐的深切关怀和殷殷期待。《南怀瑾讲演录》就是根据南怀瑾先生毕生的讲演内容，选取部分加以整理而成，涵盖了工商业、婚姻、文化、经济等多方面的思考。

对于传统文化，南怀瑾先生是从整体上来把握贯穿在社会各个层面之中的文化，并全面检讨其得失。正是这种文化整体观，能够使他“细读中国几千年的历史，会发现一个秘密。每一个朝代，在其瀚盛的时候，在政事的治理上，都有一个共同的秘诀，简言之，就是‘内用黄老，外示儒术’。自汉、唐开始，接下来宋、元、明、清的创建时期，都是如此。内在真正的领导思想，是黄老之学，即中国传统文化中的道家思想。而在外面所标榜的，即在宣传教育上所表示的，则是孔孟、释家的文化”。可见，以文化透视政治，则会窥见政治的根基；以政治反观文化，则会感悟到文化变迁的根源。

对于工商业的发展，南怀瑾认为，随着工商社会物质文明的高度发达，“人们但知追求物欲而忽略了精神上的修养，于是变得没有理想，没有目标，浑浑噩噩，茫然而无所措、无所从”（《中国文化泛言》），传统的生活方式、伦理道德、思维习惯面临着严峻的挑战，这种情况不仅在欧美发达国家中存在，在东方各国也同样存在。有识之士认为，“要发扬东方人文文化与固有的人生哲学，来补救因自然科学促进物质文明的发展所造成的工商业社会之弊病”。

除此之外，书中对教育、养生、环境等诸多热点问题均有涉猎。《南怀瑾讲演录》是学习中国传统文化的捷径，对无法直接了解典籍的读者作了一个重要引导，南怀瑾的言谈生动有趣、博大精深，他可说是中国传统文化的忠实代言人，对中国传统文化的复兴与普及功不可没。

先睹为快

我们五千年的文化，用古文保留下来，只要学两年的工夫，一个孩子学通了中国文字，就是“上下五千年，纵横十万里”，这个文化一下就懂了。

真的学问在中国文化之中，在古老的这个经典里头。

“但现在人，没有人生观，都是跟着大家走，那叫随波逐流。跟着时代潮流随便转，这是很有问题的。”人生观在当代环境中，需要有冷静的思考及内省功夫，更需要有勇气不赶时髦，而维持自己的看法和做法，才足以主导人在群体生活中，仍能保持自我的独立性成长，而不致随波逐流。

“赚钱的目的是什么？赚了钱，怎么用钱？怎么用得有价值、有意义，这个很难，懂得了这个，可以谈生意了，那也懂得赚钱的人生观了。赚钱不难，用钱比赚钱更难。花一块钱可以救人命，这才是做好事。”人生的根本态度是自私还是为他人着想。你为人民服务，人民币才可能为你服务。挣钱靠能力，靠人脉，靠机遇，花钱则要靠智慧，钱用在哪些地方更能反映一个人的人生修养。

“我们这个时代已经非常明显，文化战争来了，新的课题就是认知科学，与经济、工商业的战争，大家感觉到好像没有风暴一样，其实一个新的风暴正在形成，今后的文化，不是东方、西方，也不是中国、美国，是整个人类的问题了。”和谐世界理念的提出，正是针对整个人类的问题而提出的前瞻性理念。

一个人发财或者官做得很大，这不是事业，这个是职业。中国文化，什么叫事业呢？孔子《易经系传》中说："举而措之天下之民，谓之事业。"一个人，一辈子做一件事对社会大众有贡献，对国家民族、对整个的社会都是一种贡献，这才是事业。

"今天的世界唯科技马首是瞻，人格修养没有了，都是乱的不成器的。教育只是贩卖知识，这是根本乱源，是苦恼之源。只有科学、科技、哲学、宗教、文艺、人格养成回归一体，回归本位，均衡发展，才有希望。"在我们的环境，实用风格主宰一切是我们思想的出发点，而对纯粹精神事业不屑一顾。殊不知对不实用的纯粹精神追求的人多了，人文的精神素质提升了，回到人之为人的根本，我们才有希望。

"一直到今天这个阶段，站在哲学的立场来看，全世界人类文化的思想，正陷在瘫痪状态，空虚贫乏。讲好听点是物质文明在发达，讲难听点是物质的欲望在扩张，蒙蔽了人类的智慧。因此我们现在对于自己的文化复兴，要做承先启后、融贯中西的工作，这是个刻不容缓的重大使命。从事文化工作的人，要晓得自己这神圣而艰巨的责任。是谁给的责任？是自己要自己挑的，挑起这继往开来的责任，才能搞思想……以个人的现实生活来讲，搞思想搞文化的人穷苦一生，对他有什么用？可是他精神生命的价值就是如此伟大和长远！这就看个人的认识，自己选择要走什么路。"博客空间里有着许多这样令人钦佩的博友。栖园选择一条爱智慧的人生之路，就应当关心人和人的内心世界，关心人生的痛痒，与迷惘的现代人一起走上人生之谜的探索之路，但是注定要甘于寂寞，甘于淡泊，甘于孤独，然而这寂寞、淡泊、孤独中自有一般人想象不到的陶醉和欢欣。

“先管理自己！自己性情管理好，智慧管理好，理性管理好，然后才能去管理别人，再谈事业。”这世上最难的事就是认识自己。赫拉克利特说：“性格就是命运。”要想改变命运就必须改变性格。认清自己的缺陷和性格了，然后弥补缺陷，修正自己的行为，命运就掌握在自己的手中一半了，另一半在天。正所谓谋事在人，成事在天。

延展阅读

《禅海蠡测》

本书是南怀瑾先生撰写的一部关于禅宗的演变、宗旨、传授和修行实践的著作，包涵禅宗与净土宗、密宗、丹道、理学和西方哲学的异同等问题，并作分门别类的论述，提出了不少独到的见识。《禅海蠡测》是南怀瑾先生传世经典之作，书中有关禅宗宗旨、公案、机锋、证悟宗师授受、神通妙用、钩玄提要的论述，是南怀瑾先生毕生禅宗研究的结晶。

《欧洲哲学史上的经验主义和理性主义》

陈修斋　著

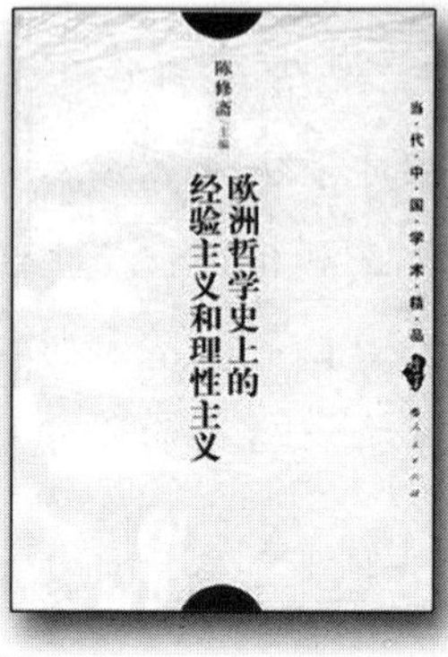

关于作者

陈修斋（1921—1993），浙江磐安人。中国著名哲学史专家、莱布尼茨专家、翻译家。

1941 年，陈修斋考入重庆政治学校外交系，在前中央政治学校听了贺麟先生的课程后，立志献身于哲学事业。毕业后，任中国哲学会西洋哲学名著编译委员会的研究编译员。在此期间，他译出了《希腊思想和科学精神的起源》，并旁听了诸多哲学课程。

1949 年 10 月，陈修斋应聘到武汉大学哲学系任讲师，后因“院系调整”到北京大学任教。在此期间，他与别人合著的《哲学史简编》是我国第一部用马克思主义观点撰写的哲学史著作和教材。他参加编译的多卷本《西方古典哲学原著选读》是我国第一套西方哲学史原著资料。

陈修斋在这一时期的教学和科研实践中认真学习和体会马克思主义哲学的基本原理，真心实意地接受了马克思的辩证唯物主义和历史唯物主义，同时深感苏联哲学界的教条主义，尤其是日丹诺夫的哲学史定义的弊端。在1956年由《哲学研究》组织的“笔谈”中，他与贺麟先生联名著文，拥护党的“百家争鸣”方针。1956年年初，他在北京大学举行的“中国哲学史问题讨论会”上，又以“对唯心主义哲学的估价问题”为题发言，针对哲学史研究中的教条主义倾向，提出“唯心主义本身，或者说唯心主义作为唯心主义”对人类认识的发展也有“积极的贡献”，是“人类认识发展的一个阶段、必要的环节”。他的这些意见正是当时哲学史界许多人“欲言而不敢言”的，充分体现了他在学术上的求实精神和理论勇气。

1957年陈修斋应李达校长的聘请重返武汉大学，并重建哲学史教研室。60年代，他负责编写的《资产阶级哲学资料选辑》是新中国成立后第一套大型现代西方哲学代表著作译丛。1978年，陈修斋晋升为副教授，1980年晋升为教授，1986年成为西方哲学的博士生导师，先后兼任湖北省社联委员、湖北省哲学史学会副会长、全国外国哲学史学会理事长等职。

陈修斋的学术重心放在莱布尼茨哲学、近代唯理论和经验派哲学以及西方哲学史方面。他认为没有科学的哲学史方法论、哲学观、哲学史观，就不能建立科学的哲学史体系。陈修斋十分注重从近代哲学同现当代哲学的关联中来理解近代西方哲学。陈修斋一生勤奋、严谨、谦逊。他曾说：“我越是研究莱布尼茨，就越是不敢写有关莱布尼茨的著作。”他认为做人与为学的态度应是一致的，不应把哲学当作“谋利”的手段，而应视之为精神追求和人生态度。

陈修斋先生是新中国西方哲学史学科的开拓者和奠基人之一。纵观他近50年的学术生涯，他不仅与贺麟先生等人一起完成了我国西方哲学史研究从唯心主义向辩证唯物主义立场的交接，而且以马克思主义为指南，在该领域的翻译、介绍和研究中奋力拼搏，默默耕耘，为后学留下了宝贵的精神财富。

荐读理由

无论是从事国家现代化的建设，或者是进行改造旧世界的斗争，都必须对世界事物的本质和规律有一个正确的认识，而要正确地认识世界，就必须对关于认识本身的理论和方法有所把握。就这个角度来看，认识论是每个有志于建设国家、改造世界，因而要认识世界的人都必须注意学习和研究的。不管“哲学就是认识论”的说法是否为人们所普遍接受，但认识论历来是哲学的主要组成部分之一，却是无可否认的事实。

众所周知，在西方哲学史上，有所谓“唯理论”和“经验论”两个派别。它们虽然“在认识论的全体上都是错误的”，但也“各有片面的真理”。马克思主义的认识论，一方面和上述两种理论是对立的，对它们片面的、错误的观点进行批判和否定；但另一方面又肯定它们有重要的历史地位，对认识论的发展在理论上有过重大贡献，在社会历史上也都起过革命性的进步作用。而且马克思主义的认识论本身也是在批判地吸取和继承它们的合理成分的基础上产生和发展起来的。因此，要真正较深入地理解马克思主义的认识论，就必须对这两种理论的内容和历史发展状况有所了解。

“经验论”和“唯理论”都是源于西方的名词，也译作“经验主义”和“理性主义”。这两种类型的思想，虽然在一定意义上可以说，无论古今中外，它们在人们的思想中都有不同程度、不同形式的表现，但作为较典型的认识论理论，并且形成了两个既互相对立、互相斗争，又互相影响、互相渗透的学派而在哲学史上出现，则是在西欧早期资产阶级对封建制度发动革命时期前后，即 16 世纪末至 18 世纪中期的历史现象。当时的“经验主义”以弗·培根、霍布斯、洛克、巴克莱、休谟为主要代表，他们都是英国哲学家，故也常被称为“英国经验主义”。“理性主义”则以法国的笛卡尔、荷兰的斯宾诺莎、德国的莱布尼茨为主要代表，他们都是西欧大陆各国的哲学家，因此也被称为“大陆理性主义”。由于两派哲学家的思想也常有互相交叉、彼此渗透等复杂现象，并非在所有问题上都壁垒分明，因此历来也有人不承认乃至明确否认有这样两个学派存在，或认为这种划分是“不幸的标签”等等。但上述这些哲学家之间，在当时的某些认识论的重大问题上，特别是关于知识起源（例如，若有普遍必然性的科学知识，那么它是否起源于感觉经验）的问题上，确实存在着基本观点或主要倾向上的分歧，因而存在着这样两个学派是无可否认的历史事实，并且，这两派之间既对立又统一的矛盾发展过程，构成了这一段哲学史的丰富内容，既对认识论的发展作出了重要的贡献，也为人类提供了哲学理论思维的许多深刻的经验教训，即使对于我们今天也还有可资借鉴的宝贵价值，这是不容忽视或抹杀的。

《欧洲哲学史上的经验主义和理性主义》就这两派哲学产生的历史背景和思想渊源、两派的主要代表及其发展概况、两派论战所涉及的主要问题和各自的主要观点，以及两派哲学对后世的影响及其历史地位等几个方面的问题，作一些概括的介绍，以便为进一步对这一问题的深入研究打下基础。

先睹为快

为什么从笛卡尔到斯宾诺莎，在对于感觉观念起源的问题上，未能取得什么实质性的进展呢？究其原因，除了他们的理性主义的偏见外，一个重要原因就是他们的眼界为物质即广延的机械唯物主义物质观所限。感觉观念的起源问题是一个直接关系到现实的物质对象和认识主体的关系问题，尽管理性主义者以这样那样的借口把理性认识看成纯粹思辨，但是在考察感觉观念起源问题时却不能置现实的对象于不顾，不能回避现实的物质对象和认识主体的关系问题。然而，只要基于物质即广延的机械主义物质观，这个问题就注定得不到正确解决。因为，思维本来是物质的一种属性，如果仅把广延看作物质的唯一本质属性，就势必把认识或思维的主体看作非物质的东西，看作与物质不相容的东西，这也就意味着在物质和精神、思维与广延之间人为地设下了不可逾越的障碍。在这样的前提下谋求解决物质向精神的转化问题，自然只能是枉费心机。笛卡尔和斯宾诺莎解决身心关系问题的尝试，标志着此前的大陆理性主义者的实体学说或物质观在解决这个问题上的无力，于是莱布尼茨就根本抛弃这种物质观转而企图在彻底唯心主义的基础上来解决身心关系问题。在他看来，身体与心灵好像两个走得完全一致的时钟，其所以一致，并不是由于直接的互相影响，而是由于上帝把这两个时钟事前就造得非常准确，因此它们各走各的而又自然彼此一致。这就是他所说的“前定和谐”。尽管莱布尼茨自认为他的这个学说“至善至美”，但在现实地解决身心关系问题方面，他也丝毫未提供什么灵丹妙药。前定和谐学说尽管总的说来有与自然神论相类似的排除上帝对自然过程的随时具体干预，因而有间接承认事物都按自己的天然本性而发展变化这种接近唯物主义观点的意义，但在解决笛卡尔的二元论所遗留下来的身心关系问题上则与偶因论和斯宾诺莎的一物两面说或身心平行说一样无力。只有坚定地站在唯物主义立场上承认精神或心灵是物质身体的属性，是高度发展了的物质——人脑的功能，才能正确地解决这个问题。

延展阅读

《欧洲哲学史稿》

本书是陈修斋先生与杨祖陶先生合作编写的一部精品。1956 年武汉大学重新恢复哲学系不久，陈修斋、杨祖陶二位先生就先后从北京大学哲学系调到武汉大学哲学系，开始进行武汉大学西方哲学史教学和研究的奠基工作，在1975年至1976年间合作撰写了《欧洲哲学史》（试用讲义）上、下册。1978年更名为《欧洲哲学史稿》。《欧洲哲学史稿》不仅内容丰富、观点客观，而且非常注重西方哲学发展的逻辑线索，既清晰地凸现出每一个哲学家或哲学流派的基本思想观点，又精辟地勾勒出他们之间的内在精神联系。该书鲜明地体现了历史与逻辑相一致的哲学史基本原则，将哲学概念自身的发展演化与哲学家的思想沿革有机地统一起来。该教材思路贯通、逻辑严谨、布局合理、资料翔实，尤其是“亚里士多德哲学”、“近代唯理论哲学”和“德国古典哲学”等章节，充分显示出作者所具有的深厚功力和深邃思想。直到今日，该教材的基本思路和部分章节仍然具有不可超越的典范性。

《东西文化及其哲学》

梁漱溟　著

关于作者

梁漱溟（1893—1988），原名焕鼎，字寿铭，曾用笔名寿名、瘦民。原籍广西桂林，生于北京，现代著名思想家、哲学家、教育家，现代新儒学的早期代表人物之一，社会活动家，爱国民主人士。梁漱溟曾将自己一生的思想发展分为三个时期：西方功利派时期、佛教出世主义时期、儒学时期。

梁漱溟出身于书礼世家，6 岁时被父亲送到北京第一个“洋学堂”——中西小学堂读书，始终不习四书五经，而是读小学课本。1911 年，梁漱溟毕业于顺天高等学堂，这也是他最后的学历。青年时代的梁漱溟一度崇信康有为、梁启超的改良主义思想。20 岁起潜心于佛学研究，经过几年的沉潜反思，梁漱溟重新燃起追求社会理想的热情，又逐步转向了儒学。梁漱溟的求学经历与同时期的“国学大师”们截然不同。对此，梁漱溟曾说：“我本来无学问，只是有思想，而思想之来，实来自我的问题，来自我的认真。因为我能认真，乃会有人生问题，乃会有人生思想、人生哲学。”

1916年，23岁的梁漱溟在《东方杂志》发表《究元决疑论》。该文既是梁漱溟三年研佛的总结，也是他崇尚唯识学的开端。北京大学时任校长蔡元培看过这篇文章后立即聘请他到北京大学讲授印度哲学。梁漱溟在北大教书期间编写了《印度哲学概论》、《唯识述义》和《东西文化及其哲学》等著作，并在北大发起了东方学及孔子哲学的研究。1924年，他辞去北大教职，积极推行乡村建设运动，发表《中国民族自救运动之最后觉悟》、《乡村建设大意》、《乡村建设理论》等著作。

抗日战争爆发后，梁漱溟参加抗战活动。1939年发起组织“统一建国同志会”；1940年，参加发起“中国民主同盟”，任中央常务委员。次年赴香港办“民盟”刊物《光明报》并出任社长。中华人民共和国成立后，梁漱溟出任中国人民政治协商会议委员。1950年后任全国政协常委、中国孔子研究会顾问、中国文化书院院务委员会主席等职。1955年，由于批评当时的农民政策而遭到政治批判。其后主要在家从事理论研究，继续宣传复兴中国传统文化的思想。

梁漱溟将自己的学术思想定位为“中国儒家、西洋派哲学和医学三者，是我思想所从画之根柢”（《朝话》），把孔子、孟子、王阳明的儒家思想、佛教哲学和西方柏格森的生命哲学糅合在一起。他把整个宇宙看成是人的生活、意欲不断得到满足的过程，提出以“意欲”为根本，又赋予中国传统哲学中“生生”概念以本体论和近代生物进化论的意义，认为“宇宙实成于生活之上，托乎生活而存者也”，“生活就是没尽的意欲和那不断的满足与不满足罢了”（《东西文化及其哲学》）。

梁漱溟作为新儒学的代表人物之一，有“中国最后一位儒家”之称。大众眼中特立独行的梁漱溟，一身傲骨，不趋炎、不附势，被誉为“中国的脊梁”。梁漱溟则自认为是一个有思想且本着自己的思想而行动的人。他毕生思考不停，笔耕不辍，不断探究两个问题：一是人生问题，即人为什么活着；二是中国问题，即中国向何处去。梁漱溟一生治学严谨，著作等身，其思想对中国乃至世界影响巨大。

荐读理由

《东西文化及其哲学》一书对中国、印度、西方三个文化系统的特点及其在世界文化发展史上的地位作了系统的分析，预测了世界文化未来的趋势，对儒学的前途作了乐观的估计。

《东西文化及其哲学》一书将世界的文化分为三个种类：其一是西洋的文化，其二是中国的文化，其三是印度的文化。这三种文化形成人生的三种路向。梁漱溟认为这三种文明本身并无优劣之分，但应该有逻辑上的先后顺序，世界首先应该经历意欲向前的“第一路向”，其次是意欲自为、调和、持中为根本精神的“第二路向”，最后才应该是意欲返身向后的“第三路向”。梁漱溟认为，所有人类的生活大约不出这三个路径样法，而最终世界的运转靠的是中国文化之路，靠的是对自己意欲的变换、调和和持中。而这种态度归根结底是孔子的精神。

作者认为，中国人真正的生活意义是在不断自觉地实现他所看到的“理”。在实现这个“理”的过程之中，精神境界得到了升华。所谓“实践他所看到的‘理’”就是不断地努力，以一种力行的精神去做事，将自己所体会到的“理”变为事实。

在对西方文化的态度上，作者与其他的全盘西化派不同，梁漱溟要求改变一下态度，这是由于西方在当时爆发的战争和俄国的革命使然。就连西方的哲学大家也在反思甚至是否定自己的文化。而我们在现阶段拿来是必要的，我们还没有经历过科技文化的发展，所以需要在“第一路向”上前行。而对于西方存在的这些问题，梁漱溟主张用中国传统的文化进行改造。

《东西文化及其哲学》在理论上为世人找到了一条至好至美的路。“但孔子的东西不是一种思想而是一种生活”，梁漱溟认为要将这种思想注入“真实的民众生活中”去，才能发生效用。他在努力地将自己体会到的“理”变成事实。他提出要走亲师取友之路，再创讲学之风，继承孔子有教无类的思想，明确标出其讲学“不要成为少数人高深的学业，应多致力于普及而不求提高”。循着这条将孔子大众化、平民化的路走去，梁漱溟逐渐认识到了乡村是中国文化之本，并付诸努力。

先睹为快

在我的意思，佛的形而上学在当时不肯拿出来，拿出来不唯于其思想界没有好处，且恐益发糊涂胶固而不得开明。所以先说的小乘教只谈相对，不谈绝对，虽与当时思想问题不相切合而全然不顾；待大乘教才对他们讲说，这时候又只讲绝对，几乎不讲一句相对的话。等到唯识学出来——他是从相对讲入绝对的——才把二者沟通，使后人明白佛教是怎么一回事。

宗教者出世之谓也，方人类文化之萌，而宗教萌焉；方宗教之萌而出世之倾向萌焉。人类之求生活倾向为正，为主，同时此出世倾向为反，为客。一正一反相辅以维系生活而促进文化；生活走一步，文化进一步，而其生活中之问题与其人之情志知识所变现于其文化中之宗教亦进一步。宗教实与文化俱进，而出世倾向亦以益著，此不可掩者也。

人类生活情志方面果永有宗教之必要乎？曾依赖宗教去勉慰的情志，唯有现有，以后仍要有，又无别种办法者，而后说为宗教的必要。

由科学进步而人类所获得之“得意”、“高兴”是打倒宗教的东西，却非科学能打倒宗教。反之，人若情志作用方盛时，无论什么不合理性的东西都能承受。

虽然好多宗教都是为了生存问题祸福问题才有的，但只是低级动机，还有出于高级动机的。这种高级动机的宗教，经过初级文化的印度西洋都有之，而中国独无。

人类自觉弱小恇怯可以因文化增进而改变，但一个人的自觉罪恶而自恨，却不能因文化的增进而没有了。除非他不恨则已，当真自恨真无法解救。这时他自己固不自恕，即自恕也若不算数。即他所负罪的人恕他，也都不能算数。只有求上帝恕他一切，才得如释重负。

原来人生空虚无意义之感还是一种错误。这因多情多欲，一味向前追求下去，处处认得太实，事事要有意义，而且要求太强，趣味太浓，计较太盛。将一个人生活的重心，全挪在外边。一旦这误以为实有的找不着了，便骤失重心，情志大动摇起来，什么心肠都没有了。在这忙无着落的时候，很容易一误再误，抓着一个似是而非的东西算把柄，如托翁盖此例也。在生活中常常辨别他的意义，评算他的价值，这因无意中随便立了个标的在，这个辨别成了习惯，挪到根本的人生问题，还要持那种态度，硬要找他的意义价值的结果。因此，情志动摇者既没有，即无需宗教勉慰，宗教便成为不必要了。宗教之必要必在别处。

延展阅读

《中国文化要义》

本书是作者的另一部精品。

原书于 1949 年出版，影响甚大，一度被誉为中国文化研究和西方文化比较的经典作品。书中首先从集团（集体）生活的角度对比了中国人和西方人不同的文化传统和生活方式，进而提出了中国社会是伦理本位社会的重要论断，并根据对中国宗教的深入考察，指出以伦理组织社会，进而实现中国社会改造的出路。此外，作者还考察了中国社会的基本结构，既批判了中国文化的诟病，也揭示了中国民族精神的要旨。

《知识论》

金岳霖　著

《知识论》一书，开辟了中国现代哲学中的认识论领域，在中国哲学史上首次建构了一个系统的、完整的知识体系。

关于作者

金岳霖（1895—1984），字龙荪，中国哲学家、逻辑学家。金岳霖是最早把现代逻辑系统地介绍到中国来的逻辑学家之一，他将西方哲学与中国哲学相结合，建立了独特的哲学体系。王浩、冯契、沈有鼎、殷海光等著名学者皆出于金岳霖门下。

1914年，金岳霖毕业于清华大学，后留学美国、英国，又游学欧洲诸国。金岳霖留学回国后发表了他的第一篇哲学论文。他在文中说："世界上似乎有很多的哲学动物，我自己也是一个，就是把他们放在监牢里做苦工，他们脑子里仍然是满脑子的哲学问题。"金岳霖因此获"哲学动物"的雅号。

1926年，金岳霖回国，执教于清华大学和北京大学，创办了清华大学哲学系，先后出版《逻辑》、《论道》、《知识论》及《罗素哲学批判》等哲学著作。

金岳霖所创建的哲学体系以本体论和知识论为主，且知识论以本体论为基础。在哲学本体论方面，金岳霖提出"道"、"式"、"能"三个基本哲学范畴，认为个别事物都具有许多殊相，而殊相表现共相。个别事物还具有一种不是殊相和共相的因素，这就是能。那些可以有能但不必有能的“样式”就是可能。由所有可能构成的析取就是式。能出入于式中的可能是事物的变动生灭乃至整个现实世界的过程和规律，也就是道。

在认识论方面，金岳霖肯定有独立于认识主体的本然世界。其中，一方面有个别事物的变动生灭，另一方面有普遍共相的关联。认识主体通过他的认识活动就可获得许多关于本然世界的意念、概念、意思和命题。

金岳霖最受人瞩目的传闻之一即是他因爱恋一代才女林徽因而终身未娶。在清华园居住时，金岳霖与林徽因、梁思成夫妇毗邻而居。金岳霖对林徽因的人品才华赞羡至极，十分呵护；林徽因对他亦十分钦佩敬爱。梁思成的续弦林洙先生在文章中写道，林徽因曾对梁思成说，她苦恼极了，因为自己同时爱上了两个人。梁思成自然矛盾痛苦至极，苦思一夜，比较了金岳霖优于自己的地方，他终于告诉妻子：她是自由的，如果她选择金岳霖，祝他们永远幸福。林徽因又原原本本把一切告诉了金岳霖。金岳霖的回答更是率直坦诚得令凡人惊异：“看来思成是真正爱你的。我不能去伤害一个真正爱你的人。我应该退出。”从那以后，他们三人毫无芥蒂，相互间更加信任。

金岳霖的一生充满智慧和传奇。张申府曾著文说：“如果中国有一个哲学界，金岳霖先生当是哲学界的第一人。”冯友兰则评价金岳霖在中国现代思想史上占据“三个第一”，即“中国第一个真正懂得近代逻辑学的人”，“中国第一个懂得并且引起现代逻辑学的人”，“使认识论和逻辑学在现代中国发达起来的第一个人”。

荐读理由

《知识论》是金岳霖关于知识的普遍规律的理论体系。本书的出版可谓曲折，1938 年金岳霖开始写作《知识论》，1940 年书稿完成，却在一次空袭中丢失。1941 年，金岳霖重新构思，于 1948 年交付印刷，却因种种原因在 35 年后方得以正式出版。

《知识论》一书融合西方经验主义和理性主义两大思潮，在中国哲学史上第一次对“什么是知识”的问题给了一个系统而又完整的答案，它表明知识论从此成为中国哲学的一个重要的组成部分。

金岳霖的知识论兼重经验与理性。《知识论》一书前五章注重经验，专门讨论知识材料的形成与收集。第六章到第八章分析意念的形成及其特性、功用。这是注重理性的作用。从第八章起，理性与经验并重。《知识论》一书注意吸收经验论和唯理论各自的合理因素，并企图避免或克服它们各自的弊病。这一立场顺应了哲学发展的必然趋势。

《知识论》运用现代逻辑的分析方法，对知识论的一系列理论问题作了细致的分析、严密的论证、透彻的说明，提出很多著名的论述。金岳霖认为，判定系统之为逻辑系统的标准，即系统是否“要保留必然”；逻辑是一，逻辑系统是多；真理是知识论所关心的问题，不属于逻辑的研究范围，逻辑关注的是逻辑命题，而非经验命题；推论根据于蕴涵，蕴涵是推论的形式根据；逻辑是哲学的工具，哲学对逻辑有一定的影响。

金岳霖的《知识论》使中国哲学突破了原有的范围，为中国哲学介绍或引进了一大批西方哲学讨论的重要哲学题材，如：正觉论、所与论、意念论、事实论、命题论、度量论等。同时，金岳霖也对部分中国传统哲学古已有之的题材重新讨论，使其具备完整的理论形态，如时间和空间、因和果、真理和真理的标准等等。

《知识论》在中国哲学界的地位，正如刘培育在《金岳霖为学》一文中所说，“在中国，近代以来，哲学界长期停留在纯理性和社会伦理的研讨中，远离经验和事实，不利于科学和哲学的发展。金岳霖研究知识论，把分析方法引进知识论，把分析方法和知识论引到中国哲学界，在中国哲学史上树起了一个新的里程碑”。

先睹为快

哲学家既不能完全放弃常识，他也就不能放弃常识中的知识，但是，他决逃不了要承认，所谓科学知识底最原始的基础，就是另一部分常识中的常识；修改常识底最后根据依然是常识。

在日常生活中，我们大都以符合与否为真假底定义，其所以如此者，因为常识接受独立于知识者的客观的外界。命题对于那个外界有所陈述或有所断定，命题底真假不能与那个外界不相干：知识者不能要求那个外界迎合知识者底意趣，不能盼望那个外界来将就知识者底命题，他只能要求他底命题和那个外界中的情形符合。这是日常生活中的情形，这也是大道理。

我们求知有时能达，达则有所得，在普遍的方面有得实即普通所谓明理，在特殊的方面有得即普通所谓知事。

真正讲来，物象和感觉是同一个东西，因此，两者是不能彼此分离的……说事物的任何一部分独立于精神之外的存在，那是完全不可理解的，并且包含着抽象作用的全部荒谬。

我们把先天视为所与之所以为可能底必要条件，如果有先天的形式，这形式就是所与之所不能不遵守的。所与不遵守此形式，所与本身就不可能。

官觉不如正觉基本。用以决定官觉之为官觉的是正觉……正觉先于非正觉，非正觉的官觉是校对者根据对于正觉底经验去决定的，所以非正觉的官觉底的发现远在正觉之后。

我们底知识已经推广到天文世界与细微世界，而这两世界或者太大或者太小，它们都是官觉或官能之所不能达的。官觉或官能之所能达的只是日常生活中这不大不小的世界。这就是官觉或官能底限制。但是，官觉或官能底限制不是知识底限制。

假如我们单从人类经验立论，则所谓知识经验者既只随人类底生而生随人类底灭而灭，所谓的知识的“理”不过是自然史中某一阶段底普遍情形而已。

西洋人底思想大都是以人类为中心观的，对于他们不但人为万物之灵，而且差不多人为万物之主。基督教底思想之一是上帝造人以他自己为模型。……知识论底取材虽然难免不取自人类底经验，然而立论总不应该限于人类。有人类中心观的人不但有人类中心观，有时还有自我中心观。前者把人类从万物中提出，后者把自己从人类中提出。

人类是近多少万年才出现的动物，人类底聪明也许空前，但是从自然史底观点说，它决不至于绝后。……在多少年前地球是人类不能生存的地方，在多少年后它也许会回到一种景况使人类不能继续生存。人类中心观在天文在地理在地质学总是说不通的，在这许多方面说不通的思想在哲学也站不住脚。

延展阅读

《论道》

本书是金岳霖关于本体论的阐释，其本体论体系可以概括为“能”

与“式”、“共相”与“殊相”、“理”与“势”三对范畴。书中大量采用无极、太极、理、势、体、用、几、数等中国传统哲学术语，并有意使用很多中国传统哲学命题，但赋予新解。本书的问世使中国学术史产生了方法论上的革命，是中国现代哲学中系统最完备、最富有创造性的本体论专著，被贺麟誉为“一本最有独创性的玄学著作”。

《中国哲学的特质》

牟宗三 著

关于作者

牟宗三（1909—1995），字离中，山东栖霞人。中国现代学者、哲学家、哲学史家，现代新儒家的重要代表人物之一，被称为当代新儒学的集大成者。

牟宗三自言其为学经历分三个阶段：30—40 年代为第一阶段，主要从事逻辑学、知识论和康德知性哲学研究；50 年代为第二阶段，研究重心转移至中国历史文化及中国文化的出路问题；60 年代为第三阶段，又转而从头疏解中国传统的儒、佛、道三家之学，而尤重于宋明理学的研究。这以后，牟宗三较多地着力于哲学理论方面的钻研，谋求儒家哲学与康德哲学的融通，并力图重建儒家的“道德的形上学”。

“道德的形上学”是牟宗三哲学精神的概括，实际上是吸收了以康德哲学为主的西方哲学后加以改造和重构的陆王学。他说：“‘道德的形上学’云者，由道德意识所显露的道德实体以说明万物之存在也。”牟宗三认为物自身是一种有着高度价值意味的概念，也就是一个伦理实体、道德实体，因而人们完全可以凭借“智的直觉”来认识它。这样一来，作为伦理实体、道德实体的物自身就不再仅仅具有消极的意义，而是积极的、真实的，世界也得以呈现出一个真、善、统一的形上实体。

牟宗三对儒家思想尤其重视，将其视为中国传统文化的主干。牟宗三判定孔、孟、陆、王为“正脉”，认为儒学就是“身心性命”之学。他对宋明理学有比较深入的研究，并一反传统的程朱理学和陆王心学的区分，提出周敦颐、张载、程颢、程颐、胡宏、朱熹、陆九渊、王守仁、刘宗周是宋明理学中的九个代表人物，把陆象山与王阳明归为一系，胡宏与刘宗周归为一系，合北宋的周敦颐、张载、程颢而为“宋明儒学之大宗”；至于程颐和朱熹则是所谓的“别子”和“继别子为宗”。

在梳理儒家思想脉络的同时，牟宗三对“儒学三期说”首次进行了系统的论证和阐发，进而提出“三统”说。“三统”，即道统、学统和政统。“三统”说是牟宗三针对中国儒学乃至全部中国文化的未来发展而提出的建设蓝图，被称为牟宗三全部学说的理论归宿。

如果说冯友兰的努力方向在于使中国儒学“逻辑地”建立起来，那么牟宗三的努力方向则在于使中国儒学“哲学地”建立起来。

牟宗三 1927 年进入北京大学读书，毕业后在华西大学、浙江大学、台北师范大学、香港大学等学校任教，讲授中国哲学、康德哲学等。在执教的 40 年中，牟宗三以《认识心之批判》、《道德的理想主义》、《智的直觉与中国哲学》、《圆善论》、《心体与性体》等一系列著作，会通古今中西，完成了对中国儒学的创造性重建。英国《剑桥哲学词典》将他誉为“当代新儒家他那一代中最富原创性与影响力的哲学家”。

荐读理由

本书是根据牟宗三先生在香港大学的讲座整理而完成。书中共分

12 讲，主要通过对儒家思想与西方哲学的比较来阐释中国哲学的特质，揭示了中国儒学“即内在即超越”与“即宗教即哲学”的两个基本特征，奠定了牟氏的“道德的形上学”的内在的两大基本原则。

在《中国哲学的特质》中，牟宗三明确地为哲学下的定义为：凡是对人性的活动所及，以理智及观念加以反省说明的，便是哲学。这个定义是从人性来看哲学的，它说明了哲学在本质上是什么、有什么特征。大致有三层含义：哲学是人性的活动以及人性活动之所及；哲学是对人性的活动以及人性活动之所及的反省说明；哲学的上述反省说明是理智与观念的反省说明。

将哲学的概念放入中国环境中，牟宗三先生认为，中国哲学就是中华民族对自己悠长的人性活动与创造作理智和观念的反省说明，而且厘清了中国哲学演进发展的思想脉络，分判出中国哲学异同分合的义理系统，掘发了中国哲学所蕴含的问题，疏导出中国哲学的基本旨趣及其价值，从而衡定与开辟了中西哲学与文化融摄会通的义理规模与道路。

本书中提出“哲学地建立中国哲学”，这一论述具有双重的背景和意义。一方面是相对于中国两千多年的哲学传统来说的，另一方面则是与近现代西方哲学相比较，以近现代西方哲学为参照而言。相对于中国哲学的传统来说，中国哲学必须哲学地反省自身和哲学地重建，才会有进一步的发展；相对于近现代西方哲学来说，中国哲学必须哲学地建立起来，才能走向世界，与西方哲学进行对话，有未来的拓展。因此，哲学地重建中国哲学是一场意义深远的伟大变革。

如果说 20 世纪上半叶的中国哲学史是胡适、冯友兰独领风骚的时代，那么从 20 世纪下半叶的后 30 年开始，能够独领风骚的人物当首推牟宗三和唐君毅两位先生。刘述先先生说：牟宗三先生“是把中国哲学由主观体验转变成为客观学问的关键性人物”。郭齐勇先生也指出：“他深化并丰富了中国文化与中国哲学的内涵，是 20 世纪中国哲学史上的一座里程碑。”读《中国哲学的特质》一书，你或许就会明白为何牟宗三会被称为“中国新儒家他那一代中最富原创性和影响力的哲学家”。

先睹为快

中国哲学，由于民族气质、地理环境与社会形态的不同，自始即已采取不同的方向。经过后来各自的发展，显然亦各有其不同的胜场。但是中国本无“哲学”一词。“哲学”一词源于希腊。这是大家所熟知的。我们现在把它当作一通名使用。若把这源自希腊的“哲学”一名和西方哲学的内容合在一起，把它们同一化，你可以说中国根本没有哲学。这个时代本是西方文化当令的时代，人们皆一切以西方为标准。这不但西方人自视是如此，民国以来，中国知识分子一般来说，亦不无如此。所以有全盘西化之说。中国以往没有产生出科学，也没有开出民主政治。这是不待言的。说宗教，以基督教为准，中国的儒释道根本没有地位。说哲学，中国没有西方式的哲学，所以人们也就认为中国根本没有哲学。这样看来，中国文化当真是一无所有了。构成一个文化的重要成分、基本成分，中国皆无有，哪里还能说文化？其实何尝是如此？说中国以往没有开发出科学与民主政治，那是事实。说宗教与哲学一起皆没有，那根本是霸道与无知。人不可以如此势利。这里当该有个分别。西方人无分别，还可说。中国人自己也无分别，就太无出息了。

中国哲学之重道德性是根源于忧患的意识。中国人的忧患意识特别强烈，由此种忧患意识可以产生道德意识。忧患并非如杞人忧天之无聊，更非如患得患失之庸俗。只有小人才会戚戚，君子永远是坦荡荡的，他所忧的不是财货权势的未足，而是德之未修与学之未讲。他的忧患，终生无已，而永在坦荡荡的胸怀中。

外其身而身存，后其身而身先。

克尔凯郭尔《恐怖的概念》，惧怕必有所惧的对象，它可以对整个宇宙为对象，甚至超乎一切对象。故人而对苍茫之宇宙时，恐怖的心理油然而生，宇宙的苍茫、天灾的残酷，都可引起恐怖意识。

延展阅读

《圆善论》

本书是作者的另一部精品，是一部探讨东西方生命哲学的专著，是牟宗三的代表作之一。本书从康德的圆善理论来建构佛教、道家与儒家等圆教的义理模式，其根本意涵在于真实地面对生命，以心性的道德实践来开启一切存在的圆盈之教。其基本内容包括：基本的义理；心、性与天与命；所欲、所乐与所性；康德论善与圆满的善；康德论圆满的善所以可能之条件；圆教与圆善。

《中国哲学简史》

冯友兰 著

关于作者

冯友兰（1895—1990），字芝生，河南南阳唐河人，是我国近代著名哲学家、教育家。

冯友兰出身于书香世家，1915 年考入北京大学哲学系。不久，五四运动爆发，冯友兰对于东西方文化问题进行了认真的思考与探索，纵观冯友兰一生的哲学史研究及哲学思想的演变过程，均是围绕着中西文化问题这一中心来展开的。

带着这一问题，冯友兰于 1919 年赴美留学，就读于哥伦比亚大学研究生院。留学期间，冯友兰专门写成了《中国为什么没有科学》一文，指出：中国之所以没有近代科学，“非不能也，是不为也”。因为中国传统注重人的品性和修养，中国哲学以达人性的完满为目的；而西方哲学则向外探寻，以认识自然、征服外在世界为最终目的。正是中西哲学的不同理想和追求造成了中西文化的差异，并导致中国无近代科学的落后情况。

1928 年，冯友兰来到清华大学任教授，讲授中国哲学史，并兼任哲学系主任。后来还担任清华大学校务委员会秘书长和文学院院长。1931年和1934年，他的《中国哲学史》上、下卷分别出版问世。该书是继胡适《中国哲学史大纲》之后又一部具有广泛影响的中国哲学史著作，代表了20世纪30年代中国哲学史研究的最高水平。

1937年至1946年，是冯友兰学术生涯的关键十年，其新理学体系即在此间创制而成。抗日战争全面展开之时，冯友兰坚信国不会亡，正是凭此坚定信念，他更加勤奋地钻研学问，潜心整理中国传统文化。从1939年起，他先后出版了《新理学》、《新事论》、《新事训》、《新原人》、《新原道》、《新知言》。这六部书，构成了一个完整的“新理学”哲学思想体系，冯先生将这些著作总称为“贞元之际所著书”或“贞元六书”，表示其中华民族一定要复兴的坚定信念。它既是冯氏哲学思想成熟的标志，也是他一生治学的最高成就，从而奠定了他作为“现代新儒家”的地位。

新中国成立后，冯友兰放弃其新理学体系，接受马克思主义，开始以马克思主义为指导研究中国哲学史。著有《中国哲学史新编》第一、二册，《中国哲学史论文集》，《中国哲学史论文二集》，《中国哲学史史料学初稿》，《四十年的回顾》和七卷本的《中国哲学史新编》等书。

冯友兰一生勤勉，著述宏富，毕生以复兴中华传统文化、弘扬儒家哲学思想为己任。

荐读理由

冯友兰的《中国哲学简史》本是为西方读者了解中国哲学而用英文写就的，其后又有法文、意大利文、西班牙文、南斯拉夫文、日文、中文等译本出版，一直是世界各大学中国哲学课程的通用教材，在西方影响很大，堪称是冯友兰先生哲学与思想熔铸的结晶。

书中，冯友兰以“对于人生的、有系统的、反思的”哲学观规范了哲学的内涵。他以西方哲学为参照系统，提出了自己的哲学观：“对于人生的、有系统的、反思的思想。”他以反思为中心话语，以人生为对象，认为“宇宙论、人生论和知识论都是从这个类型的思想产生的。宇宙论的产生，是因为宇宙是人生的背景，是人生戏剧演出的舞台。知识论的出现，是因为思想本身就是知识”。在冯友兰看来，哲学内容的各个部分是紧密相关的，比如人生论以宇宙论为根基，也连带知识问题，知识论可证宇宙论，三者“相即不离”，“互有关系”。

对于哲学的特征，冯友兰以“无用之大用”和“内圣外王”来概括。哲学无用的特征正是其展示自身功能的逻辑前提。冯友兰由此探讨了哲学的功能，认为哲学的无用恰恰又是大用，即所谓“无用之大用”。这种大用表现在两个方面：一方面是“内圣”，即通过提高人生境界而使人步入圣贤之林；另一个方面就是“外王”，即做社会的最高首领，有最高精神成就的人，最适合做王。“圣人的人格既是内圣外王的人格，那么哲学的任务就是使人有这种人格。所以哲学所讲的，就是中国哲学家所谓的内圣外王之道。”

在哲学方法上，冯友兰认为，真正的形上学有两种方法：正的方法和负的方法。正的方法的实质是说哲学的对象是什么。它是以理性思维对于形上学命题、范畴进行逻辑分析和推导，从正面阐释形上学的方法，冯友兰又称之为“逻辑分析的方法”或“形式主义的方法”。负的方法的实质是不说它。因为对于不可言传的东西，哲学家只能说它不是什么，或者用其他方法来暗示、烘托，这种方法冯友兰又称之为“直觉主义的方法”或“神秘主义的方法”。对于这两种不同的哲学方法，冯友兰指出：“正的方法与负的方法并不是矛盾的，倒是相辅相成的。”只有将两者结合起来，互相取长补短，才能产生完善而理想的哲学智慧。冯友兰的哲学方法论在很大程度上开启了中国哲学方法论的现代化进程。

先睹为快

哲学在中国文化中所占的地位，历来可以与宗教在其他文化中的地位相比。在中国，哲学与知识分子人人有关。在旧时，一个人只要受教育，就是用哲学发蒙。儿童入学，首先教他们读“四书”，即《论语》、《孟子》、《大学》、《中庸》。“四书”是新儒家哲学最重要的课本。有时候，儿童刚刚开始识字，就读一种课本，名叫《三字经》，每句三个字，偶句押韵，朗诵起来便于记忆。这本书实际上是个识字课本，就是它，开头两句也是“人之初，性本善”。这是孟子哲学的基本观念之一。

哲学的功用，尤其是形上学的功用，不是增加积极的知识，这个看法，当代西方哲学的维也纳学派也作了发挥，不过是从不同的角度，为了不同的目的。我不同意这个学派所说的：哲学的功用只是弄清观念；形上学的性质只是概念的事。不仅如此，从他们的辩论中还可以清楚地看出，哲学，尤其是形上学，若是试图给予实际的信息，就会变成废话。

当我们思知识或谈知识的时候，这个思、谈的本身就是知识。用亚里士多德的话说，它是“思想思想”；思想思想的思想是反思的思想。哲学家若要坚持在我们思想之前必须首先思想我们的思想，他就在这里陷入邪恶的循环；就好像我们竟有另一种能力可以用它来思想我们的思想！实际上，我们用来思想思想的能力，也就是我们用来思想的能力，都是同一种能力。如果我们怀疑我们思想人生、宇宙的能力，我们也有同样的理由怀疑我们思想思想的能力。

高于道德价值的价值，可以叫作“超道德的”价值。爱人，是道德价值；爱上帝，是超道德价值。有人会倾向于把超道德价值叫作宗教价值。但是依我看来，这种价值并不限于宗教，除非此处宗教的含义与前面所说的不同。例如，爱上帝，在基督教里是宗教价值，但是在斯宾诺莎哲学里就不是宗教价值，因为斯宾诺莎所说的上帝实际上是宇宙。严格地讲，基督教的爱上帝，实际上不是超道德的。这是因为，基督教的上帝有人格，从而人爱上帝可以与子爱父相比，后者是道德价值。所以，说基督教的爱上帝是超道德价值，是很成问题的。它是准超道德价值。而斯宾诺莎哲学里的爱上帝才是真超道德价值。

延展阅读

《新理学》

本书是冯友兰先生“贞元六书”的第一本，也是新理学体系的哲学基础。冯友兰通过现代的哲学方法，改造中国传统哲学的概念范畴，再用以论述自己所理解的事物的共相与殊相的关系。从有物存在出发，冯友兰推出了四组形上学命题和理、气、道体、大全（宇宙）四个形上学的基本概念。冯友兰重建形上学的过程，在总体上以逻辑分析与逻辑构造为基本方法。在本书中既可以看到新实在论的影响，又渗入了程朱理学的某些观念，是对中国哲学现代化发展的一种可贵的探索和尝试。

《论语新解》

钱穆　著

关于作者

见《阳明学述要》之“关于作者”。

荐读理由

钱穆先生的《论语新解》一书，以他对儒家精髓深入的理解，用浅显、精准、深刻、传神的注释风格，详细解释了《论语》、孔子之学、儒家、儒学。

《论语新解》的编纂耗时12年，钱穆先生以其对经史子集的渊博学养，融会历代各家之说，又努力以现代人的眼光来发掘孔子学说的永恒价值。因此，书中的阐释能够贯通古今，摈弃时空局限，重建孔子之学以“人”为核心，以“政、仁、义、礼、乐”诸人事范畴为辅的思想大厦，并以自己一生修为，阐述读书、为人的道理。钱穆先生在书中教导人们从日常生活的平易处去领会孔子崇高的品格，从而塑造自己完美的人格。书中扬弃了宋明义理之学与乾嘉考据之学的繁缛，以朴学为基础，以阐发义理为旨归，对《论语》的阐释达到了质实而圆融的境界。

钱穆先生在序言中讲道，为《论语》作新的解读，有两方面的难处：历来对《论语》的解读多种多样，如何融会贯通前人的研究，是第一难；《论语》一书距今2000年以上，各种前人注疏也距今甚久，时代改变，人的观念言语也多随之而变，如何用现代的语言观念阐释2500年前孔子的遗训，同时又能对当下生活有所裨益，使古人与今人相悦而解，是第二难。在书中，钱穆先生较好地解决了这两个难题，这首先是因为他对于孔子和《论语》有着极为深刻的理解，并把自己的理解贯穿于这本《新解》之中。

《论语新解》在谈论《论语》时，都是把篇章放在中国文化的大背景之下，置于中国历史长河之中来把握，把孔子还原为鲜活的人，而《论语》是与中华民族之荣辱兴盛息息相关的一部富于生命力的书。《论语新解》无一处不是为读者考虑，包括初学者和有一定学习能力的人；无一处不表现出深邃的思考和敏锐的穿透力。更为难能可贵的是，钱穆对于世界文化有着深刻的理解，他对中国文化的研究无一不是在世界历史的大背景下而进行的。而这一点，却是其他为《论语》作注者难以比肩的，这也就是《论语新解》能够独领风骚、越来越为人们所重视之原因所在。钱先生的良苦用心，是为了在文化倾颓之际重植文化之根苗，在价值荒芜之处重启价值之根源。

先睹为快

（学而篇第一）

（一一）

子曰：“父在观其志，父没观其行。三年无改于父之道，可谓孝矣。”

观其志：其，指子言。父在，子不主事，故惟当观其志。

观其行：父没，子可亲事，则当观其行。

三年无改于父之道：道，犹事也，言道，尊父之辞。本章就父子言，则其道其事，皆家事也。如冠、婚、丧、祭之经费，婚姻戚故之馈问，饮食衣服之丰俭。岁时伏腊之常式，子孝不忍遽改其父生时之素风。或说：古制，父死，子不遽亲政，授政于冢宰，三年不言政事，此所谓三年之丧。新君在丧礼中，悲戚方殷，无心问政，又因骤承大位，未有经验，故默尔不言，自不轻改父道。此亦一说。然本章通言父子，似不专指为君者言。

《论语》文辞简约，异解遂滋。如此章或谓乃专对当时贵族在位者言，非对一切人言。无改父道，乃指政治措施，不指日常行为。否则父在时，其子岂无日常行为，而仅云观其志？或通指父子，重此道字。谓若父行是道，子当终身守之。若非道，何待三年？或则从三年上寻求，谓三年不改，即是终身不改。疑辨纷纭。然《论语》所言，固当考之于古，亦当通之于今。固当求之于大义，亦当协之于常情。如据三年之丧为说，是专务考古之失。如云父行非道，何待三年，是专论大义之失。其实孔子此章，即求之今日之中国家庭，能尊此道者，尚固有之。既非不近人情，亦非有乖大义。孝子之心，自然有此。孔子即本人心以立教，好高骛远以求之，乃转失其真义。学者其细阐之。

白话试译：

先生说："父亲在，做儿子的只看他志向。父死了，该看他行为。在三日内能不改他父亲生时所为，这也算是孝了。"

（一二）

有子曰："礼之用，和为贵。先王之道，斯为美，小大由之。有所不行。知和而和，不以和节之，亦不可行也。"

和为贵：礼主敬，若在人群间加以种种分别。实则礼贵和，乃在人群间与以种种调融。

斯为美：斯指礼，亦指和。先王之道，以礼为美。和在礼中，亦即以和为美。

小大由之：事无大小，皆由礼，亦即皆由和。

有所不行：此四字连下读，谓亦有不能行处，如下所云。

知和而和，不以礼节之，亦不可行也：节，限别义。如竹节，虽一气相通，而上下有别。父子夫妇，至为亲密，然双方亦必有别，有节限，始得相与成和。专一用和，而无礼以为之节，则亦不可行。言外见有礼无和之不可行，故下一亦字。

本章大义，言礼必和顺于人心，当使人由之而皆安，既非情所不堪，亦非力所难勉，斯为可贵。若强立一礼，终不能和，又何得行？故礼非严束以强人，必于礼得和。此最孔门言礼之精义，学者不可不深求。

白话试译：

有子说："礼之运用，贵在能和。先王之道，其美处正在此，小事大事都得由此行。但也有行不通处。只知道要和，一意用和，不把礼来作节限，也就行不通了。"

延展阅读

《国史大纲》

本书是作者的另一部精品。

本书是一部中国通史，全书 50 余万字，以大学教科书体例写成，内容简明扼要，兼顾学术思想、政治制度、社会风气、国际形势。《国史大纲》初版于 1940 年，引起学术界、知识界的广泛讨论，以后被国内多所大学作为教材。1949 年后又曾在港台地区多次重印，直到 20 世纪 90 年代由商务印书馆重印多次。

《西西弗的神话》

〔法〕阿尔贝·加缪　著

关于作者

阿尔贝·加缪（1913—1960），法国小说家、哲学家、戏剧家、评论家。曾获法国批评奖、1957年诺贝尔文学奖。

加缪生于第一次世界大战前夕的阿尔及利亚的蒙多维。从少年时代起，贫穷与死亡的阴影就与加缪长相伴。加缪的父亲作为一战的士兵战死疆场，加缪直接参加了第二次世界大战的抵抗运动。这使加缪更能深切地体会人生的荒谬与荒诞，无论是他的作品还是他的现实人生，加缪都在与荒诞作斗争。

在思潮动荡的时代，加缪一直纠缠于艺术家和政治家之间。1942年，加缪离开阿尔及利亚前往巴黎，他开始秘密地活跃于抵抗运动中，主编地下刊物《战斗报》。

在20世纪50年代以前，加缪一直被看作是存在主义者，尽管他自己多次否认。1951年加缪发表了哲学论文《反抗者》之后，引起一场与萨特等人长达一年之久的论战，最后与萨特决裂，这时人们才发现，加缪是荒诞哲学及其文学的代表人物。

加缪1935年开始从事戏剧活动，曾创办过剧团，写过剧本，当过演员。戏剧在他一生的创作中占有重要地位。主要剧本有《误会》、《卡利古拉》、《戒严》和《正义》等。除了剧本，加缪还写了许多著名的小说。中篇小说《局外人》不仅是他的成名作，也是荒诞小说的代表作。该作与其同年发表的哲学论文集《西西弗的神话》，在欧美产生了巨大影响。长篇小说《鼠疫》曾获法国批评奖，它进一步确立了加缪在西方当代文学中的重要地位。

加缪的创作特色是用白描手法，极其客观地表现人物的一言一行。文笔简洁、明快、朴实，保持传统的优雅笔调和纯正风格。他的"小说从来都是形象的哲学"，蕴含着哲学家对人生的严肃思考和艺术家的强烈激情。"因为他的重要文学创作以明彻的认真态度阐明了我们这个时代人类良知的问题"，1957年加缪获得诺贝尔文学奖。

1960年，加缪死于一场车祸。《纽约时报》对加缪之死曾评论道："加缪在荒诞的车祸中丧生，实属辛辣的哲学讽刺。因为他思想的中心是如何对人类处境作出一个思想深刻的正确回答……人们毫不感到意外，我们的时代接受了加缪的观点。血腥的再次世界大战、可怕的氢弹威胁，这一切使现代社会能够接受加缪严肃的哲学，并使之长存于人们的心中。"

荐读理由

《西西弗的神话》汇集了加缪关于荒谬的哲学思索，其副标题就是"论荒谬"。

西西弗是希腊神话中的人物，是科林斯的建立者和国王。他甚至一度绑架了死神，让世间没有了死亡。最后，西西弗触犯了众神，诸神为了惩罚西西弗，便要求他把一块巨石推上山顶，而由于那巨石太重了，每每未上山顶就又滚下山去，前功尽弃，于是他就不断重复、永无止境地做这件事——诸神认为再也没有比进行这种无效无望的劳动更为严厉的惩罚了。西西弗的生命就在这样一种无效又无望的劳作当中慢慢消耗殆尽。

加缪认为，“西西弗是个荒谬的英雄。他之所以荒谬，是因为他的激情和他所经受的磨难。他藐视神明，仇恨死亡，对生活充满激情，这必然使他受到难以用言语尽述的非人折磨。他以自己的整个身心致力于一种没有效果的事业。而这是为了对大地的无限热爱必须付出的代价”。加缪赞美西西弗这个抗拒荒谬的英雄。

在书中，加缪对于“什么是荒谬”这一问题给出了审慎的描述。“世界的这种密闭无隙和陌生，这就是荒谬。这种在人本身的非人性面前所产生的不适感，这种在我们所见的东西的图像前引起的堕落，这种被我们时代的某个作家称作‘厌恶’的感情，同样也是荒谬”；“一旦世界失去幻想与光明，人就会觉得自己是陌路人。他就成为无所依托的流放者，因为他被剥夺了对失去的家乡的记忆，而且丧失了对未来世界的希望。这种人与他的生活之间的分离，就像演员与舞台之间的分离，真正构成荒谬感”；“非理性因素，人（对已经逝去的家园）的怀念以及分别与这二者一起涌现的荒谬，这些就是这场悲剧的三位主角”；“对荒谬的体验并不来自对一个行为或印象的简单考察，荒谬感是从对一种行为状态和某种现实、一个行动和超越这个行动的世界所进行的比较中的诸成分中的任何一个之中，它只产生于被比较成分之间的较量”。

加缪的思想核心就是人道主义。人的尊严问题一直是缠绕着他的创作、生活和政治斗争的根本问题。《西西弗的神话》构成了加缪文学创作的母题，包含着加缪未来作品的核心问题。书中，西西弗的幸福假设提出，其本质动机，不在荒诞。荒诞既不能告诉我们幸福，也不能告诉我们不幸。之所以加缪假设西西弗是幸福的，是因为他认为只有幸福的生活才符合人的尊严，被责为永罚，却幸福，这绝对是一种反抗，也是在这种条件下唯一可能的反抗形式，而反抗才能体现尊严。

加缪在假设西西弗幸福的时候，充分运用了想象和独断，其潜台词却是人类尊严的需要。由荒诞出发，萨特走向焦虑和不安，而加缪走向幸福，萨特是思辨后的结论，加缪却是激情洋溢的独断。

加缪的命运也如同西西弗一样被荒谬围绕。正如刘小枫评论的那样，“加缪跨入荒谬精神，终于待不下去，只有返回所谓‘南方思想’的地中海精神，回复到以中庸、节制和生命的欢愉为原则的斯多亚信念中去了”。

先睹为快

诸神处罚西西弗不停地把一块巨石推上山顶，而石头由于自身的重量又滚下山去。诸神认为再也没有比进行这种无效无望的劳动更为严厉的惩罚了。

荷马说，西西弗是最终要死的人中最聪明最谨慎的人。但另有传说说他屈从于强盗生涯。我看不出其中有什么矛盾。各种说法的分歧在于是否要赋予这地狱中的无效劳动者的行为动机以价值。人们首先是以某种轻率的态度把他与诸神放在一起进行谴责，并历数他们的隐私。阿索玻斯的女儿埃癸娜被朱庇特劫走。父亲对女儿的失踪大为震惊并且怪罪于西西弗，深知内情的西西弗对阿索玻斯说，他可以告诉他女儿的消息，但必须以给柯兰特城堡供水为条件，他宁愿得到水的圣浴，而不是天火雷电。他因此被罚下地狱，荷马告诉我们西西弗曾经扼住过死神的喉咙。普洛托忍受不了地狱王国的荒凉寂寞。他催促战神把死神从其战胜者手中解放出来。

还有人说，西西弗在临死前冒失地要检验他妻子对他的爱情。他命令她把他的尸体扔在广场中央，不举行任何仪式。于是西西弗重堕地狱。他在地狱里对那恣意践踏人类之爱的行径十分愤慨。他获得普洛托的允诺重返人间以惩罚他的妻子。但当他又一次看到这大地的面貌，重新领略流水、阳光的抚爱，重新触摸那火热的石头、宽阔的大海的时候，他就再也不愿回到阴森的地狱中去了。冥王的诏令、气愤和警告都无济于事。他又在地球上生活了多年，面对起伏的山峦、奔腾的大海和大地的微笑他又生活了多年。诸神于是进行干涉。墨丘利跑来揪住这冒犯者的领子，把他从欢乐的生活中拉了出来，强行把他重新投入地狱，在那里，为惩罚他而设的巨石已准备就绪。

我们已经明白：西西弗是个荒谬的英雄。他之所以是荒谬的英雄，还因为他的激情和他所经受的磨难。他藐视神明，仇恨死亡，对生活充满激情，这必然使他受到难以用言语尽述的非人折磨：他以自己的整个身心致力于一种没有效果的事业。而这是为了对大地的无限热爱必须付出的代价。人们并没有谈到西西弗在地狱里的情况。创造这些神话是为了让人的想象使西西弗的形象栩栩如生。在西西弗身上，我们只能看到这样一幅图画：一个紧张的身体千百次地重复一个动作：搬动巨石，滚动它并把它推至山顶；我们看到的是一张痛苦扭曲的脸，看到的是紧贴在巨石上的面颊，那落满泥土、抖动的肩膀，沾满泥土的双脚，完全僵直的胳膊，以及那坚实的满是泥土的人的双手。经过被渺渺空间和永恒的时间限制着的努力之后，目的就达到了。西西弗于是看到巨石在几秒钟内又向着下面的世界滚下，而他则必须把这巨石重新推向山顶。他于是又向山下走去。

延展阅读

《局外人》

本书是加缪的成名作，同时也是荒诞文学的杰出作品之一。该书以一种客观记录式的“零度风格”，粗线条地描述了主人公默而索在荒谬的世界中经历的种种荒谬的事，以及自身的荒诞体验。从参加母亲的葬礼到偶然成了杀人犯，再到被判处死刑，默而索似乎对一切都无动于衷，冷漠地、理性地而又非理性地存在着。他像一个象征性的符号，代表了一种普遍的存在，又像是一个血红色的灯塔，具有高度的警示性。加缪凭借这部小说，获得了 1957 年诺贝尔文学奖。

《忏悔录》

〔法〕让－雅克·卢梭　著

关于作者

见《社会契约论》之“关于作者”。

荐读理由

在《忏悔录》的第一段，卢梭向世人宣布：“我现在要做一项既无先例、将来也不会有人仿效的艰巨工作。我要把一个人的真实面目赤裸裸地揭露在世人面前。这个人就是我。”

卢梭的确这样做了。在《忏悔录》中，卢梭以真诚坦率的态度讲述了他自己的全部生活和思想感情、性格人品的各个方面，“既没有隐瞒丝毫坏事，也没有增添任何好事……当时我是卑鄙龌龊的，就写我的卑鄙龌龊；当时我是善良忠厚、道德高尚的，就写我的善良忠厚和道德高尚”。

他大胆地把自己不能见人的隐私公之于众，他承认自己在这种或那种情况下产生过一些卑劣的念头，甚至有过下流的行径。他说过谎，行过骗，调戏过妇女，偷过东西，甚至有偷窃的习惯。他以沉重的心情忏悔自己在一次偷窃后把罪过转嫁到女仆玛丽永的头上，造成了她的不幸；忏悔自己在关键时刻卑劣地抛弃了最需要他的朋友勒·麦特尔；忏悔自己为了混一口饭吃而背叛了自己的新教信仰，改奉了天主教。应该承认，《忏悔录》的坦率和真诚达到了令人想象不到的程度，这使它成了文学史上的一部奇书。

《忏悔录》的现实意义，一方面如卢梭本人所说，“可以作为关于人的研究——这门学问无疑尚有待于创建的——第一份参考材料”。同时，它也是卢梭的性善论的实践。卢梭认为，人性本善，但罪恶的社会环境却使人变坏。“我本来可以听从自己的性格，在我的宗教、我的故乡、我的家庭、我的朋友间，在我所喜爱的工作中，在称心如意的交际中，平平静静、安安逸逸地度过自己的一生。我将会成为善良的基督教徒、善良的公民、善良的家长、善良的朋友、善良的劳动者。”但在现实社会中，“我”不得已沾染了污浊。“从崇高的英雄主义堕落为卑鄙的市井无赖”，“摧残了我那温柔多情、天真活泼的性格”，“使我染上自己痛恨的一些恶习，诸如撒谎、怠惰、偷窃等等”。

卢梭认为，磨灭人性的善良的因素，是社会的不公正和金钱的腐化作用，在这里，自我批评和忏悔导向了对社会的谴责和控诉，对人性恶的挖掘转化成了严肃的社会批判。正因为这种批判结合着卢梭自己痛切的经验和体会，所以也就更为深刻有力，它与卢梭在《论人类不平等的起源和基础》中对于财产不平等、社会政治不平等的批判完全一脉相承，这部论著以其杰出的思想曾被恩格斯誉为“辩证法的杰作”。

先睹为快

不管末日审判的号角什么时候吹响，我都敢拿着这本书走到至高无上的审判者面前，果敢地大声说：请看！这就是我所做过的，这就是我所想过的，我当时就是那样的人。不论善和恶，我都同样坦率地写了出来。我既没有隐瞒丝毫坏事，也没有增添任何好事；假如在某些地方作了一些无关紧要的修饰，那也只是用来填补我记性不好而留下的空白。其中可能把自己以为是真的东西当真的说了，但绝没有把明知是假的硬说成真的。当时我是什么样的人，我就写成什么样的人：当时我是卑鄙龌龊的，就写我的卑鄙龌龊；当时我是善良忠厚、道德高尚的，就写我的善良忠厚和道德高尚。万能的上帝啊！我的内心完全暴露出来了，和你亲自看到的完全一样，请你把那无数的众生叫到我跟前来！让他们听听我的忏悔，让他们为我的种种堕落而叹息，让他们为我的种种恶行而羞愧。然后，让他们每一个人在您的宝座前面，同样真诚地披露自己的心灵，看看有谁敢于对您说："我比这个人好！"

在所有的人身上都有装假的一面。我们不仅为别人演一个角色，而且也为自己演一个角色。我们需要这样继续扮演下去，这就要求我们把不是出自我们本能的行动强加给自己。一切伦理道德都是建立在更为执拗的第二天性上的，因此每一个人都是一个合成的人物。

后来发生的事也会使从前的事实染上一层色彩。一种经常要求和自己观点一致的想法使我们找出理由来解释某些行为，而这些行为在当时之所以产生，却纯属偶然，或因我们难以忍受，或因交谈时对方的语气所造成。"我越是注视，就越是走样，"瓦雷里说，"或者不如说我已换了个观察对象。"我们以为我们想起了我们童年时代的一段往事，事实上我们想起的是别人对这段往事的叙述。

人以自己作为衡量一切的尺度。也正因为如此，我们总因过分看重自己而产生两种错觉：或是把我们在处于他们的地位时我们会怎么行动的动机强加给他们，或是在这同一种假设下，不知已处于和自己处境很不相同的另一处境中，对自己的动机作了错误的解释。

别人对我的行为的动机的判断几乎总是错的，而一般说来，作这类判断的人越有才智就越错得厉害，他们衡量的事物越广，他们错误的判断和事物间的距离也越大。

最坦率的人所做的，充其量不过是他们所说的话还是真的，但是他们有所保留。这就是在说谎。他们没有说出来的话竟会如此改变他们假意供认的事，以致当他们说出一部分真事时也等于什么都没有说。他们用说真话来骗人。

延展阅读

《论人类不平等的起源和基础》

本书是卢梭应法国第戎科学院的征文而写的论文。文中提出了私有制的出现是人类不平等的起源这一鲜明思想。在阐发政治思想性质这一问题上，其重要性仅次于后来的《社会契约论》；而在思想体系上，本书可视为《社会契约论》的基础和绪论。

《西方哲学史》

〔英〕伯特兰·罗素　著

关于作者

见《权力论》之“关于作者”。

荐读理由

罗素这部《西方哲学史》的全名是《西方哲学史及其与从古代到现代的政治、社会情况的联系》，本书全面考察了从古希腊罗马时期到20世纪中叶西方哲学思潮的发展历程。

在本书中，罗素意图揭示“哲学乃是社会生活与政治生活的一个组成部分，它并不是卓越的个人所作出的孤立的思考，而是曾经有各种体系盛行过的各种社会性格的产物与成因”。

罗素将哲学看作某种介乎神学和科学之间的东西，把哲学家既看作果，也视为因，认为他们是他们时代的社会环境和政治制度的结果，也可能是塑造后来时代的政治制度信仰的原因。正因如此，全书在讨论哲学派别和哲学家时，往往并不看其学术地位，而是按照其对西方哲学发展的影响来决定详略取舍。另外，罗素主张在哲学史中要插入一些纯粹社会史性质的篇章，不这样做就很难理解某一时期的哲学思潮，因而书中对一般历史的叙述也比同类著作要多。

基于对哲学的这种理解，他认为西方哲学在发展过程中始终受到自然科学和宗教两方面的影响，并据此把西方哲学发展史划分为古代哲学、天主教哲学和近代哲学三个时期，揭示了在哲学的发展历程中，科学与宗教、社会团结和个人自由是如何错综复杂地交织在一起与哲学交互作用的。

尽管此书上、下两卷约 80 万字，但作者学识渊博，又曾获诺贝尔文学奖，因此书中文字优美流畅，注释旁征博引，读起来并无枯燥晦涩之感。

先睹为快

绝对的权力与这些制度是格格不入的；对于这些生气勃勃的征服者们说来显得是既沉闷而又毫无生气的那些法律制度，情形也是如此。国王必须和封建贵族分享自己的权力，但是大家都希望不时地可以采取战争、谋杀、掠夺或者奸淫的形式以发泄激情。君主们也可以忏悔，因为他们衷心里是虔敬的，而且忏悔本身毕竟也是激情的一种形式。可是教会却永远也不能使他们有近代雇主所要求于，而且通常可以获得于他的雇工们的那种循规蹈矩的良好品行。当精神激动的时候，如果他们不能喝酒、杀人、恋爱，那末征服全世界又有什么用呢？而且他们有勇敢的骑士队伍，为什么要听命于发誓独身而又没有兵权的书呆子呢？尽管教会不同意，他们仍然保存着决斗和比武的审判方法，而且他们还发展了马上比武和献殷勤的恋爱。有时候，他们甚至一阵狂暴发作还会杀死显赫的教士。

政治上的无政府主义和哲学上的主观主义携手并进。早在路德在世的时候，就有些不受欢迎又不被承认的弟子们已经发展了再洗礼的学说了，这种学说有一个时期统治了闵斯特城。再洗礼派摒弃一切的法律，因为他们认为好人是无时无刻不被圣灵所引导的，而圣灵又是不可能受任何公式的束缚的。从这个前提出发，他们就达到了共产主义与两性杂交的结论；因此，他们在经过一段英勇抵抗之后终于被人消灭了。但是他们的学说却采取了更柔和的形式而流传到荷兰、英国和美国；这就是历史上贵格会的起源。在十九世纪又产生了另一种形式更激烈的、已经和宗教不再有联系的无政府主义。在俄国、在西班牙，以及较小的程度上也在意大利，它都有过相当的成功；并且直到今天，它在美国移民当局的眼里还是个可怕的怪物。这种近代的形式虽然是反宗教的，但是仍然具有很多的早期新教的精神；它的不同点主要就在于把路德针对着教皇的那种仇恨转过来针对着世俗的政府。

延展阅读

《西方的智慧》

本书是作者的另一部精品。

这是一本以通俗、浅近的现代语体写成的西方文明史，是在自希腊城邦政体迄于今的政治、历史这个大背景下探讨整个西方文明演进的脉络，旁及科学、宗教、经济乃至社会习俗，无所不包、无所不备。此书完成后，罗素又在友人的帮助下，在文中插入数百幅精美的图片，其中有许多具有很高的文献价值。

《人生中不可不想的事》

〔印〕克里希那穆提 著

关于作者

克里希那穆提（1895—1986），印度一个婆罗门家庭的第八个孩子，是20世纪最卓越、最伟大的灵性导师，天生具有多样神通，被印度的佛教徒肯定为“中观”与“禅”的导师，而印度教徒则承认他是彻悟的觉者。他14岁时由“通神学会”领养，“通神学会”一直宣扬“世界导师”的再临（类似东方的“弥勒下生”），并且认为他就是这个“世界导师”。

1939年第二次世界大战爆发，面对世界的动乱、人类的自相残杀，克里希那穆提感到刺骨的哀伤并进行了更为超然冷静的深思，他开始探索真正的教诲，要用最简单而直接的语言带领人们进入那种不可思议的境界。于是他开始尝试不同的禅定方法，对自己的意识和感官也做了无数实验。也就在这时，他结交了赫胥黎、嘉宝、卓别林、亨利·米勒等人。亨利·米勒曾这样形容他：“克里希那穆提是我知道的唯一能完全摒弃自我的人，能认识克里希那穆提比认识其他任何人都要光荣。”赫胥黎在瑞士听完克里希那穆提的演讲后，曾写信给朋友说：

“那是我听过的最难忘的演讲，就像佛陀现身那么可信，他绝不容许人们有丝毫逃避和退而求其次的选择。”萧伯纳称他为最卓越的宗教人物，又说：“他是我所见过最美的人类。”纪伯伦甚至这样形容他，“当他进入我的屋内时，我禁不住对自己说：‘这绝对是菩萨无疑了！’”

20世纪60年代，反物质文明的巨浪开始冲击欧美社会，也就在此时，克里希那穆提的教诲益发透彻、清晰。他的言论和著作无法归属于哪种宗教，既非东方也非西方，而是属于全世界。克里希那穆提认为，只有通过每个个体心灵的变化，社会才会有一个根本的变革，世界才会走向真正的和平。这种心灵的变化并不是一个逐渐的过程，而是在于片刻间所发生的觉悟。它的前提乃是智慧的获得，而这种智慧的获得则根本依赖于对自我的怀疑、批判与认识，因为在他看来，“你也许能漫步于整个世界，但最终必须回到你自身”。

这位慈悲与智慧化身的人类导师，穷其一生企图带领人们进入他所达到的境界，直到90岁去世前都还在不停奔波。他留下来的60册以上的著作，全是从空性流露的演讲集和讲话集，目前已译成了47种文字，在欧美、印度及澳洲都有推动他志业的基金会和学校。他们一直强调克里希那穆提教诲的重点：人人皆有能力靠自己进入自由的了悟领域，而所谓的真相、真理或道，都指向同一境界。然而这位被誉为历史上旅行次数最多、晤面人数最多的世界导师，不喜欢被人们称为“大师”。他虽然备受近代欧美知识分子的尊崇，然而真正体悟他教诲的人，至今寥寥无几。

荐读理由

《人生中不可不想的事》由克里希那穆提在各种场合的演讲和谈话集结而成。本书以一问一答的方式展现其智慧的结晶。克氏常常在林间散步及树下静坐，从大自然中体悟人类问题的根本纠结所在。他常常以一首诗的方式或描述林间的小鸟飞翔，或描述印度河边洗衣的老妇人，带领你进入他的思想世界，既无诡辩也无知识累积的累赘。他常常强调真理自在人心及独立思考判断的重要性，他强调的是真理必须自己去追求，去领悟，无法经由别人代替你去做，就好像身体的病痛必须自己去承担，任何人都无法替你去承担一样。

克里希那穆提主张个人了悟真理，用自己的光来照亮自己。他的著作既不能帮助读者迅速致富，也不能指导读者如何获取名望；既不能教读者击败或驯服他人，也不能让读者博得更多掌声。《人生中不可不想的事》与生活的细枝末节无关，但它的重要在于提醒读者，从初入世界到今天，人们得到了许多，也丢失了人生中最重要的东西——快乐。当忧虑和焦灼占据人们心灵的时候，人们既不自由，也不快乐。本书旨在带领读者走进他们的内心，去体悟生命和快乐的真谛，而作者穷其一生，也都是在帮助人类从恐惧和无明中解脱出来，找到快乐。

这本书可以让我们的心变得沉静，作者提醒我们注重内心，关注发生在自己身上以及周边的每一件事情而不打扰它，正如佛学中的止和观；把生活的重点放在对真理的追求而不是功名利禄上。生命的来往、灵魂的有无、焦虑和恐惧从何而来、而快乐与自在又到哪里去了，这些问题不是一时甚至一世能够解决的，而这又是不能回避，也不可能回避的。学习的本质正是帮我们了解人生，引导我们找到人生的本质与真理。而现今的教育都试图将我们训练成各式各样的技术人员。我们用脑子里的知识填满我们的心，在运用和享受科技生活时，却忘记了自己是人类，这样的心境又怎能解答自己关于人生的疑问呢？所以，我们需要这样一本书来启迪被现代科技蒙蔽的心灵，它将成为读者探寻自我的求索途中那盏指路明灯。

先睹为快

问：“人类为什么打斗？”

克："年轻的男孩子为什么打架？有时候你和你的兄弟或其他男孩打架，不是吗？为什么？你为了抢一个玩具而打架，也许另一个男孩抢了你的球或是你的书，所以你就和他打架。成年人为了完全相同的理由争斗，只不过他们抢夺的玩具是地位、财富及权力。如果你想要权力，我也想要权力，我们就会争斗，国家与国家因此而产生了战争。道理就是如此简单，那些哲学家、政治家及所谓的宗教人士把事情搞得复杂了。

你知道，得到充分的知识及经验是一项伟大的艺术，也就是试着去了解生命的丰富、存在的美、挣扎、悲哀、欢笑、泪水，同时让你的心智保持单纯，只有当你的心智单纯时，你才能了解如何去爱。"

问："嫉妒是什么？"

克："嫉妒表示你对自己不满而羡慕别人，不是吗？对自己不满就是羡慕他人的开始。你希望像别人一样有知识，或是更漂亮，或是和别人一样有栋大房子、显赫的权势，比现在更高的地位。你希望比现在更有德性，你希望知道如何才能使禅定功夫进步，你希望更接近上帝。你希望成为一个和现在不一样的人，所以你羡慕别人，嫉妒别人。

了解你自己是一件非常困难的事，因为你必须从想变成什么的欲望中解脱才行，想要改变自己的欲望通常会孕育羡妒；然而真正了解自己，才会得到真正的改变。但是，你得到的所有教育都敦促你变成一个和现在不一样的人。当你心生嫉妒时，别人会告诉你：'得了吧，别嫉妒别人了，这是一件很糟糕的事。'因此你努力不去嫉妒，可是努力的本身就是嫉妒的一部分，因为你想要变得不同。

你知道，一朵可爱的玫瑰就是一朵可爱的玫瑰。人类虽然被赋予了思考的能力，却思考错了方向。要知道'如何'去思考，需要很深的洞察力及了解；要知道思考些'什么'，却是比较容易的。

目前的教育只告诉我们要思考些‘什么’，却没有告诉我们‘如何’去思考、透视及探索。只有当老师和学生都知道如何思考时，学校才能名副其实。”

问：“为什么我对所有的事都感到不满足？”

克：“一个小女孩问了这个问题，我相信她不是被别人逼着发问的。这么小的年纪，她就想知道为什么她永远不满足。你们这些成年人该怎么说？

这是你们成年人造成的问题，你们造成了这个世界，因此这个身在其中的小女孩才会问为什么她永远不满足。你们这些大人应该是育人者，但是你们却看不到这个悲剧。虽然你们时常冥想静坐，可是你们麻木、疲惫，你们的内在是僵死的。”

延展阅读

《重新认识你自己》

本书是作者的另一部精品，旨在引导读者理性地正确认识自己，然后轻松地继续上路。人的高明往往不在于天赋，而在于懂得自我省察；人的成功往往不在于技巧，而在于及时的自我把握。多少世纪以来，我们被老师、尊长、书本和圣人用汤匙喂大，我们总是活在别人口中的世界，活得既肤浅又空虚。你自己，这个身为人的你究竟是什么？没有任何人或任何东西可以为你解答这个问题，因此你必须先认识自己，认识自己便是智慧的开端。

《哲学的慰藉》

〔英〕阿兰·德波顿　著

关于作者

阿兰·德波顿，在英国被誉为“英伦才子型”作家，不仅因为他通晓多国语言、才情纵横，还得益于他的文章能够在文学、艺术、哲学之间进退自如，引人入胜。

阿兰·德波顿出生于1969年，8岁就被送到伦敦上寄宿学校，四年后全家人移居伦敦。他最早学的是法语，现在写作以英语为主，同时通晓法、德、西班牙语。18岁进入剑桥大学历史系。德波顿自称大学时代只有两样追求：爱情和创作。前者很不成功，所以促成了后者的成功，因而他深信失恋与文学是并行的。对学校的课程他一点儿也不感兴趣，好在学业比较轻松，他有足够的时间随心所欲地博览群书，自学成才。

德波顿读书不是被动地接受知识，而是为寻找一种表达方式，为此徜徉于文学、艺术、美学、哲学、心理分析之间，上下古今求索，从中邂逅知音，产生共鸣，在跨越千年的著作家那里欣然找到深得我心之感，逐步接近了自己的目标。这样，德波顿上大学不是为求学位，而是提供给他一个读书的氛围；而读书不是为了日后求职，只是帮他找到自己独特的创作模式。所以，他不愿把他的写作归入任何一类：小说、历史、哲学……最多能称之为“随笔”，以个人的声音谈人生的重大题材。

德波顿是从1993年开始写作的，他在各种报纸杂志发表的文章很多，23岁开始出版第一部作品。德波顿的作品受普鲁斯特的影响甚大，力求打破讲故事和表现情节的传统模式，希望探索的是情节背后的所以然。他的第四部著作——《拥抱逝水年华》是从文学通向哲学的桥梁，这本书使他名声大噪，并由此引出下一部——《哲学的慰藉》。如果说他的小说是寓哲学探索于文学创作之中，那么这本书则是用文学笔法写哲学。他以自己驾驭文字的才华把通常是枯燥晦涩的哲学思想写得生动活泼而通俗易懂，目的就是要让哲学进入平常百姓的日常生活之中。他把自己的经历和对艺术家、哲学家、思想者的观点、看法融入他的小说中。

迄今为止，德波顿已经出版了《爱情笔记》、《爱上浪漫》、《亲吻与诉说》及散文作品《拥抱逝水年华》、《哲学的慰藉》、《旅行的艺术》、《幸福的建筑》和《身份的焦虑》等多本著作。他的作品已被译成20多种文字。

荐读理由

《哲学的慰藉》是一本深入浅出的小书，于2000年出版。作者以六位哲学家——苏格拉底、伊壁鸠鲁、塞内加、蒙田、叔本华和尼采的人生际遇，分别对应与世不合、缺少钱财、受挫折、缺陷、伤心、困难之慰藉六种现实遭遇。这些遭遇几乎囊括了人生种种不顺利的全部，德波顿意图告诉读者：哲学能带给人们安慰。

对于那些不可改变的缺陷，哲学提供了一种视角，帮助我们坦然面对和接受，在此意义上，可以说哲学是一种慰藉。但是，哲学不只是慰藉，更是智慧。

尽管古往今来被称作哲学家的思想者千差万别，还是有可能在相隔几世纪之间找到一小群情貌略微相似的人，其共同点就是忠于“哲学”一词希腊文的原意——“爱智慧”。他们的共同爱好，就是就人生最大的痛苦的根源向我们说一些宽慰而切合实际的话；他们的共同精神就是不向世俗低头，坚持独立思考。德波顿以其特有的英国式的笔调引领我们进行了一次轻松的哲学之旅。在德波顿的笔下，我们发现，人生的悲苦、困顿和欲望引起的烦恼在先哲的智慧中都可以找到慰藉。

本书出版后引起广泛反响。《纽约时报书评》赞誉这本书：“利用表面老生常谈的主题与情节，发展出充满机锋的笑话与漂亮有趣的细节。”目前，该书已经被改编为电视哲学节目在英国播出。

本书的中文版译者系著名翻译家、中国社会科学院美国研究所前所长资中筠先生。资中筠先生对德波顿的作品给予了高度评价，“这一次，这本小书的文字使我有他乡遇故知的感觉。那种特别英国式的散文风格，简洁而优雅，机智而含蓄，能用小字眼就不用大字眼，惯以轻描淡写代替浓墨重彩，给读书留有回味的余地，这些都深得英国古典散文的传承”。

先睹为快

蒙田心安理得地坦率承认他不喜欢那些神秘的书。他写道：“这些书我读不了多长时间，我只爱读好看、易懂、引起我兴趣的书。”

……

蒙田要表明的意思是，关于人文的书没有理由要写得艰涩而枯燥；表达智慧并不需要特殊的语汇和句型，读者也不会从厌倦中得到好处。如果运用得当，乏味感可以作为判断一本书的价值的一种指标。但是这永远不会成为充足的判断指标（低级的乏味感也可以下滑为有意的漠视和不耐烦），某种适当的乏味感可以抵消我们对浅薄的废话的容忍度。那些在读书过程中不注意自己已经感到乏味的人，就像不关心自己的疼痛感一样，很可能不必要地加剧自己的苦恼。有时觉得所读之书索然无味可能是错的，但不论犯这种错误的危险有多大，从来不让自己对所读之书不耐烦可能陷阱更多。

每当我们遇到一本难懂的书时，我们都可以选择：是认为作者无能，表达不清楚；还是我们自己愚钝，抓不住它的意思。蒙田鼓励我们去责怪作者。一种难懂的文风多半是出于懒惰而不是聪明；晓畅的文章很少这样写的。还有一种可能就是这种文章掩盖了内容的空虚；让人看不懂是对空洞无物再好不过的掩护。

苏格拉底的追随者传下来的关于他的对话的图像使我们肃然起敬，只是因为我们已经被普遍的赞扬镇住了。这不是出于我们自己的了解；因为它不符合我们现在的行事处世。如果今天再出现类似的情况，很少人会高评他。不经过人工重彩浓墨予以突出和夸大的优雅，我们已经不会欣赏了。我们的眼光已经如此粗糙，那种朴素天真、自然流露的优雅根本引不起我们的注意……对我们说来，天真不就是属于头脑简单之流，是该否定的特质吗？苏格拉底让他的灵魂随普通百姓而动：某农民如是说；某妇人如是说……他的推理和类比都是从最普通的、尽人皆知的人类活动中来；任何人都能理解他的话。在这样一种平常的形式下，我们今天绝对不会看出他惊人的理念之崇高和辉煌；我们把任何没有以博学的形式吹大的事物都视为卑下和平庸；除了大肆炫耀的浮华之外，我们看不到其他的财富。

这是一种呼吁，要我们对那些明白晓畅并不唬人的书也要认真去读，引申下去，我们如果因为财力或教育中有缺陷而穿着朴素的外衣，说话的词汇超不过巴黎中央菜市场的摊贩，也不必认为自己是傻瓜。

延展阅读

《拥抱逝水年华——普鲁斯特如何改变你的人生》

本书是阿兰·德波顿的第四本著作，1997 年在英、美出版，随即成为畅销名作。在这本结合文学传记和生活实用手册的散文集里，德波顿以严正翔实的专业知识、独树一帜的生花妙笔，把普鲁斯特从文学神殿拉到浮世人间，解说他何以能改变我们的人生。本书为芸芸众生进补，指点人们如何珍惜时光，体会人生的真谛，学会调整人生的轻重缓急。

《身份的焦虑》

〔英〕阿兰·德波顿 著

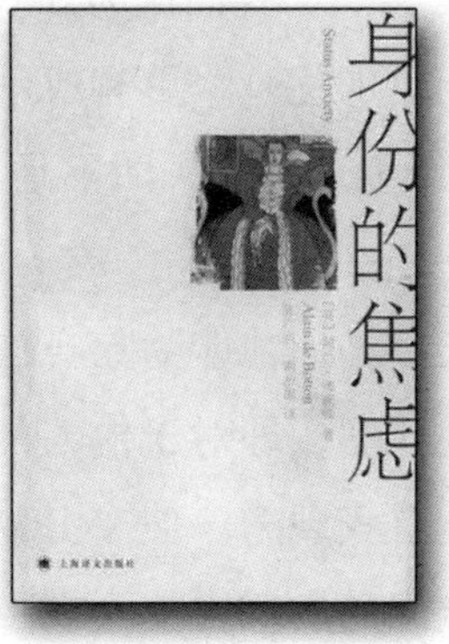

关于作者

见《哲学的慰藉》之“关于作者”。

荐读理由

身份焦虑是一种普遍性的担忧：担忧无法与社会设定的成功典范保持一致，担忧失去尊严和他人的尊重。德波顿旁征博引，借艺术家、思想家及作家的观点与作品，抽丝剥茧般地剖析身份焦虑的根源并从哲学、艺术、政治、宗教等各个角度探索舒缓和释放这种焦虑的途径。

人们为什么会产生焦虑？德波顿援引亚当·斯密在《道德情操论》中的话——“被他人注意，被他人关怀，得到他人的同情、赞美和支持，这就是我们想要从一切行为中得到的价值”来说明。人类历史上长期存在着这样的主导观念：人与人之间的不平等才是正常。因此，是否能获得他人的尊敬，取决于社会地位和人的价值之间的比对。这些比对集中于财富分配、血统及精英崇拜等方面。基于与“参照群体”——我们认为和我们差不多的人——的比较，如果比照群体比我们更加优越、更有成就，焦虑便因此而生。休谟在《人性论》中曾说，“产生这种妒忌的不是自己与他人之间的远远不成比例，反而是我们的互相接近”。

如何才能消除身份的焦虑？从哲学层面上，德波顿认为人应有理性原则，即对于他人的评价，用理性分析，再决定是否让这些观点影响自我观念。他援引叔本华的话，“一旦充分了解了他人思想的肤浅和空洞的本质、他人观点的狭隘性、他人感情的琐碎无聊、他人想法的荒谬乖张，以及他人错误的防不胜防，我们就会逐渐对他人大脑中进行的一切活动变得漠不关心”。同时，发挥艺术和政治、宗教的作用，既要使艺术品有助于我们理解和欣赏那些在无人凭吊的坟墓中安息的每一个平凡人生的价值，也要通过个人的努力和信仰使内心获得平静。

德波顿列举哲学、艺术、政治、基督教和波希米亚的目的并非废除身份等级，只是尝试创立一些新的身份等级，而这些等级建立在那些为大众所忽略或批判的价值标准的基础之上。历史上的革新者们一方面都坚持严格区分成功与失败、好与坏、可耻与高尚，另一方面又试图重新塑造我们的判断标准，使我们重新思考何种行为才能归入这些重要的标题。

德波顿认为，每一个时代都会有一些人无法或不愿温顺地服从关于上层身份的主流观念，但他们有资格拥有更好的称呼，而不是残酷地被人称为失败者或者小角色。他提供了很多富有说服力和抚慰能力的事例来提醒我们，世界上并不是只有一种方式才能证明生活的成功。

生活于现代快节奏中的青年人，其生存的压力多半也是源于身份的焦虑。从这个意义上来说，读德波顿的这本书对于找到解决身份焦虑的途径，缓解巨大的生存压力至关重要，对于解决当下青年人的心理问题有很强的指导意义。

先睹为快

有一个显然不为权势规则所关注的字眼却能更准确地表述我们心中的渴慕，那就是爱。衣食无忧、累积的财富、掌控的权力就不再是我们在社会等级中追求的成功关键要素，我们开始在意的其实是显要的身份为我们赢得的爱。金钱、名声和影响只能视为爱的表征——或者获取爱的途径——而非终极目的。

爱这一字眼，一般用于表述我们想要从父母或爱人那里得到的东西，怎么可以描述一种我们求之于社会，并受之于社会的诉求呢？也许我们应该同时在家庭、两性和社会三种范畴中寻求爱的定义，把它视为一个人对另一个人的尊重，以及其存在的关注。获得他人的爱就是让我们感到自己被关注——注意到我们的出现，记住我们的名字，倾听我们的意见，宽恕我们的过失，照顾我们的需求。因为这一切，我们快乐地活着。你可以认为，与社会身份无关的爱有别于两性之间的爱，譬如它不具备性的成分，婚姻也不是其归宿，而且其施予者也通常附带目的。然而，你并不能否认这种爱的接受者一样能沐浴在他者关怀的目光里，倍感呵护，就像忘情于爱河中的情侣。

被他人注意，被他人关怀，得到他人的同情、赞美和支持，这就是我们想要从一切行为中得到的价值。富人忘情于财富，是因为财富能够自然而然地为他吸引世界的目光。穷人则完全相反，他们以贫穷为耻。所有的人都渴望得到一睹尊容。他们的行为成为公众关注的对象。他们的片言只语、举手投足都不会被人忽略。

每一个成年人的生活可以包含两个关于爱的故事。第一个就是追求性爱的故事，这个故事已经广为人知，并且得到人们的详尽描述，构成了音乐和文学的根本主题，被社会普遍接受和赞颂。第二个就是追求来自世界之爱的故事，这一故事更为隐蔽、更加让人难为情。人们提到它的时候往往采用刻薄、讽刺的语言，好像只有那些生性嫉妒的有心理缺陷的人才会产生这样的需求，或干脆把对身份的追求简单地解释为对财富的追求。但第二个关于爱的故事在强烈程度上一点不亚于第一个，在复杂性、重要性和普遍性上也是如此，而且一旦失败，所导致的痛苦不会比第一个少。

延展阅读

《爱情笔记》

本书创作于 1993 年，是德波顿的第一部小说。本书一经出版即广受好评。在这本爱情讽刺小说里，德波顿以男主角第一人称的写法，细述一段情缘的各个过程。文中男主角认真思辨自己的感觉，忠实记录下与女友交往的种种细节，特别是进行了心理与哲学层面的思考。此书是德波顿一鸣惊人之作，充满创意、处处机锋，是一份融合理性与感性、细腻生动的恋爱过程全记录。《时代周刊》曾这样评价这部作品：“好像法国哲学家笛卡尔为女性杂志《大都市》所写的作品。”

《疯癫与文明》

〔法〕米歇尔·福柯　著

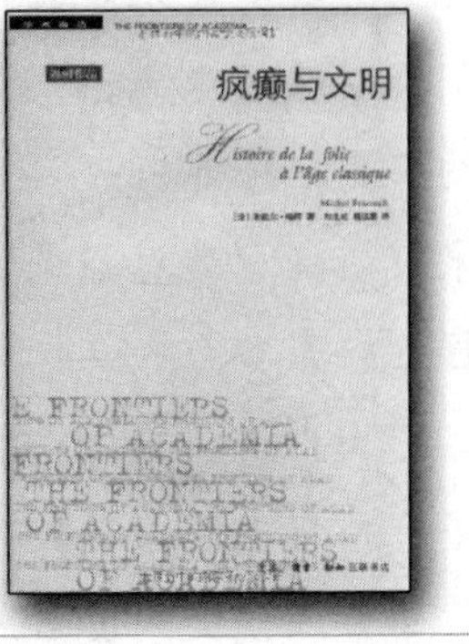

关于作者

福柯（1926—1984），法国哲学家和“思想系统的历史学家”，对文学评论及其理论、哲学（尤其在法语国家中）、批评理论、历史学、科学史（尤其是医学史）、批评教育学和知识社会学有很大的影响。

青年时代，福柯在巴黎高等师范学校就读，受到黑格尔、胡塞尔、海德格尔和尼采等哲学家的影响，对哲学和心理学产生浓厚的兴趣。然而在大学期间，福柯的私人生活并不快乐。他患有严重的忧郁症，甚至企图自杀。他还曾任教师、法国大使。

福柯的主要研究对象集中在权力及它和知识的关系（知识的社会学），以及这个关系在不同的历史环境中的表现。他将历史分化为一系列“认识”，将这个认识定义为一个文化内一定形式的权力分布。对福柯来说，权力不只是物质上或军事上的威力，当然它们是权力的一个元素。权力不是一种固定不变的、可以掌握的位置，而是一种贯穿整个社会的“能量流”。福柯认为，能够表现出来有知识是权力的一种来源，因为这样的话你可以权威地说出别人是什么样的和他们为什么是这样的。福柯不将权力看作一种形式，而将它看作使用社会机构来表现一种真理而来将自己的目的施加于社会的不同的方式。

对福柯来说，“真理”是运用权力的结果，而人只不过是使用权力的工具。依靠一个真理系统建立的权力可以通过讨论、知识、历史等来被质疑，通过强调身体、贬低思考，或通过艺术创造也可以挑战这样的权力。

20 世纪 70 年代的福柯积极致力于各种社会运动，他运用自己的声望支持旨在改善犯人人权状况的运动，并亲自发起“监狱情报组”以收集整理监狱制度日常运作的详细过程；他在维护移民和难民权益的请愿书上签名；与萨特一起出席声援监狱暴动犯人的抗议游行；冒着危险前往西班牙抗议独裁者佛朗哥对政治犯的死刑判决……所有这一切都促使他深入思考权力的深层结构及由此而来的监禁、惩戒过程的运作问题。这些思考构成了他在 70 年代最重要一本著作——《规训与惩罚》的全部主题。

1972 年 12 月，福柯受聘于法兰西学院，就任思想体系史教授。进入法兰西学院意味着他达到学术地位的巅峰：这是法国大学机构“圣殿中的圣殿”。

福柯的最后一部著作《性史》的第一卷《求知意志》在 1976 年 12 月出版，这部作品的目的是要探究性观念在历史中的变迁和发展。可惜的是，福柯并没能看到四卷书全部出版。

1984 年 6 月 25 日，福柯因艾滋病在巴黎萨勒贝蒂尔医院病逝，终年 58 岁。

荐读理由

1955 年 8 月，在著名神话学家乔治·杜梅泽尔的大力推荐下，福柯被瑞典乌普萨拉大学聘为法语教师。在瑞典期间，福柯还兼任法国外交部设立的“法国之家”主任，因此，教学之外，他花了大量时间用于组织各种文化交流活动。在瑞典的三年时间里，福柯开始动手撰写博士论文。得益于乌普萨拉大学图书馆收藏的一大批16世纪以来的医学史档案、书信和各种善本图书，也得益于杜梅泽尔的不断督促和帮助，当福柯离开瑞典时，《疯癫与文明》已经基本完成。

福柯指出，“疯癫不是一种疾病，而是一种随时间而变的异己感”，“它纯粹是理性与非理性、观看者与被观看者相结合产生的效应”。本书通过讨论疯癫的结构及其变化，有助于人们理解理性和非理性之间对立的产生，以及理性居于非理性之上的统治地位是如何获得的。

福柯的分析从中世纪开始，描写了当时人们如何将麻风病人关起来。这里他探讨了15世纪愚人船的思想和17世纪法国对监禁的突然兴趣。然后他又探讨了疯狂是如何被看作是一种女人引起的病的，当时有人认为女人的子宫在她们的身体周围环绕可以引起疯狂；后来疯狂被看作是灵魂的疾病；最后，随着西格蒙德·弗洛伊德的学说，疯狂被看作是一种精神病。

福柯探讨了人们对疯子的看法。从将疯子接受为社会秩序的一部分到将他们看作必须关闭起来的人，福柯研究了人们是怎样试图治疗疯狂的。在书中，他探讨了菲利普·皮内尔和塞缪尔·图克的例子。他断定这些人使用的方法是残暴和残酷的。比如对疯子进行惩罚，一直到他们学会了模仿普通人的作为，实际上是用恐吓的方式来让他们的行为像普通人。与此类似，皮内尔使用厌恶疗法，包括使用冷水浴和紧身服。在福柯看来，这种疗法是使用重复的暴行直到病人将审判和惩罚的形式内化了。

《疯癫与文明》展现了被理性敬畏、扭曲、展现、审判的疯癫。文艺复兴前，疯癫是未知、神秘的知识的象征；古典时期，随着疯癫者的被禁闭，他们逐渐被解释为虚无诞妄，是理性的炫惑；随着现代精神病院的诞生，疯癫陷入彻底沉默，在理性话语系统的统治中完全失语。这样的讨论告诉我们，理性和非理性之间的对立不是必然的，而事实上理性未必具有完全解释非理性的能力。

福柯对精神病的研究为其赢得了巨大的国际声誉，他被当时的法国人看作是最有影响力的思想家，是“思想系统的历史学家”。

先睹为快

人的终结、时代的终结都带着瘟疫和战争的面具。威胁着人类生存的是这种万物都无法逃避的结局和秩序。甚至在此岸世界都感受到的这种威胁是一种无形之物。但是在该世纪的最后岁月，这种巨大的不安转向了自身。对疯癫的嘲弄取代了死亡的肃穆。人们从发现人必然要化为乌有转向戏谑地思考生存本身就是虚无这一思想。面对死亡的绝对界限所产生的恐惧，通过一种不断的嘲讽而转向内部。人们提前解除了恐惧，把死亡变成一个笑柄，使它变成了一种日常的平淡形式，使它经常再现于生活场景之中，把它分散在一切人的罪恶、苦难和荒唐之中。死亡的毁灭已不再算回事了，因为它已无处不在，因为生活本身就是徒劳无益的口角、蝇营狗苟的争斗。头脑将变成骷髅，而现在已经空虚。

如果宗教放松控制，仅仅维持良心忏悔、精神苦行的理想形式，它就会直接导致疯癫。只有始终如一的宗教环境才能使人避免以各种僭越的极度谵妄形式出现的精神错乱。通过完成宗教仪式和要求，人既能避免犯罪前无益地浪费感情，又能避免犯罪后徒劳地反复懊悔。宗教围绕着此时此刻的圆满完成来组织人的全部生活。幸福时代的宗教永远赞美着“现在”。但是，一旦它在现代被理想化后，宗教就在“现在”的周围投上一个时间的光环，一个空虚的环境。这是一个充满游手好闲和悔恨的环境，人的心灵完全陷于焦虑不安，放纵的感情听任时间日复一日地虚耗，最终，疯癫可以恣意妄为了。

疯人院必须摆脱宗教，摆脱它的各种形象。“因虔诚而患忧郁症的人”不得拥有宗教书籍。经验“告诉我们，这类书籍是使精神错乱持续，甚至使之不可救药的最有力手段。我们对它们越宽容，就越难以平息病人的焦虑”。总之，精神病院应该是中立的，应该排除掉基督教造成的那些意象和情绪，因为它们会使人的思想误入幻觉、谬误，并很快导致谵妄。

自恋是愚蠢在其舞蹈中的第一个舞伴。其原因在于，它们具有一种特殊的关系：自恋是疯癫的第一个症状。其原因还在于，人依恋自身，以致以谬误为真理，以谎言为真实，以暴力和丑陋为正义和美。“这个人比猴子还丑陋，却自以为如海神般英俊；那个人用圆规画出三条线便自以为是欧几里得；第三个人自以为有美妙的歌喉，其实他在七弦琴前像个傻瓜，他的声音就像公鸡在啄母鸡。”在这种虚妄的自恋中，人产生了自己的疯癫幻象。这种疯癫象征从此成为一面镜子，它不反映任何现实，而是秘密地向自我观照的人提供自以为是的梦幻。疯癫所涉及的与其说是真理和现实世界，不如说是人和人所能感觉的关于自身的所谓真理。

延展阅读

《临床医学的诞生》

本书是作者的另一部精品，探讨了现代意义上的医学，也就是临床医学诞生的历史。作者以 18、19 世纪众多著名的临床医学家的著作和各种相关领域的文献为依据，从历史和批评的角度研究了医学实践的可能性和条件，描绘了医学科学从对传统医学理论的绝对相信转向对实证观察的信赖，从封闭式的治疗转向开放式的治疗，从而导致在临床诊断中诸如征候、症状、言语、病人、病体、环境等一系列因素和其相互关系的重新组合，以及医学认识的深刻改造这样一个完整的过程。本书延续了《疯癫与文明》的讨论，概括了医学，尤其是临床医学和医院的发展。

《规训与惩罚》

〔法〕米歇尔·福柯　著

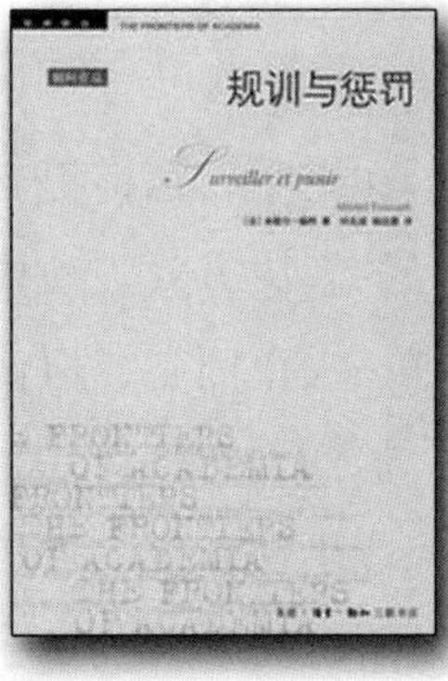

关于作者

见《疯癫与文明》之“关于作者”。

荐读理由

《规训与惩罚》是福柯的代表作之一，于1975年问世。福柯称这部著作为“我的第一部著作”。这可以从“成熟之作”和“领衔之作”这一双重意义来理解，由此也可以看出福柯本人对这部著作的重视。

本书讨论了现代化前的公开的、残酷的统治（比如通过死刑或酷刑）渐渐转变为隐藏的、心理的统治，以及关于现代灵魂与一种新的审判权力之间相互关系的历史，论述现行的科学—法律综合体的系谱。在这种综合体中，惩罚权力获得了自身的基础、证明和规则，扩大了自己的效应，并且用这种综合体掩饰自己超常的独特性。

本书所考察的惩罚权力的历史包括三个阶段：中世纪末和“旧制度”时期作为王权武器的酷刑；18世纪末，包括法国大革命时期人道主义的“再现”式惩罚；19 世纪开始的、使用现代规训技术的监狱和普遍化的监视。

在书中，福柯提到，自从监狱被发明以来就被看作是唯一的犯罪行径的解决方式。现代社会如同书中的“全景监狱”，一小批看守可以监视一大批囚犯，但他们自己却不被看到。

福柯无意解释罪犯是怎么来的，或是为何会有犯罪的行为等等的起源或事件发生的原因等问题。他要强调因为某种机制的存在，原本只是要将一群扰乱社会秩序者关起来，然后这件单纯的事情开始被关注。人们开始研究为何这群人这么不同，观察颅骨大小、小时候是否被虐待，开始产生心理学、人口学、犯罪学这些学问，为“罪犯”这个身份附加更多的涵义，也同时加以主体化罪犯，试图让人正视并强调这个命题。在监狱中，狱卒不只是要矫正犯人，并要犯人认清自己是个罪犯，是拥有偏差行为的“不正常”人。

福柯的权力理论对权力概念的阐述，比通常的政治分析更透彻，更能揭示权力的本质，即在人们司空见惯中权力渗透进人们的肉体，而人们却毫不自知。因此，福柯通过本书阐释了他对权力理论考察的重心，即考察不平等和压迫的权力关系是如何被制造出来的，以及分析这些权力关系的维持方法。

从关注精神病人到关注罪犯，福柯总是试图从这种显见而极端的对立中反观“正常人”，以及随之存在的社会道德和伦理问题。这为我们打开了一个新的视角，可以用于指导我们解释政治、经济等更多的社会问题。

先睹为快

由此就产生了全景敞视建筑的主要后果：在被囚禁者身上造成一种有意识的和持续的可见状态，从而确保权力自动地发挥作用。

这样安排为的是，监视具有持续的效果，即使监视在实际上是断断续续的，这种权力的完善应趋向于使其实际运用不再必要；这种建筑应该成为一个创造和维系一种独立于权力行使者的权力关系的机制。总之，被囚禁者应该被一种权力局势所制约，而他们本身就是这种权力局势的载体。对于实现这一点来说，被囚禁者应该受到的监督者的不断观察既太多了，又太少了。太少了，是因为重要的是使他知道自己正在受到观察；太多了，是因为他实际上不需要被这样观察。有鉴于此，边沁提出了一个原则：权力应该是可见的但又是无法确知的。所谓“可见的”，即被囚禁者应不断地目睹着窥视他的中心瞭望塔的高大轮廓。所谓“无法确切的”，即被囚禁者应该在任何时候都不知道自己是否被窥视。为了造成监督者的在与不在都不可确知，使被囚禁者在囚室中甚至不能看到监督者的任何影子。按边沁的设想，不仅中心瞭望厅的窗户应装上软百叶窗，而且大厅内部应用隔板垂直交叉分割，在各区域穿行不是通过门，而是通过曲折的通道。这是因为任何一点音响、一束光线甚至半开的门的光影都会暴露监督者的存在。全景敞视建筑是一种分解观看/被观看二元统一体的机制。在环形边缘，人彻底被观看，但不能观看；在中心瞭望塔，人能观看一切，但不会被观看到。

这是一种重要的机制，因为它使权力自动化和非个性化，权力不再体现在某个人身上，而是体现在对于肉体、表面、光线、目光的某种统一分配上，体现在一种安排上。这种安排的内在机制能够产生制约每个人的关系。君主借以展示其过剩权力的典礼、礼节和标志都变得毫无用处。这里有一种确保不对称、不平衡和差异的机制。因此，由谁来行使权力就无所谓了：随便挑选出的任何人几乎都能操作这个机器，而且总管不在的时候，他的亲属、朋友、客人甚至仆人都能顶替。同样，他怀有什么样的动机也是无所谓的，可以是出于轻浮者的好奇心，也可以是出于孩子的恶作剧，或是出于哲学家想参观这个人性展览馆的求知欲，或是出于以窥探和惩罚为乐趣的人的邪恶心理。匿名的和临时的观察者越多，被囚禁者越会被惊扰，也越渴望知道自己是否被观察。全景敞视建筑是一个神奇的机器，无论人们出于何种目的来使用它，都会产生同样的权力效应。

延展阅读

《性史》

本书是作者的另一部精品，一共分三卷。在第一卷中，针对弗洛伊德等提出的维多利亚时代的性压抑，福柯提出质疑，指出性在 17 世纪并没有被压抑，相反得到了激励和支持。社会构建了各种机制去强调和引诱人们谈论性。性与权力和话语紧密地结合在了一起。第二卷《快感的享用》和第三卷《关注自我》是在福柯死前不久于 1984 年出版的，其主要内容是古希腊人和古罗马人对性的观念，关注一种“伦理哲学”。此外，福柯还基本上写好了第四卷，其内容是基督教统治时期对肉体与性的观念和对基督教的影响，但因为福柯特别抗拒在他死后出版任何书籍，家人根据他的遗愿至今未出版它的完整版本。

《恋人絮语》

〔法〕罗兰·巴特　著

关于作者

罗兰·巴特（1915—1980），法国文学批评家、文学家、社会学家、哲学家和符号学家。他出生在法国诺曼底的瑟堡，在当学生时便展现出过人的天赋，1935年到1939年于巴黎大学的学习让他获得了古典希腊文学学位。其一生经历可以大致划分为三个阶段：媒体文化评论期（1947—1962）、高等研究院教学期（1962—1976），以及法兰西学院讲座教授期（1976—1980）。他和存在主义大师萨特在第二次世界大战后的法国文学思想界前后辉映，并被公认为自蒙田以来法国最杰出的散文大家之一。

罗兰·巴特是一个活泼的天才，总有着各种各样的兴趣。他总能在常人的见识之外看到一些特别的东西，他拥有狡黠的智慧，所有极端的暧昧的神圣的事物在这样的一种智慧之光的照耀下，立刻显现出它的可笑和滑稽。这样的一种智慧让我们得以重回理智，以更加客观平和的心态来反思自己曾经的所作所为。他在符号学、精神分析批评、释义学、解构主义诸领域都有卓越建树，对西方文化和文化研究影响深远。

罗兰·巴特在法国开创了研究社会、历史、文化、文学深层意义的解构主义和符号学方法，发表了大量分析文章和专著，其丰富的符号学研究成果具有划时代的重要性。巴特的符号学理论，从崭新的角度，以敏锐的目光，剖析了时装、照片、电影、广告、叙事、汽车、烹饪等各种文化现象的“记号体系”，从而深刻地改变了人们观察和认识世界及历史的方式。其符号学著作使他成为将结构主义广泛用于文学、文化现象及一般性事物研究的重要代表。他提出写作的零度概念以反对萨特关于文学干预时事的理论，认为文学如同所有交流形式一样，本质上是一个符号系统，并在多部著作中运用其文本分析法消解言语所指，尝试按照作品本身的组织原则和内部结构揭示文本种种因素的深层含义和背景。他概括出文本的三个层次：功能层、行为层（人物层）、叙述层，以此分析读者对文本的横向阅读和纵向阅读。受瑞士语言学家索绪尔影响很深，巴特借否定语言的终极意义来否定神、权威和理性。他不用玩弄语言游戏，同样也能在情境中展开思想的火花，见常人所未见，因此他不仅是语言的专家，同样也是思想的大师。

晚期的巴特对当代西方文化和文学的思考进一步深化，超越了前期结构主义立场，朝向有关意义基础、下意识心理、文学本质等解构主义认识论问题的探讨。

罗兰·巴特对于西方未来学术和文化的发展影响深远。其学术遗产对于非西方文化思想传统的现代化发展，也具有极大的启发意义。

荐读理由

《恋人絮语》是罗兰·巴特晚期的一部代表作。作者以解构主义的思辨方式，在此尝试了一种高度“发散性”的行文，不时给读者一种阅读的惊喜。这是一本无法用传统体裁界定的奇书，糅思辨与直接演示为一体。这是一种“散点透视”的“零度写作”，恍如一万花筒，作者撷取出恋爱体验的五彩碎片，在他哲人思辨的反光镜折射下解构出扑朔迷离的排列组合。作者以对应的文体形式揭示了恋人絮语只不过是诸般感受。就像书名所显示的那样：它没有理论话语的漫漫征途，却不乏深刻洞见；它没有小说文本的故事情节，却不乏一个个让人回味流连的爱情场景。他貌似体贴地将恋人的心态和言语的方式安排成了这本书的结构方式，然而其后却不乏嘲弄。巴特精巧地勾勒恋爱状态的每一个场景，然而却并不把它们有序编排。所谓相遇、一见钟情、交谈倾诉、挫折误解、等待、依恋等等，诸种状态本身就毫无先后顺序可言，它们有时交替进行，有时同时发生。需要强调的是，巴特的分析是建立在恋人这一方，而以恋人爱上的对象为情偶之上的主体性分析。他用歌德在《少年维特之烦恼》中维特所显示的心态作例，细致入微地分析每一种状态下的矛盾和潜台词。

本书值得注意的便是“恋人”这一意象。这里的“恋人”是一个复合体：既是纯洁幻想的恋人与智慧深邃的作者的结合，又是想象的激情与冷静的表现力的统一。巴特的苦心在于通过反恋爱故事着力表现恋人的想象激情，而不是“故事”或“正确表达”。这种辞典式的罗列形式透出了一种冷静，是一种不加文饰的表达方式。恋人在这种虚拟的“存在”上宣泄恋物、象征和释义的激情。这一模式在西方自文艺复兴时的14世纪意大利诗人彼得拉克始，已被人诸多模仿，巴特的独创之处是赋予其浓厚的符号学色彩。热恋中的自我是一部热情的机器，拼命制造符号，然后供自己消费。从根本上说，本书是对正在叙述中的恋人的写照，展示了一个充分体现主体意义的“我”，呈现为一种产生、发展、建构、流动、开放的过程，是语言铸就了主题，铸就了“我”。因此，本书中的“我”是多元的、不确定的、无性别的、流动的、多声部的。同时本书又是一个典型的解构主义文本，在巴特看来，任何文本都只不过是一个铺天盖地巨大意义网络上的一个扭结；它与四周的牵连千丝万缕，无一定向，这便是“文互涉关系”。

《恋人絮语》的结构匠心旨在反恋爱故事的结构，作者借鉴了尼采的戏剧化手法，挣脱了超然局外的“元语言”的刻板束缚，转叙论述成了直接演示。巴特认为，对情话的感悟和灼见从根本上说是片段的、不连贯的。巴特神往的就是“恋人心中掀起的语言波澜的湍流，像一个细心的厨师，他留意不让语言变稠、变粘”。在巴特看来，一个精心建构的首尾相顾、好事多磨的爱情故事是社会以一种异己的语言让恋人与社会妥协的方式。铺设这样一段故事不啻是编织一个束缚自己的罗网。真正为爱情而痛苦的恋人既没有从这种妥协中获益，也没有能成为这种爱情故事的主人公。

先睹为快

1. 柔　　情

也说不上是悲还是喜，有时我真想让自己沉浸在什么里面。今天早晨（在乡村），天阴沉沉的，又透出几分暖意。我惆怅极了（却又说不上是什么原因）。脑海里掠过一丝轻生的念头，但又没有怨天尤人的意思（我并不想要挟什么人），完全是一个病态的怪念头，并不碍事（也“断”不了什么），只是与今天早上的情调（还有寂寞的氛围）挺合拍。

还有一天，细雨霏霏，我们在等船；这一次出于一种幸福感，我又沉浸在同样一种身不由己的恍惚中。常常是这样，要么是惆怅，要么是欣喜，总让人身不由己。其实也没有什么大喜大悲，好端端便会失魂落魄，感到沉醉，飘飘悠悠，身如轻云。我不时地轻轻触动、抚弄、试探一些念头（就像你用脚伸入水里试探一样），怎么也排遣不开。

又没有什么大不了的事。

这便是地地道道的柔情。

2. 恋人之死

这种身心沉浸的强烈感受可以由一苦楚引起，也可能源于一种融洽投契：因为互相爱慕，我们可以同时去死：或遁入太虚的开放性死亡，或同穴而葬的封闭性死亡。身心沉浸是一种麻木。若有所悟，不觉之中便晕眩过去，但并不会昏死。身心沉浸的妙处全在这里：我可以随心所欲，（死的）举动全由我决定：我信得过自己，我将自己托付（给了谁？上帝、大自然，或是随便什么，除了对方）。

3. 无容身之地

因此说，我之所以在那些情形下会身心沉浸，是因为无论何方——甚至包括冥界——都没有我的容身之地。我深深眷恋、藉以生存的对方的形象已不复存在；有时会因怨天尤人而永久地抹去那个倩影，有时又因极度的幸福而与那音容笑貌神交；不管怎样悲欢离合，我总是丢了魂；眼前既没有你，也没有我，也没有死神，没有一样可以应答的东西。（真是怪事，恰恰是恋人的奇思异想走到极端时——为了驱散对方的倩影，或为了与对方融为一体，竟连自己也虚化了——想象的源泉才会枯竭：在神思恍惚的那一刻里，我这个恋人只是徒有虚名，无所用心：像子虚乌有一般。）

延展阅读

《写作的零度》

本书是作者的另一部精品，由三个独立部分组成。《写作的零度》相当于一份早期结构主义文学宣言，针对萨特“什么是文学”的问题提出了摆脱激进文学倾向的中性文学观，对法国存在主义和左翼文学提出了深刻的批评，显著影响了其后西方当代文学思想的发展；《新文学批评论文集》包含了作者对若干法国文学经典作品所作的细腻分析，被视为结构主义文学篇章分析的典范；《法兰西学院就职讲演》是作者就任法兰西学院讲座教授典礼上的演讲词，相当于作者晚期文学思想的另一份宣言书。三部作品大致呈现了作者早、中、晚三个时期文学观点的整体面貌。

《单向度的人》

〔美〕赫伯特·马尔库塞　著

关于作者

赫伯特·马尔库塞（1898—1979），生于柏林一个富裕的犹太家庭，是一位德裔美籍哲学家、社会理论家、美学家，法兰克福学派左翼主要代表。他一生主要在美国从事社会研究与教学工作，其思想发展可以分为三个阶段：20 世纪 30 年代受存在主义影响较深；40 年代致力于揭示马克思主义与黑格尔主义的联系；50 年代以后主要是从弗洛伊德的精神分析学说出发解释马克思主义，致力于实现弗洛伊德主义与马克思主义的“结合”。

马尔库塞是“弗洛伊德主义的马克思主义”学说中最有影响的理论家。年轻时曾参加过社会民主党，1922 年他拿到弗莱堡大学的博士学位，随后回到柏林，以售书为生。1929 年他重回弗莱堡，在海德格尔指导下写论文。由于对哲学和政治之间的内在关系产生兴趣，马尔库塞在 1933 年加入了法兰克福社会研究所，之后成为法兰克福学派的中坚人物。希特勒上台后，他经巴黎、日内瓦到了美国。在美国，起初他在法兰克福学派迁往哥伦比亚大学的社会研究所工作，第二次世界大战期间在美国战略情报研究所工作。战后，他未与同派中坚人物霍克海默、阿多诺一道返回德国重建研究所，而是留在美国，成为这个在经济、政治、文化诸方面皆为发达工业社会的典型的见证人。之后他重新执教，先后在哥伦比亚、哈佛、勃兰第斯和圣地亚哥等大学工作。20 世纪 60 年代末，在西欧、北美的资本主义国家爆发了轰动一时的“左翼学生造反行动”时，他积极支持青年学生的造反运动，被誉为“新左派哲学家”、“青年造反者的明星和精神之父”。

马尔库塞对经典马克思主义以及对政治和社会斗争的态度，比其他法兰克福学派成员激进。20 世纪六七十年代他曾一度成为浪潮汹涌的新左派运动与学生运动的精神领袖、主要代言人。法兰克福学派对当代资本主义社会在政治、经济、文化诸领域的批判，在很大程度上，是通过马尔库塞的理论与实践才广为人知的。正如曼克莱伦所说：“马尔库塞是法兰克福学派中最著名的，也是研究所成员中唯一没有放弃他的早期革命观点的人。”马尔库塞的生平和著作给人的鲜明印象是：始终站在资本主义社会实践斗争的最前沿，始终把对哲学、文化、意识形态理论的批判与对资产阶级社会的现实状况的批判结合起来。离开他生平所经历的社会事件，尤其是离开资本主义在当代的发展，就不能理解马尔库塞的哲学、美学思想。

荐读理由

本书全名为《单向度的人——发达工业社会意识形态研究》，是马尔库塞最负盛名的著作，发表于 1964 年，旨在揭示当代发达工业社会的极权主义特征。此书在英国和美国出版后，先后在德国和法国出了德文版和法文版，其后又被译成多种文字在许多国家出版，被称为西方 20 世纪 60 年代末大学造反运动的教科书。这部著作标志着马尔库塞思想的又一次转折。这次转折表现在，马尔库塞对现代文明，特别是美国文明的批判，主要依据的不是弗洛伊德的文明理论，而是他早年研究黑格尔哲学的主题——人类解放的先验理性准则。而且，在这部著作里，马尔库塞还扩展了法兰克福学派的一些早期论点，如批判工具的合理性、模糊手段和目的的区别。

本书的主要目的在于阐释发达资本主义社会的极权主义与以往的极权主义之不同。以往的极权主义是采用恐怖和暴力手段，不服从政府和当权者会被投进监狱、遭受迫害，甚至被杀害。然而，现代的极权主义社会，却正在于它有对立派别和对立意见的存在。因为这种对立只不过是表面的对立，就像美国的共和党和民主党，虽然两派争权夺利，但他们毕竟都是资产阶级政党，并不反对资本主义制度。又比如在西方社会，群众可以游行示威，但他们反对的只是政府的一些具体措施，并不反对社会制度，甚至旁边还有警察“保护”，以防出事。在发达资本主义社会里人民群众已丧失了革命性，成为单向度的人。所谓单向度的人，就是指那种对社会没有批判精神，一味认同于现实的人。这样的人不会去追求更高的生活，甚至没有能力去想象更好的生活，单向度的人也因本书而成为流行术语。本书认为正是发达资本主义社会造成了单向度的人。这样的社会是一个极权主义的社会，它压制不同的意见和声音，压制了人们对现状的否定和批判。

全书除导言外包括“单向度社会”、“单向度的思想”和“进行替代性选择的机会”三部分。作者通过对政治、生活、思想、文化、语言等领域的分析、批判，指出发达工业社会是如何成功地压制了人们内心中的否定性、批判性、超越性的向度，使这个社会成为单向度的社会，而生活于其中的人成了单向度的人。本书对现代资本主义社会作了较为深刻的揭露和探索，但暴露出其社会批判理论的乌托邦性质。本书对研究法兰克福学派和马尔库塞理论的发展有重要的理论价值。值得注意的是，《单向度的人》在继承马克思批判精神的基础上，对资本主义的批判锋芒直指资本主义的意识形态，这不仅显示出马克思主义要从政治经济学层面批判和揭露资本主义不合理性的分野，也体现出马尔库塞等这些西方马克思主义者身上所散发的时代的批判气息。

先睹为快

发达工业文明的被封闭的操作领域，造成了自由与压制、生产与破坏、增长与倒退之间可怕的和谐。这个操作领域在理性观念中是作为一种特定的历史设计被预先指定的。技术阶段和前技术阶段共有某些基本的关于人和自然的概念，这些概念表现了西方思想的连续性。在这个连续体内，不同的思维方式彼此摩擦；它们属于不同的理解、组织、改造社会和自然的方式。稳定性倾向同理性的颠覆性因素相冲突，肯定性思维的力量同否定性思维的力量相冲突，直到发达工业文明的成就使单向度的现实取得了战胜一切矛盾的胜利。

在古希腊哲学中，理性是把真实的东西同虚假的东西区别开来的认识能力，因为真理（和虚假）是存在、现实的首要条件，而且只是在这一基础上才有命题的属性。真实的言论、逻辑，揭示并表达着真正存在的东西——有别于像是存在（现实）的东西。由于真理和（真正的）存在之间有这种等同关系，所以就存在胜于非存在而言，真理是一种价值。非存在并不就是虚无；它是存在的潜在性和对存在的威胁——破坏。为真理而斗争就是反对破坏的斗争，“拯救”存在的斗争（如果它攻击既定现实是“不真实的”，那么它就表现为一种破坏性的努力，如苏格拉底反对雅典城邦）。只要争取真理的斗争“拯救”现实免于破坏，那么真理就担负并保证着人类生存。真理在本质上是人类的设计。如果人学会了观察和认识什么是真正存在的，那么他将按照真理来行动。认识论本身就是伦理学，而且伦理学也是认识论。

我们合理地、不断地生生死死。我们知道，正如死亡是生命的代价一样，破坏是进步的代价，克制和艰辛是满足和喜悦的前提，商业应该继续下去，别的替代品是空想的。这种意识形态服从于现存的社会机制；就这种意识形态继续下去的功能和它的一部分社会合理性而言，它是必不可少的。然而，如果社会机制的目的是在人化自然的基础上创造一种人类生活的话，那么这种机制就使自身的目的失败了。如果这不是它的目的，那么它的合理性甚至更可疑。但它也是更合逻辑的，因为从一开始否定就处在肯定之中，非人性就处在人化之中，奴役就处在自由之中。这种动态是现实的动态，而不是心灵的动态，但在现实中，科学的心灵在把理论理性和实践理性结合在一起上起了一种决定性的作用。

把精神操作同社会现实中的操作协调起来而重新界说思维，其目的在于治疗。当思维被纠正，不再超越一个要么是纯公理的（逻辑、数学），要么同现存言论和行为领域共存的概念框架时，思维便和现实处于同一个水平。因此，语言分析要求治愈思维和言论，使其免遭混乱的形而上学概念侵袭，免遭不怎么成熟不怎么科学的过去的“幽灵”侵袭，因为尽管这些幽灵不言不语，也仍然在纠缠着心灵。哲学分析的重点是它的治疗功能，即纠正思维和言语上的反常行为，清除模糊之词、幻想和怪念头，或至少揭露它们。

延展阅读

《爱欲与文明》

本书是作者的另一部精品。

本书运用弗洛伊德的精神分析理论来“补充”马克思主义，为反抗西方现代文明提供思路。西方现代文明已发展到极点，然而文明进步的加速也伴随着不自由的加剧。集中营、大屠杀、世界大战和核武器都是现代文明的产物，人对人最有效的统治和摧残恰恰发生在人类的物质和精神成就高度发达到仿佛能建立一个真正自由的世界的时刻。可见，高度文明的昂贵代价是人的不自由和对生命本能、对自我升华了的本性——爱欲的压抑。所以，反抗现代西方文明首先必须消除对人的本性的压抑，解放爱欲。

《人为什么活着》

〔日〕稻盛和夫　著

关于作者

稻盛和夫，日本四大“经营之圣”之一，企业家与哲学家。

稻盛和夫于1932年生于鹿儿岛，先后创办了日本多家企业。1959年，稻盛和夫创立京都陶瓷株式会社。1983年创立日本铱星系统株式会社。1984年创立“稻盛财团”并任理事长，同时设立“京都奖”。同年创立关西蜂窝电话株式会社并担任董事长。1994年创立DDI袖珍电话株式会社，1995年创立京瓷多媒体公司，分别就任这些公司的董事长。1984年获得日本政府颁发的紫绶褒章。在管理企业的过程中，稻盛和夫提炼出了自己的人生方程式：人生/工作的结果＝思维方式×热情×能力。

此外，稻盛和夫也创立了以培养年青一代经营人士为宗旨的“盛和塾”。其广为人知的经营管理手法被称为“阿米巴式经营法”。稻盛和夫与原日本民主党代表小泽一郎交往甚密，也是热心的民主党支持者之一。2005年，稻盛和夫担任立命馆小学校儿童顾问委员。

在企业管理中，稻盛和夫秉承的哲学理念是“敬天爱人”。他坚持

"作为人，何谓正确"这个根本的判断基准，认为事物的本性、人的本性往往是最简单的，是"归零"的，这就是"道"。稻盛和夫认为，万术不如一道，公平、公正、正义、诚实、勇气、谦虚、博爱、勤奋等都是最根本的"道"。他指出热爱是点燃工作激情的火把。无论什么工作，只要全力以赴去做就能产生很大的成就感和自信心，而且会产生向下一个目标挑战的积极性。成功的人往往都是那些沉醉于所做事的人。他将在企业管理中总结的哲思汇总成书，先后出版了《活法》、《企业家成功之道》、《人为什么活着》等著作。

1997 年，稻盛和夫皈依佛门。他认为"万般皆有佛性"，佛性指的是开悟的状态，换句话来说，就是真智、真如、真我，意即这种智慧之源就存在于万物之中。人生是提升心智的过程，人生只是宇宙造物主赐给人类用来提升心智的修炼场，也就是佛教所说的修行道场。事实上，并非只有失败才是考验，成功同样也是一种试炼，造物主也会利用成功来考验人类。

季羡林先生曾这样评价稻盛和夫："根据我七八十年来的观察，既是企业家又是哲学家，一身而二任的人，简直如凤毛麟角，有之自稻盛和夫先生始。"

荐读理由

《人为什么活着》全书分三部分，共 21 章。稻盛和夫用浅显易懂的语言，从宇宙、心智、欲望、人类的本性、人生的考验、苦恼与憎恨、共生与竞争等多个维度深入探讨了"人为什么活着"这一哲学基本命题。

本书的第一部分阐述了人类与宇宙意志相和谐的缘由。书中认为，无论多小的物质，如果无法找出其存在的理由，那么这个地球乃至大宇宙就根本无法形成。而宇宙的造物主将种种考验加在人类身上，使人们提升心智，净化意念。因此，人生可以说是专门为心的修行而设立的道场。在历史进程中，人类和社会进化的动力，就是“提升心智”的意识。

在第二部分中，稻盛和夫阐述了人生的目的，即“秉持利他之心而活”。人类是地球上唯一能够“全盘思考地球事物”的生命，是具有特殊价值的存在，因此尽全力为世界进化而努力，才是人类最重要的使命。人应该用“因果报应法则”来改变与生俱来的命运，如果时时行善，命运的方向也会随之往好的方向转变。人的一生中，应谦虚、自省、知足、有利他之心。

在第三部分中，稻盛和夫认为，通过遭遇逆境、理性思考、勤劳、信仰、知足等做法，能够使心智提升到更高的境界。想要不烦恼就能解决问题，秘诀就是不要想太多，决策定出来之后，就应该采取“尽人事，听天命”的态度。好逸恶劳乃人之常情，但是若将眼光放远，就会发现，年轻时期遭受过苦难的人，相较生活环境优越的人，日后的成就往往更加辉煌。要知道并非因为是孩子，就不应该辛苦地工作，辛苦工作反而是磨炼人格品性不可缺少的条件，必须依“知识、见识、胆识”三个阶段来提升人性，胆识是指同时具有见识和勇气。经营事业最重要的是，最初的阶段应该用理性思考，实际执行或应对时不妨适度地运用感情。人如果非常努力地工作，不但可以得到生活上需要的粮食，也可以借此磨炼自己的心灵。

本书展现了作者深刻的人生与经营智慧。稻盛和夫曾说：“为什么如此闭塞的状况充斥着整个社会呢？那难道不是因为很多人找不到活着的意义和价值，迷失了人生的方向吗？我想对这个时代来说，最必要的就是从根本上质问人为什么活着。”在本书中，作者给出了最终的答案。

先睹为快

宇宙究竟为何物?

假如大至人类、小至草木对宇宙而言都是有价值的存在，那么或许正是因为有了这个疑问，才让所有的存在变成了真实的吧?这也是我接下来想提出的观点。

我生于现代，又是学理工出身，因此为了说服自己，凡事都是以科学的合理性为主轴进行思考的。

根据现代物理学的说法，宇宙的形成主要是在一百五十亿年前，由粒子产生的大爆炸开始的。那次的宇宙爆炸被称为“宇宙大霹雳”，本来手可盈握的块状粒子，在经历超高压、超高温的大爆炸过程之后，不断膨胀而变成现在的宇宙。

把地球看成一个质量单位已经很庞大了，而构成太阳系的主要天体太阳，其质量竟是地球的三十三万倍；和太阳一样的恒星，在银河系中大约有一千亿个；和银河系一样的银河在茫茫宇宙中早已无以计数。

广袤无垠的宇宙，其所具有的质量，可以说完全超乎人类的想象。但是它开始的时候却只是拳头大小的一块粒子，时时刻刻不断膨胀而成今天的宇宙。这个宇宙，现在也还在膨胀之中。

形成宇宙的原始粒子有数十种，物理学界到目前还在研究，他们认为真正的原始粒子应该是可以聚合的。这种粒子聚合之后，最早形成的应该是氢原子。太阳的本体主要就是由氢原子组成的，内部的氢原子进行核融合，继而燃烧产生光与热。宇宙中由氢原子组成的星球不计其数。

宇宙大爆炸时，有些粒子结合在一起，变成了质子，有些粒子结合在一起，变成了中子，还有一些结合之后变成了中间子，通过中间子、质子和中子的结合形成最原始的原子核。在这些原子核周围的粒子则形成电子，电子依轨道固定环绕原子核，于是形成了世界上最早的原子，即氢原子。

接着，氢原子的原子核结合而产生核融合反应，而后产生了氦原子；同样的核融合反应不断进行，于是各种质量比较大的原子相继诞生，最后形成了目前的元素周期表。这是现代物理学界对于宇宙形成的说法。

我认为，我们不妨将这种宇宙形成的过程，视为一种“进化”。

延展阅读

《活法》

本书是稻盛和夫的另一部哲学思考汇总。在本书中读者可以看到，作者的思想受中国古代典籍的影响非常之深。从个人修身养性到治国安民，作者竭力吸收中国古代文化的精华并注重实践。本书提出的人生方程式，给我们提供了一个新的角度来诠释积极工作对取得人生成就的巨大推动作用。

《人的问题》

〔美〕托马斯·内格尔　著

关于作者

托马斯·内格尔，1937 年出生，1958 年毕业于康奈尔大学，1960 年获牛津大学哲学硕士学位，1963 年获哈佛大学哲学博士学位。他先后执教于加利福尼亚大学伯克利分校、普林斯顿大学和纽约大学，曾任纽约大学哲学系系主任，现为纽约大学哲学与法学教授、美国艺术与科学院院士、英国科学院院士、牛津大学荣誉研究员，是当代西方哲学界政治哲学、伦理学和心灵哲学领域的领军人物。

他相信问题甚于解答，相信直觉甚于论据，相信多元论的不和谐甚于系统化的和谐。内格尔是 20 世纪七八十年代以来西方哲学界出现的反还原主义思潮中的代表性人物。内格尔认为，意识经验的主观性是客观存在的，而且在现有条件下是不可能还原的。在此基础上他提出了泛心说，即认为宇宙的基本物质成分，不管其是否属于生命有机体，都具有心理的属性，从而使由物质成分构成的生命有机体具有某种意识。内格尔反还原主义理论是一种二元论，但他提出的一些具体观点，有利于唯物主义的发展。同时，内格尔关注人生，他认为哲学虽然涵盖的范围很广，但其所涉及的问题始终有一部分与凡人的生活相关：如何理解人生？如何度过人生？这些问题难以被作出明晰、精确的论述，因为人们很难把那些够格作哲学论述的抽象问题从事实与情感的混杂中剥离出来。而内格尔巧妙地解决了这一难题，他的哲学方法是不但要达到理论的理解，还要达到个人的理解，力图把理论的成果融入人的自知之明的框架中，从而实现两者的结合。

内格尔推崇思想自由的理念，他认为要评估每一种主张、每一条论证和每一套理论，并且尝试着判断它们是否可以被接受，这最终都依赖于每一个人的独立思考，而非听命于权威。他有着强烈的质疑精神和批判的勇气，认为明白易懂和精确简练从来不是认为某个哲学理论为真的理由，恰恰相反，它们往往是认为该理论为假的依据。正是这种独立思考、勇于创新的精神，使他在哲学与法学领域取得了受人尊敬的成就。

荐读理由

《人的问题》的英文原版于 1979 年由剑桥大学出版社出版，当年即获重印，此后每年印行一次，1991 年被收入剑桥大学出版社的“大众经典”，此后又多次重印。其中文译本由万以翻译，于 2000 年由上海译文出版社初版，2004 年再版。本书重在探讨人生的意义、本质和价值，内容涉及死亡、荒诞、道德、平等等诸多哲学命题。

这是一本富有独创性和启发性的著作，论证生动，从如何对待死亡、性行为、社会不平等、自由和价值等，引申出有关人格同一性、意识、自由和价值等更为基本的哲学问题。虽然书中 14 个章节所谈的问题各不相同，但是，作者对个体的人生观及其与各种非个人的实在概念的关系这一问题的兴趣，使它们连接在一起。正是这个问题，突破了哲学内部的界限，使问题的讨论从伦理学延伸到形而上学。同样出于对这个问题的关注，引发了作者论述心的哲学、论荒诞、论道德运气的文章。

本书被视为20世纪70年代以后英美最有影响的哲学著作之一。曾有人这样评论："如果有人能够抓住并保持普通读者的注意力，那一定是《人的问题》的作者托马斯·内格尔。"纵观全书，其论述处处体现着分析哲学特有的清晰明了，却又不堕入大多数分析哲学的"空谈"之中。一些西方哲学家把20世纪称为"分析的时代"，在这个世纪中，西方哲学影响范围最广的也许就是各种形式的分析哲学。英美分析哲学的共同特点便是反对像传统哲学那样构筑体系，特别反对思辨的形而上学，许多分析哲学家往往忽略哲学的基本问题，注重命题研究、语词分析，以致有书斋空论甚至语言游戏之嫌。与这种情况形成对照，托马斯·内格尔以一颗训练有素而富有创意的头脑思考一系列"人的问题"。他认为哲学不应该成为架空的理论，而应该成为一把理解生活的不可或缺的钥匙。他在本书中讨论的问题，正是许多分析哲学家有意回避而一般读者殷切关心的问题。

作为一个职业哲学家，作者的写作风格是分析哲学家们始终推崇的那种风格，简明而清晰。但本书所涵盖的问题是重大而困难的，作者的思考也是缜密而又复杂的。作者对那些问题所作的论述，使不是哲学家但对哲学感兴趣的人能够切实地感受到哲学探讨的激动人心之处和重大意义之所在，使人们感觉到，哲学的问题其实是普通人都有必要关心的问题，哲学之所以能够吸引并困扰一代又一代思想家自有其道理。

先睹为快

使心—身问题成为棘手问题的是意识。也许正因为此，现今关于心—身问题的讨论很少注意它，或者明显地误解它。近来还原论者扬扬自得，情绪高涨，对心理现象和心理概念提出好几种分析，想要解释某种唯物论、心理物理同一论或还原论的可能性。但是他们所论述的问题是与这种那种还原论相同的问题，而使心—身问题成为独一无二的问题，成为不同于水—H_2O 问题、图灵机—IBM 机问题、闪电—放电问题、基因—DNA 问题、橡树—碳氢化合物问题的东西，却被忽视了。每一个还原论者都有他所喜爱的根据现代科学作出的类比。这些不相干的成功还原的例子都不可能说明心与脑的关系。但是哲学家也有一般人的弱点，想用适合于人们所熟知的尽管完全不同的东西的解释，来解释人们所无法理解的东西。这已导致人们接受对心理的各种并不可信的解释，主要因为这些解释允许熟悉的还原。我想要说明，为什么常用的例子不能帮助我们理解心与身体之间的关系，为什么实际上我们现在还不知道对心理现象的物理本质能作怎样的解释。没有意识问题，心—身问题就没那么有趣。而有了意识问题，心—身问题似乎就没有解决的希望。

对于有意识心理现象的最重要最典型的特征，我们的了解十分贫乏。大多数还原论理论甚至不想努力去解释它。仔细的考察会表明，目前现有的还原概念都不适合于它。或许可以为了这个目的设计某种新的理论形式，但是，这样的解决办法如果存在的话，也只能存在于遥远的理解力发达的未来。有意识经验是一个广泛的现象。它出现在动物生活的许多层面上，虽然我们不能肯定它存在于更简单的有机体身上，而且很难从总体上说是什么为它提供证据。（有些极端论者甚至准备否认人以外的哺乳动物具有意识。）它无疑会以无数我们完全无法想象的方式出现在宇宙其他太阳系的其他行星上。

但是，不管形式如何变化，一个有机体只要具有有意识的经验，这个事实就意味着，从根本上说，存在某种作为那个有机体是什么样的经验。它也许还蕴含着这个经验的形式；甚至也许（虽然我抱有怀疑）还蕴含着该有机体的行为。不过从根本上说，当且仅当一个有机体具有作为那个有机体是什么样（对于那个有机体来说是什么样）的经验时，它才具有有意识的心理状态。我们可以把这叫作经验的主观性。对心理的还原分析都不可能控制它，因为它们在逻辑上全都与它的不存在相容。不能用任何说明机能状态或现象状态的方法来分析它，因为这些可以归之于机器人或自动机，它们可以像人一样行动，却不可能具有经验。也许实际上不可能有这样的机器人。也许任何复杂到能像人一样行动的东西都会有经验。但是，即使真如此，这个事实也不能仅仅通过对经验的概念分析来发现。

出于同样的理由，不能用涉及独特的人的行为的经验因果作用来分析它。它与我们坚信不移的东西不相同，因为我们对经验并不是坚信不疑的，还因为经验存在于没有语言和思想的动物身上，它们对它们的经验根本没有任何信念。我不否认有意识的心理状态和事件引起行为，也不否认可能对它们作机能的特征描述。我只是否认这类描述穷尽了对它们的分析。

延展阅读

《道德、上帝与人：陀思妥耶夫斯基的问题》

何怀宏著。本书围绕“人的灵魂的伟大审问者”陀思妥耶夫斯基提出的有关时代与社会、道德与人生以及终极关切的问题探讨近代社会以来人类面临的道德困境。这些问题包括：近代以来社会的道德基础是不是在分解乃至崩溃？人类是否由于进入现代社会而面临了一个根本的转折点？一个人或一个集体出于某些理由，常常是不失为高尚和优越的理由，在某些情况下是否就可逾越道德的界限？如果没有永恒与不朽，道德禁令的绝对性是否无论如何要成为疑问？假如“上帝死了”，是否什么事都可以做，一切都可允许？人类是不是始终都可分成多数与少数两种人？多数人是否总是比那少数人更趋向物欲而非精神、更重视安全而非自由、更依从权力而非自身、更相信外在的奇迹而非具有真正内在的信仰？这种善是否根本就不可改变？如果不能，近代“启蒙”尤其是“解放”的方案是否就成为问题？甚至于，假如“死去的”上帝重返，人间是否最终也将依然如故？人究竟对自己可以有何种期望？等等。

《恐惧与颤栗》

〔丹〕索伦·克尔凯郭尔　著

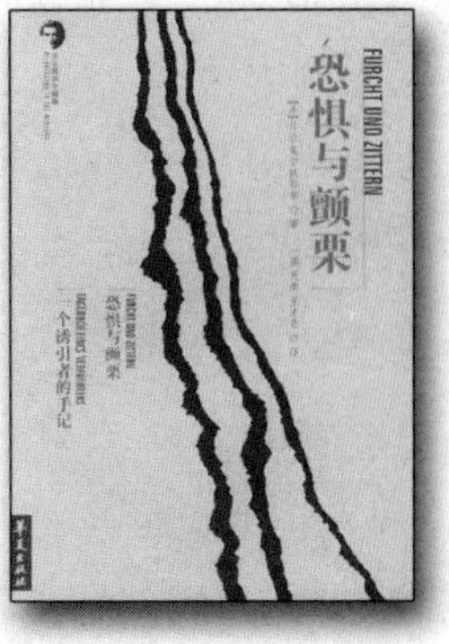

关于作者

索伦·克尔凯郭尔（1813—1855），丹麦宗教哲学家、心理学家、诗人，现代存在主义哲学的创始人，后现代主义的先驱，也是现代人本心理学的先驱。

克尔凯郭尔的一生深陷于孤独和忧郁之中，他认为这是来源于上帝的惩罚。克尔凯郭尔的父亲强暴家中女佣而生下了他，后妻和五个子女先他而逝，使他倍感震动，深信这是上帝特意使他领受无穷的痛苦和孤独。他的这种阴暗、低沉的心态对他的小儿子索伦产生了深远的影响。克尔凯郭尔因自己身世异于常人，而自己又天生驼背跛足，体弱多病，所以自认为是个孤独的“例外”。因而他虽然聪颖过人，但生性孤僻内向，行为怪诞，以致他同其父一样终身都为有罪和受惩的宗教情感所支配。他从小就患上了忧郁症，以为自己有两个原罪，自己死了之后会下地狱，因此他整个的生活都是悲观的。尽管如此，他却在生活中早早学会了让自己的忧虑不被他人察觉，对外以轻浮放荡的花花公子形象来掩饰自己的忧郁。

1830年，克尔凯郭尔进入哥本哈根大学学习神学，他一心想当牧师，毕业论文为《苏格拉底特有的讽刺概念》。毕业后，克尔凯郭尔虽然考取了神学学位，但因不认同丹麦路德教会的教义而从未担任过神职。在哥本哈根大学期间他阅读了大量哲学和文学著作，对戏剧和音乐也有浓厚的兴趣，但恐惧、颤栗和忧郁的情绪总是支配着他。1837年，克尔凯郭尔成为一名新闻记者，稍有名气。

1840年，他与一位17岁的少女雷吉娜订婚。克尔凯郭尔认为自己应该把内心的感受告诉这位未来的太太，可是当他把自己内心的所有忧郁感受告诉雷吉娜的时候，雷吉娜因年轻而不能接受如此古怪、颓丧的思想，只有一笑置之。克尔凯郭尔认为自己不应该把自己内心的痛苦分担给这位纯洁的少女，因此断然地与她解除婚约。直到克尔凯郭尔去世，在他的日记和著作中，他和雷吉娜的关系一直都是他自我折磨式思虑的主题之一。

克尔凯郭尔一生没有谋求任何职业，靠巨额遗产生活。克尔凯郭尔在一生的最后12年里著述甚多，同时出版了关于宗教、哲学、心理学，甚至关于幽默的书籍。他在自己创办的期刊上公开反抗丹麦的国家教会。当他带着《快报》杂志最后一期去付印时昏倒在街头，随即被送进医院。他拒绝官方教会牧师的圣餐，怀着强烈的基督信仰，于数周后去世，年仅42岁。

20世纪以前，在斯堪的纳维亚以外很少有人知道克尔凯郭尔的名字，因为他主要用丹麦语著述。然而，克尔凯郭尔的思想对20世纪欧洲和北美的基督教、非基督教和美学存在主义者有过重要的影响，成为现代存在主义思潮的渊源。克尔凯郭尔被认为是使欧洲哲学发生方向性转折的重要人物之一。他所实现的转折的主要内容就是以孤独的、非理性的个人存在取代客观物质和理性意识的存在来做全部哲学的出发点，以个人的非理性的情感，特别是厌烦、忧郁、绝望等悲观情绪代替对外部世界和人的理智认识的研究，特别是代替黑格尔主义对纯思维、理性和逻辑的研究来作为哲学的主要内容。

荐读理由

《恐惧与颤栗》主要讨论了当代人的精神困惑，和对精神家园的一种追寻。由于浓厚的基督教背景，书中大量引用圣经故事作为载体，探讨了信仰以及由信仰而生发出的悖论理念。

本书中的三个故事最为著名。

第一个故事关于悲剧英雄阿迦门侬。在特洛伊战争中，阿迦门侬无意间冒犯了女神阿尔忒弥斯。女神大怒，让阿迦门侬舰队所在的奥利斯港没有风使船前行。占卜师卡尔卡斯预言只有阿迦门侬将自己美丽的小女儿伊芙琴尼亚献出去的时候，女神才会息怒。在众将士的要求和反叛威胁下，阿迦门侬这样做了，杀了他的女儿，成为悲剧英雄。而当阿迦门侬胜利凯旋，却被他的妻子杀死了。很多年后，阿伽门侬的儿子为了报父亲的仇再次杀死了他的母亲和新的国王。克尔凯郭尔借此讨论伦理的普遍性，阿迦门侬站在伦理的一边，为了普遍性而抛弃自己的意愿。克尔凯郭尔指出，这种悲剧英雄其实是容易做到的，他内心并没有那么多的挣扎。

第二个故事关于亚拉伯罕。亚伯拉罕是上帝中意的一个人，为了给他一个考验，上帝要求亚伯拉罕用他最爱的小儿子以撒做献祭的羔羊。于是亚伯拉罕就照做了。最后时刻，上帝用一只羔羊代替了以撒。克尔凯郭尔以此探讨信仰的悖论：伦理学的普遍性表现为外在性，信仰的个体性表现为内在性，个体性高于普遍性。将信仰和荒诞连接在一起，而荒诞的意义就在于缺少被其他人理解的可能，却依旧呈现为事实。

第三个故事关于信仰的骑士。克尔凯郭尔认为，信仰的骑士应当在孤独中完成对“无限的弃绝”，努力达到信仰的高度。

作为一个存在主义思想家，克尔凯郭尔试图将一切与个体自身的情况相联系，而不是从中提取本质，借此来理解生活；坚持认为责任和宿命论在人类中互相缠绕，由此预示了深蕴于心理学中的去个性化和意志危机等课题。在他看来，当自我包括许多非意志的或自我创造的因素时，自我仍然不是一架机器。他反对怀疑论，反对宿命论的超然旁观，把道德和伦理责任作为普遍目标，把由此促进的世俗判断和绝望戏剧化。他认识到“精神失助”这一奇特的现代病，要纠正这种现象必须在信任上获得飞跃，揭示了树立“新生活”或真正的自我是个体摆脱与一个人所处的社会文化环境彻底同化的个体化和分化过程。

克尔凯郭尔认为哲学研究的不是客观存在，而是个人的“存在”，哲学的起点是人，终点是上帝。因其对“个人存在”的研究，克尔凯郭尔被认为是存在主义的先驱，对欧洲哲学影响深远。

先睹为快

问题一：可以对合乎伦理的东西进行神学的怀疑吗？

信仰即是这样一种悖论，个体性比普遍性为高，请记住，其表现形式为，该运动重复不断，致使作为个体的个人在进入了普遍性之后又将自己作为更高的东西与普遍性分离开来。

假如这不是信仰，我们就不会再有亚伯拉罕，而信仰也不会在这个世界上存在过，因为它其实一直存在。

信仰正是这样一种悖论，单独的、个体性的东西比普遍性的东西更高；它在普遍性的东西之前得到辩护，但不是作为低于后者而是作为高于后者的东西得到辩护；不过，请记住，其表现方式为：个人在作为个体而从属于普遍性的东西之后，又借助普遍性而成为比普遍性的东西更高的个体，此外，作为个体的个人与绝对处于一种绝对的关系中。

亚伯拉罕的故事正包含了一种对伦理学的神学怀疑。

亚伯拉罕的行为怪诞，因为他是一个个体，却比普遍的东西更高，这就是怪诞。这个悖论无可调解，只要亚伯拉罕开始如此行动，他就不得不自承在经受一种精神上的磨炼；而如果事情真是那样，他就决不会献出以撒；或者说，如果他献出了以撒，他也一定会在愧疚之中返回普遍性。因此，他得回以撒，完全是一种荒诞。

既然一个人不容易理解荒诞的事物，他又怎能理解居然有人相信荒诞呢？

亚伯拉罕的情况颇为不同。通过他的行动，他超越了整个伦理的范围，并在它之外拥有更高的目的，由于这一目的他对合伦理的事物进行了怀疑。

那么，亚伯拉罕又是怎样存在的呢？他依靠的是信仰。这就是个悖论。由于这一悖论他停留在了那个山顶，而又无法向他人解释这一悖论。这个悖论就在于，他作为个体将自己置于了与绝对物的绝对关系之中。但是他为自己辩护了吗？他的辩护也是一个悖论。因为，如果他为自己进行辩护，那也不是依靠他成为某种普遍的东西，而是依靠他成为个体性的东西。

由此可见，亚伯拉罕的故事包涵着一种在神学上对伦理的怀疑。作为个体，他比普遍性的东西更高。这是一个悖论，它无法进行调和。

一个人可以凭他自己的力量成为悲剧英雄，却不能成为信仰的骑士。当一个人走上了悲剧英雄那艰难曲折的道路，这里会有许多人可以给他忠告，可是对于走上了信仰的羊肠小道的人，却无人能够给予忠告，因为无人理解他。信仰是令人惊奇之事，无人能逸出其外；因为，将人类一切生活统为一体的是激情，而信仰就是激情。

延展阅读

《非此即彼》

本书是克尔凯郭尔的代表作。据研究者分析，此篇是作者模仿德国浪漫派作家弗里德里希·施莱格尔的长篇小说《鲁辛德》写成的。《非此即彼》初版于 1843 年。该书出版后，曾在哥本哈根城内引起轰动。但迟至 20 世纪，本书才在欧洲大陆流传开来。

有趣的哲学世界

《这个世界会好吗》

梁漱溟　口述

本书被誉为“最后的儒者”关于中国社会、时代人物和自身学术思想的真实回顾。

关于作者

见《东西文化及其哲学》之“关于作者”。

荐读理由

《这个世界会好吗》是梁漱溟先生的晚年口述作品，根据梁漱溟与采访者艾恺的对话录音整理而成。本书字句未经任何修饰或删节，最大程度上保留了历史的原貌，真实还原出梁漱溟先生毕生的思想经历和中国社会生活的转变。

本书的采访者艾恺系美国芝加哥大学历史教授，是当代最活跃、最有影响力的汉学家之一，在梁漱溟研究上堪称第一人，著有《最后的儒者》、《南京十年的乡村建设》等多部专著。在编著《最后的儒者》时，艾恺全凭文献资料来解读梁漱溟的思想与活动。为验证他在自己著作中的判断是否准确，便有了1980年艾恺对梁漱溟先生的访谈，最终成书《这个世界会好吗》。

艾恺教授在前序里说："梁先生与我谈话的内容，有一大部分是我向他请教20世纪初的人事。为何我不静静听梁先生抒发他的想法，而要询问他许多过去的交往呢？我是历史研究者，自然会希望多多保存历史资料，而梁先生是我所知最后一个健在且头脑清明的人，曾经亲身经历参与过这几十年中国文化剧变，并且和许多重要知识分子相知相交过。他的回忆是宝贵的，所以我才僭越地主导谈话，希望可以将这些独一无二的经验记录下来。"

梁漱溟在口述中回顾了一生中的重要活动，包括任教北大、从事乡建运动、创建民主同盟等等，同时记录了梁漱溟先生关于儒学、政治等方面的观点转变。

前序中提及的"20世纪初的人事"也是书中极为重要的对话内容之一。梁漱溟先生接受访谈时已是87岁高龄，经历了岁月的洗礼和时代的变更，谈笑间点评了很多与自己有交往的时代人物，如毛泽东、周恩来、陈独秀、李大钊，还有胡适、蒋介石、陈诚、吴稚晖、李宗仁、白崇禧、冯玉祥、韩复榘、辜鸿铭、张东荪、张君劢等，以及与自己一起从事乡村建设工作的朋友如晏阳初、王鸿一、梁仲华等。梁漱溟先生的点评源于其真实的感受，很多评价与前人的认知有很大区别。

本书内容丰富，为我们了解梁漱溟先生的人生观和近代中国社会生活提供了重要的参考。其价值正如艾恺先生所言："就作为历史研究者的角度看，梁先生仍会在历史上占有重要地位，不单单是因为他独特的思想，而且因为他表里如一的人格。"

先睹为快

艾（指本书的采访者艾恺，下同）：我说的现在的计划的内容，跟过去解放以前人所提出来的计划的内容——过去您也提倡过的——哪一个比较接近、比较相同现在实行的？20 年代、30 年代、40 年代……

梁：过去讲的都是空话。

艾：都是空话？那您觉得，比如乡村建设运动，您自己也是发起了这个运动，有没有跟现在的情况类似的地方？

梁：有。

艾：具体一些。

梁：就我自己说，我想要做到的——我曾经说过一下了——就是让散漫的农民——各自顾身家，顾我一身一家的农民——能够组织起来，能够组成团体，现在组织起来了。团体组织是一面，是中国所缺乏的，要赶紧往这方面走。还有一方面就是，中国的科学技术上是太缺乏了、太落后了，那么怎么样把科学技术能够引进到中国来，引进到农业上，引进到农业工业化，这个事情现在也能做了。一个团体组织，一个科学技术，这个两面，从前我搞乡村运动的、我想要做的事情，现在都往这个方向走了。

艾：我问这个问题要点之一，就是把毛泽东的计划跟您的计划比较，有很多很多相同的地方——就是您和毛主席的乡下的合作社的计划和现代化的计划。50 年代以后，您原来要做的事果然是做出来了。

……

梁：可以说入手相同，他的革命的入手是农村包围城市，他入手是农村，我要建设新中国，我也是入手是农村，从入手是相同。

艾：抗战的时候的延安的情形、根据地的情形，在华北、在华中、在陕西，各种地方，不要说笼统的很相同，就是具体的细节也常常相同的。解放以后，毛主席所注重的很多计划，也是跟当年的乡村建设很相同，比较注重乡村，也有把工业、小型的工厂分散在乡下，也不要集中在大都市，这是一个，很多啊，书里可以说是算是争鸣了，我不知道您对这个……

梁：是，是这样的。我不是昨天说过一下，从乡村入手是没问题了。入手干什么呢？主要往哪个方向去做呢？两条，就是让散漫的农民渐渐地有了团体组织，一面呢，从旧的生产技术来提高人力，要引用近代的科学技术。团体组织、科学技术这两面，这两面现在毛主席说的，他从开头初级合作社、高级合作社，最后人民公社，这是往组织里头去，不可避免，中国想要进步，一定要把散漫的农民组织起来，组织起来才好引用进步的科学技术。事实上大家只能走一条路。

延展阅读

《乡村建设理论》

“乡村建设理论”由梁漱溟提出。他设计的乡村建设方案是：把乡村组织起来，建立乡农学校作为政教合一的机关，向农民进行安分守法的伦理道德教育，达到社会安定的目的；组织乡村自卫团体，维护社会治安；在经济上组织农村合作社，以谋取乡村的发达，即“乡村文明”、“乡村都市化”，并达到全国乡村建设运动的大联合，以期改造中国。梁漱溟在总结自己乡村建设实践时也指出了其中两大难处：第一点是高谈改造而依附政权；第二点是号称乡村运动而乡村不动。这是梁漱溟个人无法解决的难题，也决定了乡村建设运动失败的必然性。

《湖上闲思录》

钱穆 著

本书就人类精神和文化领域诸多相对命题的讨论有极强的针对性和时代性，关于人生、自然、宗教伦理的论述历久弥新。

关于作者

见《阴明学述要》之“关于作者”。

荐读理由

本书是钱穆先生1948年归乡时所作的随笔集。在本书的序言中，钱穆先生写道：“因着一位友人的一番怂恿而触机开头写起的，经过了约莫四个月的时间，积成这30篇文字，把它汇集成册。我的生活，其实也算不得是闲散，但总是在太湖的近边，时时见到闲云野鸥风帆浪涛，总还是有一些闲时光的。我的那些思想，则总是在那些闲时光中透逗，在那些闲时光中酝酿。”

《湖上闲思录》纵论古今中西，深入浅出，笔触流畅，每篇寥寥数语，却蕴藏丰富的哲思和深邃的智慧。书中共收录30篇随笔，从二元对立的视角思索了哲学的基本问题。

书中最著名的是作者关于物质与精神的判断。钱穆先生把人生分为物质的与精神的。物质生活是人最基础的需要，但人之所以为人，在于他有超乎肉体之外的生活。“若使其人终身囿于物质生活中，没有启示透发其爱美的求知的内心深处，一种无底止的向前追求，则实是人生一最大缺陷而无可补偿。人生只有在心灵中进展，绝不仅在物质上涂饰。”

书中认为，人生总是文学的，也可是宗教的，但又该是道德的。“其实道德也依然是宗教的、文学的，而且也可说是一种极真挚的宗教、极浪漫的文学。道德人生，以及宗教人生、文学人生，在此真挚浪漫的感情喷薄外放处，同样如艺术人生、科学人生般，你将无往而不见其成功，无往而不得其欢乐。”人生的这几种境界和价值是相互穿透的，但在作者看来，道德的境界是最高的境界，道德的人格是最高的人格，如孔子、耶稣等等。“一切宗教人格之扩大，莫非由其道德人格之扩大。中国人崇拜道德人格，尤胜于崇拜宗教人格。崇拜圣人，尤胜于崇拜教主，其理由即在此。”人文历史上的一切艺术、文学、宗教、道德之最高成就，都是一种内心自由的表现。

钱穆在书中指出东西方在道德与宗教观念上的差异：“东方人以道德人生为首座，而西方人则以宗教人生为首座。西方人的长处，在能忘却自我而投入外面的事象中，做一种纯客观的追求……中国人的主要精神，则在能亲切把握自我，而即以自我直接与外界事物相融凝……若说中国人是超乎象外，得其环中，则西方人可说是超其环中，得乎象外了。西方人最高希望应说能活在上帝心中，而中国人可说是只望活在别人心中。”

书中认为，中国人是“崇圣”的而不是“尚神”的。虽然中国思想中有一种“泛神论”，民间传说中不乏神怪传说，但与西方大传统的一元至上论相比，中国的传统则是圣人崇拜。中国思想没有天国人间、经验超验的二分法。中国的儒、释、道三教皆认为人人都有成圣人、成真人、成至人、成佛陀的可能。“东方的神秘主义特别在其观心法，使己心沉潜而直达于绝对之域，把小我的心象泯失去了，好让宇宙万有平等入己心中来。西方神秘主义则不同，他们要把全能无限的神作为对象，舍弃自己人格，而求神惠降临，摄己归神，进入于无限，此乃双方之不同。因此东方神秘主义不过扩大了一己的心灵，泯弃小我，而仍在此人世界之内。西方神秘主义则转入到整个世界以外之另一界。换言之，东方神秘主义乃是依于自力而完成其为一圣者，西方神秘主义，则是依于外力而获得了神性。”

统观全书，虽篇目主题分散，内容宽泛，但自始至终贯穿着作者的大哲学观。全书语重心长，既见出史家的沉潜与细密，又见出哲人的深邃和文学家的灵秀，堪称钱穆先生毕生思想的结晶。

先睹为快

宇宙之大，只须稍读几本近代天文学的书，便不难想象。当你在夜间仰视天空，虽见万千星座，密布四围。但那些星与星间距离之辽阔，是够可惊人的。群星之在太空，恰应似大海上几点帆船，或几只鸥鸟。我们尽可说，宇宙间是空虚远超过了真实。虽则那些星群光芒四射，灿烂耀人，但我们也可说，宇宙间是黑暗远超过了光明。

在宇宙间有太阳，在太阳系里有地球，在地球上万物中有了生命，在生命里有人类，人类在整个宇宙间的地位，实在太渺小了。譬如在大黑深夜，无边的旷野里有着一点微光，最多只照见了他近旁尺寸之地，稍远则全是漆黑，全是不可知。人类生命历程中所发出的这一点微光，譬喻得更恰当些，应该如萤火般，萤虽飞着前进，他的光则照耀在后面尾梢头。人类的知识，也只能知道已然的，凭此一些对于已然的知识与记忆，来奔向前程，奔向此无穷不可知之将来。

我，不能再有第二个我，如此我才可贵。我只是我，不能又是他。若你又就是他，他已有了一个他，不希罕再有一个你的他。因此你若放在他之眼里，放在他之心中，应该使他觉到你有些处确实不是他，在他身上缺了你，他才觉得你之可贵。在他身上有着你，他才觉得你之可爱，所以你应该像他，同时又该不像他，这始是你之有意义处，始是你之有价值处。

因此说，理想的我，应该放在人人心目中，无不发现有他，而同时又无不发现有你。

其实人生本来是这样，人人与人相同，人人与人相异。谁也不能与众不同，谁也不能与众全同，谁也不能与众不异，谁也不能与众全异。长宙广宇，往古来今，无穷无尽的人生，本来就是这样了，哪值得大惊小怪把此来作宣传、作描写呢？然而人生之真价值真意义却便在此。若使人生本来不如此，要人来大惊小怪地作宣传作描写，要人来刻意奉行，穷气竭力还恐做不到，那便决非人生真理了。强人所难，人又谁肯来接受你那一套宣传？承认你那一套描写呢？

让我们把此问题缩小，只就一个人的生命来讲。我一天的生命，便是一天的我。理想的一天的我，应该和天天的我有其同一处，同时又有其相异处。前者表示其人格之坚强与鲜明，后者表示其生命之活泼与动进。中国古语有云："昨日种种譬如昨日死，今日种种譬如今日生。"此事不可能，而且也要不得。死却一部分，又新生一部分，同时也还保留一部分，这才是人生之正轨。其实这也是人人生命之共有状态，人人本来就如此。唯其人人本来就如此，所以可以把来做人人生活的标准与理想。

孔子、释迦和耶稣，他们人格的伟大处，也只在人人中间都有他，而又人人中间都没有他。他们的日常生活，他们的全生命之内心历程，也只是永是那样，而又永不是那样。

一切的一切，都该作如是观。

延展阅读

《中国历代政治得失》

本书是作者的专题演讲合集，分别就中国汉、唐、宋、明、清五代的政府组织、百官职权、考试监察、财经赋税、兵役义务等种种政治制度作了提要钩玄的概观与比照，叙述因革演变，指陈利害得失。既高屋建瓴地总括了中国历史与政治的精要大义，又点明了近现代国人对传统文化和精神的种种误解。言简意赅，语重心长，实不失为一部简明的“中国政治制度史”。

《思想之剑》

赵汀阳 著

关于作者

赵汀阳，1961年出生，广东汕头人。1982年从中国人民大学哲学系本科毕业，1985—1988年就读于中国社会科学院研究生院，师从李泽厚先生。

赵汀阳的主要研究领域涉及伦理学、政治哲学、哲学逻辑和知识论。1992年以前，研究重心在西方哲学，特别是维特根斯坦和胡塞尔。1992年以来逐步提出自己的一些独创理论，其中“可能生活”理论、“无立场分析”理论和“综合文本”理论有着比较广泛的影响。

1994年，构成赵汀阳思想核心的伦理学著作《论可能生活》问世，此书一出即引起了国内学界的广泛关注和争论。此后相继出版的重要著作有：《22个方案》、《一个或所有问题》、《人之常情》、《直观》、《长话短说》和《没有世界观的世界》等，另外还主编两部书代刊式的年度性杂志：《论证》和《年度学术》。

受早年攻研西方哲学的影响，赵汀阳的著作形式上颇具西方风格，尤其体现在论证时不惜笔墨大量运用逻辑。但在学术姿态上，赵汀阳秉承“为往圣继绝学，为万世开太平”的传统中国风质，摆脱西方式的烦琐的术语纠缠，直面问题本身。这些问题与现实和时代紧密相关，都是“人们心中的困惑”。

赵汀阳的最大特点是敏锐地找到那些亟待解决的问题，以之为“箭靶”，并且能够原创性地提供给人们新的视角，抓住问题的突破点。在赵汀阳的学术文本中，他对这种新方法论的运用也相当灵活。

赵汀阳学术工作的突出特色是从观念到方法都体现了鲜锐的创新意识与罕见的理论气魄。他的“可能生活”理论和“无立场分析”理论等是中国哲学界空前的伦理学与方法论建构。他的学术工作在学界引起很大争论，褒贬互见，评价不一。

赵汀阳现任中国社会科学院哲学研究所研究员、互动知识中心主持，并在北京大学、清华大学和浙江大学兼任研究员；在国际合作上，担任巴黎欧洲跨文化研究所研究员、学术常委、中国观察站主持，法国《跨文化关键词大百科全书》中国部分主编，法语哲学世界协会中国分会副主任以及联合国教科文“哲学日”中国项目主持。

荐读理由

赵汀阳这样评价《思想之剑》：“这是几个‘愚蠢的哲学家’写给聪明的中学生看的书。”

《思想之剑》是“画说哲学”丛书中的一部，收录了《思想的功夫》、《开路而行》等16篇哲学短文，加上简洁却不单调的漫画，探讨与哲学相关的诸多问题。

从1992年开始，赵汀阳尝试用非专业术语表达哲学理念。他认为：“漫画本来是不需要或者基本不需要文字说明的。我一直坚持这个传统感觉，总觉得一旦需要文字帮忙，就证明图像水平不高。但是有一些碰巧知道做哲学的赵汀阳和画漫画的赵汀阳是同一个人的朋友们，多次建议我给‘精选的’漫画配上哲学方面的文字，以便增进理解和快乐。虽然这样做了，是否能够因此增进理解，却不知道，因为在观念与图像之间显然存在着距离，即使在同一主题下，它们也各自表达各自所能够表达的东西。加上文字虽然不一定能够增进理解，但如果能够因此增加快乐就好了。快乐比理解重要。”

统观全书，图像与文字成为哲学语言的两种不同的表达方式。但作者赵汀阳认为，“这些文字显然不是真正的哲学讨论，至多是与哲学有关的议论而已。因为画漫画的时候根本没有想到理论，而是随便碰到什么能够变成快乐图像的事情就画了。漫画仅仅是休息，就像有的人以拉提琴或下围棋作为休息一样，是一件与哲学活动完全无关的事情。如果说这些漫画里面往往涉及一些哲学观念，那是因为哲学观念于我比较现成，是手边的东西而已”。

《思想之剑》另一个显著的特色是语言的平实，但通俗化的语言却并未冲淡深奥的道理。赵汀阳认为，“长期以来，哲学形成了一个内向性的精神生活空间，专业语言演绎成一种自闭的术语，离实践越来越远，以至于难以用日常语言进行哲学对话，这破坏了哲学与真实问题的直接关系”。

赵汀阳曾说：“用平易的语言表达深刻的哲学是可能的，而语言方式的改变实际上是思维方式的变革，如世纪初的白话文革命。”赵汀阳不仅用漫画诠释这一信念，他的一系列著作如《论可能生活》、《人之常情》等都在语言表达和思维层次上有新的探索和突破。

先睹为快

这个时代的危机特别表现为生活意义和理念的缺失。尽管我们可能获得所有的知识，但是最重要的东西不巧落在知识界限之外，知识的巨大成功无助于生活意义的建立。现代社会提供了一个生活游戏，即权力/金钱游戏，人们虽然有选择的权利，却没有可以选择的多种可能游戏。要建立有着多种可能生活的社会，就需要由社会生活的商业性策划转向艺术性策划。

哲学家喜欢进行超越了事实的理想主义思考，这是个坏习惯。除了纯形式的思想（数学和逻辑），任何思想都不能超越事实的余地。无论我们怀有多么美好的理想，在进行思想的时候都必须在事实的余地里去思想，否则，就是在犯傻。

一种有害的价值观是相信有某一种伦理理想和价值观把生活整个管理和规范起来。只要一种规范企图把生活意义和精神价值管理起来，这种规范就是事实的道德败坏。

生活的意义很大程度上表现为生活的“戏剧性”或者故事性，而这需要价值的冲突、生活场面的丰富、例外和奇迹等等。

尽管我们有可能过一般庸俗的生活，但美好或伟大的生活却是生活的意义，美好或伟大的生活无论如何稀少，都必须是生活中可能的生活，如果生活场面和环境里不可能有美好和伟大的事情，生活就不再有意义，而如果生活没有意义，那么一切东西包括所有伦理规范在内都没有意义。

要知道哲学的用处，首先要弄清楚思想的作用。人的所有所为，除了一小部分是本能性的，绝大部分是由思想所决定的，这就是说，思想告诉我们什么是对的、什么是错的，什么是真的、什么是假的，什么是好的、什么是坏的，还告诉我们怎样做是有效的、怎样做是无效的，怎样做是有利的、怎样做是不利的，等等。总之，思想在指导着我们的所有选择。我把这种指导行为的思想叫作“指导性思想”。然而，我们又怎么能够知道这些指导性的思想是可靠的呢？又怎么知道这些指导性思想是值得相信的呢？尽管这些指导性的思想告诉我们什么是真的、什么是好的，可是，这些思想会不会恰恰把事情搞错了呢？无论如何，我们必须意识到，任何一种指导性的思想，它本身都有可能是错误的，所以，我们不能盲目地相信某一种思想观念，不要因为许多人相信某种看法就随之相信它，也不要因为某种说法好像有道理就相信它。俗话说“三思而行”，与此类似，我们必须“三思而信”、“不思不信”。

延展阅读

《脑袋、书本及其它》

本书是作者的另一部精品。

本书的叙述摈弃了哲学家高头讲章式的风格，平淡道来，容易领会。内容上，于中国传统思想、科学主义与资本主义、知识与信仰、正义与价值与规范、生活之意义以及孤独、时间、灵魂、自我、言说、偶然与必然等命题都有涉及，多数见解独特、深邃，令人有醍醐灌顶之感。

《新知言》

冯友兰　著

以《新知言》为主的“贞元六书”是冯友兰思想成熟的标志，也代表了他一生治学中公认的最高成就。

关于作者

见《中国哲学简史》之“关于作者”。

荐读理由

从1939年到1946年的七年间，冯友兰连续出版了六本书，称为“贞元之际所著书”，分别是：《新理学》、《新世训》、《新事论》、《新原人》、《新原道》、《新知言》。冯友兰通过“贞元六书”创立了新理学思想体系，其中《新知言》是新理学方法论的专著。

在《新知言》里，冯先生从人生观角度给出哲学的第二个定义：哲学是对于人生的、有系统的、反思的思想。因此，如果说《新原道》是通过对道统的叙述而确立新理学在中国哲学中的地位，《新知言》则是通过“方法”将新理学放在现代世界哲学的范畴中加以论述。

《新知言》首先从知识分类着手，讨论科学和哲学的关系，试图给哲学划界。冯友兰认为，说哲学是未成熟的科学或说哲学是诸科学的综合都是错误的，因为哲学和科学完全是两种不同的学问，“哲学（或最哲学的哲学）并不以科学为依据，所以亦不随科学中理论之改变而失其存在之价值”。书中将哲学分为两种：普通的形上学和真正的形上学（即“最哲学的哲学”），并且把真正的形上学的方法描述为两种，即“正的方法”和“负的方法”。正的方法又叫逻辑分析法，负的方法实际上就是直觉的方法。

《新知言》回顾了西方历史上最有影响的几位大哲学家的方法论原则，如柏拉图的辩证法、斯宾诺莎的反观法和康德的批判法等。在反观西方哲人的同时，冯友兰对逻辑经验主义哲学观进行考察和批判，以体现新理学的正的方法和逻辑经验论的逻辑分析法的异同。在比对的基础上，冯友兰评价中国新理学为“一方面受道家、禅宗之负的方法的启示，另一方面用现代逻辑的成果来试图建立新的形而上学”。

《新知言》等“贞元六书”的贡献不仅体现在新理学体系的建立上，还表明了冯友兰先生对于中华民族复兴的坚定信念。他在《新原人》自序中曾有明确的表述：“‘为天地立心，为生民立命，为往圣继绝学，为万世开太平’，此哲学家所应自期许者也。况我国家民族，值贞元之会，当绝续之交，通天人之际，达古今之变，明内圣外王之道者，岂可不尽所欲言，以为我国家致太平，我亿兆安身立命之用乎？虽不能至，心向往之。非日能之，愿学焉。此《新理学》、《新事论》、《新世训》，及此书所由作也。”

先睹为快

假使我们要只用一句话，说出哲学是甚么，我们就可以说：哲学是对于人生底，有系统底，反思底思想。每一个人，只要他没有死，他都在人生中，但不是每一个人，都对于人生有系统底，反思底思想。这种思想，所以谓之反思，理由有两点。就第一点说，反思底思想，是以人生为对象底。以人生为对象底思想，仍是在人生中。在人生中思想人生底思想，是反思底思想。就第二点说，思想亦是人生中底一种主要底活动。以人生为对象而思之，不免也要以思想为对象而思之。这就是思想思想。思想思想的思想是反思底思想。思想是人生中底光。反思底思想是人生中底光的回光返照。

在《新理学》中我们说：哲学乃自纯思之观点，对于经验，作理智底分析、总括及解释，而又以名言说出之者。这就是哲学的方法及研究哲学底出发点，以说哲学。凡有关于实际底学问，都需以经验为其出发点。因为所谓实际，就是经验的对象，或可能底经验的对象，纯思是哲学的方法。理智底分析、总括及解释，是思的方法。此所谓理智底，亦可以说是逻辑底。我们用理智对于经验作分析、总括及解释，所得底是逻辑底分析、总括及解释。说理智底，是就我们的官能说。说逻辑底，是就所得底结果说。

形上学是哲学中底最重要底一部分。因为它代表人对于人生底最后底觉解。这种觉解，是人有最高底境界所必需底。我们对于经验的内容，作逻辑底分析、总括及解释，其结果可以得到几个超越底观念。所谓超越就是超越于经验。用中国哲学史中底话说，就是超乎形象底。我们的理智，自经验出发而得到超越于经验者，对于超越于经验者底观念，我们称之为超越底观念。这几个超越底观念，就是形上学底观念，也就是形上学中底主要观念。

延展阅读

《三松堂自序》

1981 年，冯友兰以 86 岁高龄口述完成了《三松堂自序》。这本老境之作在冯友兰的著述系列中有着特殊的意义：其一，对自己一生经历和他所生活的时代都有生动的记述，即作者自言的“忆往思，述旧闻，怀古人，望来者”，使我们全面了解其人其事；其二，作为卓然自成一家的哲学家，冯友兰描述了自己的学术道路，剖析了学术思想变迁；其三，该自序可看作一部“忏悔录”，对自己在过去30年间接受批判、自我批判、改造思想的过程中，放弃独立思考，人格上失去自我的可悲际遇加以真诚的解剖。作者的人生道路与痛定思痛之际的反思，在一代知识分子中颇具典型性，因而具有普遍的代表意义。

《天人之际——中西哲学的困惑与选择》

张世英 著

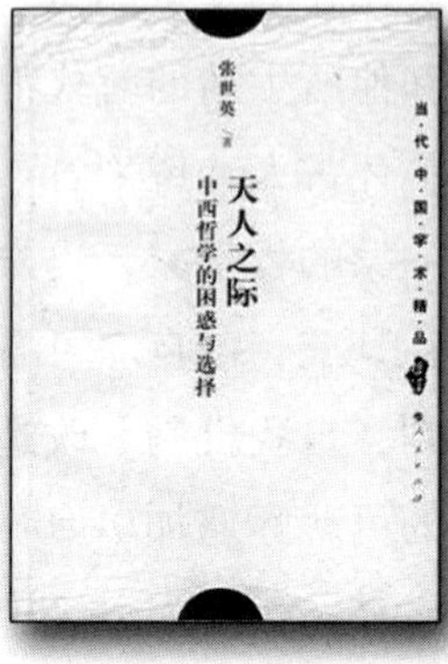

关于作者

张世英，中国著名哲学家，黑格尔哲学研究专家，北京大学外国哲学研究所教授。

1921 年，张世英出身于湖北武汉书香门第。他从小熟读《论语》、《孟子》，1941 年秋考入昆明西南联合大学经济系，后转入哲学系，1949 年毕业，取得哲学硕士学位。后曾在南开大学、武汉大学任教，1952 年转入北京大学任教至今。

张世英系统研究了黑格尔的哲学体系。他认为，黑格尔的全部哲学体系的最高峰是他的精神哲学，黑格尔哲学是关于人的哲学，精神哲学部分应比他的逻辑学部分受到更大的重视。黑格尔哲学作为传统形而上学的顶峰，又蕴含和预示了传统形而上学的颠覆和现当代西方哲学的一些思想。他的《论黑格尔的逻辑学》和《论黑格尔的精神哲学》都是中国较早系统论述黑格尔哲学体系中这两个部分的专著。

自 20 世纪 80 年代始，张世英有感于国内学术界对“主体性”讨论时概念不清，对西方现当代哲学进行了深入探讨。根据对西方哲学的整体理解，张世英先生认同西方哲学大体经历三次革命的观点。第一次是苏格拉底—柏拉图的转向，即从具体事物中寻找事物之根源转向在人的“心灵世界”即“理念”中寻找根源，从而开启了西方传统形而上学的先河。第二次是笛卡尔所开创的以“主客二分”和“心物二元”为基础的主体性哲学。而第三次是胡塞尔所代表的西方现代和后现代哲学，其特征是主客融合或超越主客二分。而对于中国哲学，张先生认为“天人合一”的思想一直是中国哲学的主导思想。

对于人生境界，张世英主张从“万物一体”和哲学追求最终目的的维度加以阐释。首先，人与事物一样，都是宇宙间无穷无尽的相互关联的网络中的一个交叉点或聚焦点。人不同于物的地方就在于这个聚焦点是“灵明”，而物无此“灵明”。正是这点“灵明”，构成了一个人的“境界”。所以“境界”就是一个人“灵明”所照亮了的、他所生活在其中的世界。其次，西方传统的主客关系式的哲学，把哲学的最高任务看作通过人的理性思维，认识客体的普遍规律，达到主客对立的统一。张世英则认为哲学应该是以提高人生境界为目的的学问，是提高人生境界之学。

近20年来，张世英致力于中西哲学比较研究，在充分吸收中国古代哲学和西方现当代人文主义哲学优秀成果的基础上，创造性地提出了一套以“万物一体”为主纲的新哲学观。这一思想取向继承了五四以来熊十力、冯友兰、金岳霖诸家建构的现代中国哲学的优良传统，实现了民族性与现代性的完美统一。新哲学观的提出，是张世英先生哲学思想日臻圆融的重要标志。

荐读理由

对于中国哲学，张世英先生认为“天人合一”的思想一直是中国哲学的主导思想。在《天人之际——中西哲学的困惑与选择》中，张先生认为中国哲学缺乏主客二分的思想和主体性原则，基本上是以前主体性或前主客二分的天人合一为原则的哲学。

本书分为三篇。上篇为“历史”。其详尽地讲述了“主客二分”及“天人合一”两种人对世界万物的基本态度在中西哲学史上的主导与流变，从历史的角度梳理了中西哲学思想的历程：中国哲学以“天人合一”为主导原则；而西方哲学以“主客二分”为主导原则。当然事物不是一成不变的，中国到了鸦片战争以后，近代思想家开始对“天人合一”进行批判，走向“主客二分”的道路，不断吸收着西方这种有利于物质文明的“主客二分”哲学思想。那么西方哲学又经过了怎样的流变呢？现代哲学开端的哲学家宣称“哲学已经终结”，又走向了由“主客二分”向“天人合一”的转变，以海德格尔为代表的哲学家创立了“人—世界”的超越性哲学境界。作者还强调了“主客二分”要以“天人合一”为基础。

中篇为“理论”。作者着重对“天人合一”和“主客二分”的几种类别作了区分，对其发展历程作了回顾。中国原始的“天人合一”可以分为儒家有道德意义的“天人合一”及道家无道德意义的“天人合一”。前者有封建礼教压制人的方面，我们应该扬弃地对待，其中又可以分为两类：一是董仲舒的“人副天数”的天人相类说；二是孟子首创、宋儒阐发的天人相通说，其中有两派，一为朱熹代表的天理体现于人心，即所谓人受命于天、“与理为一”，二为陆王代表的“人心即天理”、致人心之良知即能“以天地万物为一体”。后者才是更有价值的无道德意义“天人合一”的哲学境界——道家无道德意义的“道”与人合一的思想，即所谓“天地与我并生，万物与我为一”的境界。对“主客二分”这种在西方占据主导地位的哲学思想则作了其理论发展的一个回顾，同时也强调了西方近代哲学家是怎样试图超越“主客二分”和超越的历程。西方那种经过“主客二分”洗礼的“天人合一”则是作者阐述的重点，“人—世界”的最高的“天人合一”境界得到了作者的推崇，同时也对西方各种“天人合一”思想作了阐述。

下篇为“哲学与哲学家”。这是妙趣横生的一章。作者把中西哲学家放在一起对他们的思想和历史地位作了比较，提出了很多独到的思想。例如一般认为风马牛不相及的尼采和老庄也被作者从特殊的角度糅合在一起作比较，这一章是最有创造性的思想的综合。

本书秉承了张世英深入浅出、明晰易懂的写作风格，以“天人合一”与“主客二分”的关系对中西哲学作了一次系统的梳理，为后学的研究开辟了全新的视角。

先睹为快

我们一提到知行问题，就想到认识与实践，并且认为认识就是指主体认识到客体、对象是什么，实践就是指改造世界、改造自然，使其为主体服务。但中国哲学史所讲的知行问题是否只是指的这种含义呢？或者更具体地说，是否主要的是指这种含义呢？其实，这种含义主要来自西方哲学系统，至于中国哲学传统所讲的知行，主要地不是指这种含义，而是指道德意义的知和道德意义的行。前一种含义的认识与实践问题是一个认识论的问题，后一种含义的知行问题是一个伦理道德问题。中国哲学传统所讲的知行问题主要地是伦理道德问题，当然也包含认识论问题。把中国哲学史上的知行问题主要地当作认识问题来讨论，从而把中国哲学史上的知行问题主要地当作某种认识论来批判，未免文不对题，至少是不恰当的。

我们平常说，中国哲学史所讲的本根，是与具体事物不相分离的。我以为这并不是说中国哲学史不承认有形而上的、超越的世界。从孟子到朱熹，都有裂道与器为二，注重形上与形下之分的思想或倾向，朱熹尤其是这样。我们既应断言他们主张本根与具体事物不相分离，又应断言他们主张有形而上的、超越的世界，超越并不就是分离。说中国哲学史讲的本根与具体事物不相分离，是因为两者处于本末、源流的关系之中，而本与末、源与流本来就是一体的。

我们平常说西方哲学史分裂本体与现象为二。我以为这决不是说它们之间没有任何联系，即使持柏拉图的理念与具体事务相互分离的主张，也不否认两者间有一定形式的联系。

一般都认为王阳明是一个彻头彻尾的主观唯心主义者和唯我论者，他所谓“天下无心外之物”就是指，无人心则根本上无外物存在。这种看法也许简单了一些。王阳明说过：“天地鬼神万物，离却我的灵明，便没有天地鬼神万物了。我的灵明，离却天地鬼神万物，亦没有我的灵明。”天地万物不能无心，但心亦不能无天地万物，二者“一气流通”，不可“间隔”。如果我们可以作一点揣测的话，则王阳明所谓无心则无外物，也许只是说，离却我的灵明，天地万物变成了无心之物、无意义之物，而无心之物或无意义之物就等于无物。

延展阅读

《哲学导论》

本书是作者的另一部精品。

张世英先生在本书中更加系统和理论地对整体性哲学进行详细的构架。通过人—世界和主体—客体，来揭示哲学史上的本体论的建构特点，并通过这种结构的分析，对精神发展的阶段、真理观作一种结构性的分析。通过这种分析，张先生认为此时的“万物一体”是真、善、美的统一体。在万物一体的普遍联系中才能把握真，而只有超越主客关系才能达到物我两忘的美，而万物一体的审美意识使人有“民胞物与”的责任感和同类感即是善。而这种意在突破传统、超越现实、展望未来的整体性哲学被张先生称为“希望的哲学”。

《中国古代哲学的逻辑发展》

冯契　著

本书是哲学界公认的研究中国古代哲学逻辑发展的扛鼎之作。

关于作者

冯契（1915—1995），原名冯宝麟，生于浙江诸暨。著名哲学史家、哲学家、美学家、教育家。

1935年，冯契考入清华大学哲学系，抗战爆发后，曾赴延安，并辗转山西、河北等地，参加抗日工作。1939年前往西南联合大学复学，1941年毕业。1941年至1944年，在清华研究院读研究生期间，曾从学于金岳霖、汤用彤、冯友兰等大家。离开西南联合大学后，曾任教于云南大学、同济大学、复旦大学等，并在《哲学评论》、《时与文》、《展望》等杂志发表学术论文与杂文。

自20世纪40年代开始，在半个多世纪的思想跋涉中，冯契既历经了西方的智慧之路，又沉潜于中国的智慧长河，而对人类认识史的这种沉思与反省，又伴随着马克思主义的洗礼及对时代问题的关注。从早年的《智慧》到晚年的《智慧说三篇》，冯契以始于智慧又终于智慧的长期沉思，为中国当代哲学留下了一个创造性的体系。

以智慧的探索为中心，冯契的哲学思考涉及中国哲学史、认识论、价值论、伦理学、美学、逻辑学等多个领域。在中国哲学史研究方面，其代表作是三卷本的《中国古代哲学的逻辑发展》和一卷本的《中国近代哲学的革命进程》。冯契对中国古代哲学的考察，侧重于揭示中国古代哲学合乎规律的发展过程。运用历史与逻辑相统一及科学的比较方法，冯契梳理了中国古代哲学的演进的历史脉络及其中的逻辑环节，并对中国古代哲学的历史特点作了深入的分析。

冯契对认识论作了广义的理解，认为它包括如下四个问题：第一，感觉能否给予客观实在；第二，理论思维能否达到科学真理，或者说，普遍必然的科学知识何以可能；第三，逻辑思维能否把握具体真理（首先是世界统一原理、宇宙发展法则）；第四，人能否获得自由，或者说，自由人格或理想人格如何培养。在冯契看来，中国传统哲学在关注前两个问题的同时，又对后两个问题作了更多的考察：逻辑思维能否把握宇宙发展法则的问题，理想人格如何培养的问题，都发端于先秦的名实之辩，二者贯穿于整个中国哲学史，正是在对这两个问题的考察上，显示了中国传统哲学的特点。

新中国成立后，冯契历任华东师范大学教授、政治教育系主任、哲学系名誉主任，上海社会科学院副院长，中国哲学史学会第一、二届副会长，上海市社会科学联合会第三届副主席，上海市哲学学会第五届会长，中国辩证逻辑学会会长。先后著有《怎样认识世界》，主编《辩证唯物主义和历史唯物主义》、《哲学大词典》，出版有10卷本的个人哲学著作《冯契文集》。

荐读理由

《中国古代哲学的逻辑发展》运用马克思主义的辩证方法，梳理了中国古代哲学从先秦到清末鸦片战争之前的逻辑发展轨迹，并对中国古代哲学的历史特点作了深入剖析。全书不仅重在揭示历代哲学思想的逻辑演变，而且描述了中国古代哲学中知识与智慧、理论与方法、观念与德性之间的转化，能够深刻地启迪人生。

冯契认为，相对于西方哲学，中国哲学较早地发展了辩证逻辑；每当中国达到总结阶段时，就有哲学家或逻辑学家对辩证思维的形式进行考察，提出辩证逻辑的原理，在先秦哲学的总结阶段，《荀子》、《易传》、《内经》初步形成辩证逻辑的系统，到宋明，从沈括、张载到王夫之、黄宗羲，辩证逻辑又有了进一步的发展。

冯契进而指出，与辩证逻辑的早期发展相应，中国较早地发展了辩证的自然观，这种自然观以气一元论为基础，将道理解为阴阳的对立统一。辩证逻辑与辩证的自然观对逻辑思维能否把握宇宙发展法则作了肯定的回答和多方面的考察。冯契的这一看法不同于所谓中国人"重人生轻自然、长于伦理而忽视逻辑"的流行之论，它在相当程度上深化了对中国传统认识论和自然观的理解。

哲学史与哲学的统一，是体现于冯契哲学研究过程的一个基本原则。对以往哲学的考察，总是处处渗入他的哲学见解，而他的哲学思考，又伴随着对以往哲学智慧的总结。这种总结，比较集中地体现在他的《智慧说三篇》中。《智慧说三篇》由三部相互联系的著作构成，即《认识世界和认识自我》、《逻辑思维的辩证法》、《人的自由和真、善、美》。冯契对认识论作了广义的理解，认为它不应限于知识论，而且应研究智慧的学说，要讨论元学（形而上学）如何可能、理想人格如何培养等问题。

按冯契的理解，广义的认识过程包括两个飞跃，即从无知到知的飞跃和从知识到智慧的飞跃。由无知到知的过程发端于实践中获得的感觉，这种感觉能够给予客观实在。冯契认为知识经验领域无非是以得自经验者还治经验。得自经验者即概念，用概念来摹写和规范经验，以得自现实之道还治现实，由此形成了知识经验。

经验知识涉及的是名言之域，在冯契看来，认识并不限于经验领域，它同时指向性与天道，后者即是智慧之域。如果说认识论的前两个问题主要关联着经验知识，那么，智慧则更多地涉及认识论的后两个问题，即关于性与天道的认识；而关于道的真理性认识又内在地关联着人的发展，后者便展开为自由的人格。冯契肯定，逻辑思维能够把握具体真理：人能够在有限中认识无限，在相对中揭示绝对，而这一过程即表现为从知识到智慧的飞跃。

可以看出，从无知到知，又从知识到智慧的飞跃，既是知识论的问题，又是元学或本体论的问题；以广义的认识论为基础，冯契先生对知识论与本体论作了沟通，并由此展示了统一本体与现象、名言之域与超名言之域的独特思路。

先睹为快

从世界史的范围来看，几乎在同一时期，即相当于我国的春秋战国（公元前770年—前221年）时期，在中国、古希腊和古印度，人类文化好像忽然进入了春天，百花盛开，空前繁荣起来。这似乎是一种奇迹，然而这种奇迹的产生是有历史根据的。

首先，就社会性质来说，春秋战国是奴隶社会向封建社会转变的时期，是地主阶级革命时期。地主阶级推翻了奴隶制，显得生气勃勃，在学术上提倡百家争鸣，迎来了文化上空前繁荣的春天；而在古希腊，奴隶主民主派战胜了贵族派后，奴隶制的民主政治也促进了文化的大发展。其次，春秋战国时期与古希腊的文化繁荣都是在铁器广泛使用以后出现的。由于铁器的广泛使用，大大提高了生产力，促进了社会分工，使知识分子有可能作为一个阶层而分化出来，专门从事学术文化工作。殷周奴隶社会本来是“学在官府”，没有一个相对独立的知识分子阶层，到春秋时期才出现了士阶层。孔子、墨子等人都属于士阶层，他们打破了奴隶社会“学在官府”的局面，大兴私人讲学之风，著书立说，创立学派，这就使得文化获得了空前的发展。第三，在这个时期，中西文化都已经过了长达几千年的积累。西方是经过古埃及、巴比伦发展到古希腊的。中国文化则在自己的土地上独立发展，从仰韶文化，经过夏商周发展到春秋战国时期，由量的积累引起质的突变，发生了文化的突飞猛进，诸子蜂起，百家争鸣，哲学进入了哲学家建立体系的时代。

这个时代，就像庄子所说："道术将为天下裂"（《庄子·天下》），原来统一的"道术"分裂了。这表现在诸子百家纷纷创立独特的哲学体系，就一些基本问题展开了激烈的论战；也表现在哲学与宗教、科学与迷信的进一步分裂（当然，仍然保持着某种联系），并且若干门科学（天文、历法、地学、农学、医学、算学、军事学等）开始有了相对独立的发展。百家争鸣和科学的发展，是推动当时哲学繁荣的强大力量。

不过，《孙子兵法》也有其明显的局限性，它的辩证法思想仅限于军事领域。他说："兵者，诡道也。"（《计篇》）在两军作战时，"能而示之不能，用而示之不用"，"利而诱之，乱而取之"，"佚而劳之，亲而离之，攻其无备，出其不意"（同上）等等策略，都是可以用的；但稍加夸大，便可成为政治上的权术、待人接物上的卑鄙伎俩。并且，孙子终究是个地主阶级的军事家，他公开主张"掠于饶野，三军足食"，反映了他的剥削阶级的本性。还说："能愚士卒之耳目，使之无知。"（《九地篇》）他根本不认识人民群众在战争中的作用，而过分强调了将帅个人的作用，这是唯心史观的表现。尽管如此，却应该承认，《孙子兵法》具有朴素唯物主义与朴素辩证法相结合的思想的萌芽，这是难能可贵的。

延展阅读

《中国近代哲学的革命进程》

本书是作者的另一部精品，是《冯契文集》的第七卷。一提起中国哲学，人们首先想到的一定是古代哲学和当代的马克思主义哲学，其实，在这二者之间的近代，中国在经历了空前的民族灾难和巨大的社会变革之外，在思想领域也经历了一场“古今中西”之争和一次伟大的哲学革命。

《哲学的精神》

冯友兰　著

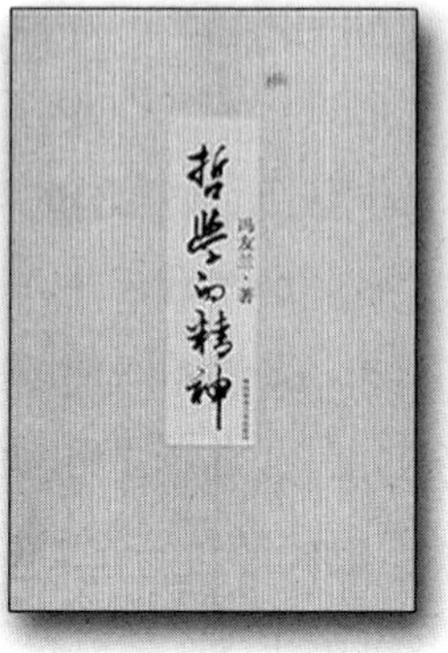

本书追踪中国哲学的演进，并在修史的同时开阔思路，放眼人生，是经久不衰的人生哲学著作。

关于作者

见《中国哲学简史》之“关于作者”。

荐读理由

《哲学的精神》是一本内容广泛的作品集，包括中国哲学的立场和发展、哲学概念研究、社会问题讨论，以及对与冯友兰有交往的文化人物的回忆和访谈。本书以漫议的形式展现作者对哲学和社会的认知，体现了哲学“极高明而道中庸”的境界。

本书共分上、下两篇。上篇为“阐旧邦以辅新命”，以撰史和释古为主。冯友兰的每一部中国哲学史专著都是从先秦一直写到近现代，以“哲学是时代精神的精华”为线索加以发挥，将其写成一部通史。

冯友兰区分中国哲学发展的历史，是着眼于社会历史发展阶段的本质。基于这种文化观和社会发展观，冯友兰把先秦到清末的中国哲学史划为两个阶段：第一阶段是先秦哲学，称为“子学时代”；第二阶段是汉代至清末的康有为，称为“经学时代”。他认为先秦时代相当于西方的古代，汉至清相当于西方的中世纪。古代的特色是标新立异、生动活泼，中世纪的特色是思想统一、权威主义盛行。

在对待古史的态度上，冯友兰称自己的方法为“释古”，即既不像信古派那样尽信古书而无疑，也不像疑古派那样全然推翻古书而不顾，而取折中且辩证思考的态度。冯友兰认为古史及传说虽不可尽信，但有历史根据，可以由之了解古代社会的部分真相。至于古书的真伪问题，冯先生的释古思想则认为，某书是否为署名者所作并不重要，伪书虽不能作为其伪冒时代的材料，但却可以是其真实时代的重要材料。

下篇为“极高明而道中庸”，集人生讨论、社会问题、散文漫谈和学术考辨为一体。冯友兰认为，19 世纪后半叶以来对新旧文化的理解经历了三个时期：第一个时期是以旧文化理解新文化，以康有为为代表；第二个时期是用新文化批判旧文化，以陈独秀、胡适为代表；第三个时期是注重中国传统文化和西方近代文化的相互阐明，用新文化阐明旧文化。而阐明正是《哲学的精神》的本质与主体。

冯友兰本是哲学家，他有自己独创的新理学体系。这个体系是对中国和西方的思想文化传统进行深入的思考之后才建立起来的。他在写中国哲学史的时候用它来观照、反思中国典籍中那些浩如烟海的材料，使精选出的材料始终围绕一个主线索而展开，烘云托月，把中国哲学中追求精神解放、提高思想境界的价值取向揭示出来，再现一部带有哲人思索的中国通史。

先睹为快

我们需要而且应当去知、去求的只有“道”，道就在我们之中。它很像泛神论哲学的“上帝”。所以我们应当做的就是认识自己，控制自己：

“知人者智，自知者明，胜人者有力，自胜者强。”（《老子·三十三章》）

而且，我们必须用另一种完全不同的方法，去知、去求道。老子说：“为学日益，为道日损。损之又损，以至于无为。无为而无不为。”（《老子·四十八章》）

既然道在我们之中，所以为道的方法，不是人为地在道上面加些什么，而是把早已人为地加在道上面的东西去掉。老子所谓“损”就是这个意思。所以在道家看来，那些仅只有志于为学的人，即只有兴趣搞理智操练的人，千言万语，全无价值。因此《庄子》有下面这段话：

“劳神明为一，而不知其同也，谓之‘朝三’。何谓‘朝三’？曰：狙公赋芧曰：‘朝三而暮四。’众狙皆怒。曰：‘然则朝四而暮三。’众狙皆悦。”（《庄子·齐物论》）

因此道家主张自然，反对人为。

墨家的基本观念是功利。鉴定道德，不在于它是自然的，而在于它是有用的。《墨子》有两句说：“义，利也。利，所得而喜也。”（《墨子·经上》）

所以墨子在伦理学上的立场，本质上是功利主义的立场。他还是个实用主义者，经验主义者。他说：“必立仪。言而毋仪，譬犹运钧之上而立朝夕者也，是非利害之辨不可得而明知也。故言必有三表。何谓三表？子墨子言曰：有本之者，有原之者，有用之者。于何本之？上本之于古者圣王之事。于何原之？下原察百姓耳目之实。于何用之？发以为刑政，观其中国家百姓人民之利。此所谓言有三表也。”（《墨子·非命上》）

三表之中，第三表似乎最为重要。所以墨子讲兼爱之说，因为他认为它最中“国家百姓人民之利”。兹摘录《兼爱》篇如下，让他自己讲自己的道理：

“仁者之事者，必务求兴天下之利，除天下之害。然当今之时，天下之害孰为大？曰：若大国之攻小国也，大家之乱小家也，强之劫弱，众之暴寡……此天下之害也……此胡自生？此自爱人利人生与？即必曰：非然也。必曰：从恶人贼人生。分名乎天下恶人而贼人者，兼与？别与？即必曰：别也。然即之交别者，果生天下之大害者与？是故别非也。……非人者必有以易之……是故子墨子曰：兼以易别。……藉为人之国，若为其国，夫谁独举其国以攻人之国者哉？为彼者犹为己也。……然即之交兼者果生天下之大利者与？是故子墨子曰：兼是也。……曰：即善矣，虽然，岂可用哉？子墨子曰：用而不可，虽我亦将非之，且焉有善而不可用者？……我以为当其于此也，天下无愚夫愚妇，虽非兼之人，必寄托之于兼之有是也。……我以为当其于此也，天下无愚夫愚妇，虽非兼者，必从兼君是也。”（《墨子·兼爱下》）

以上表明，兼爱之说不唯有利于他人，而且对于实行兼爱的人也有利。墨子之书极言战争之有害。战争不唯对被征服者有害，而且对征服者也有害。即使偶尔有些国家可能牺牲别国而获利，也仍然不足为训。他比之于药。有一种药，如果一万人服用，只有四五人受益，就绝非良药。墨子是坚持最大多数的最大利益的。

可见“天”指自然的东西，“人”指人为的东西。一个是天造的，一个是人造的。在周末，有两种趋势代表这两个极端，第三种趋势则代表在两个极端之间的中道。一个说，天是完全的，人是自足的，不需要外来的帮助；另一个说，天不是完全的，人不是自足的，要变得好些就要有外来的帮助；第三者则加以调和。这三种主要的理想类型，并不是相继出现的，而是同时兴起的，在同一个时代里表述了人的自然本性和经验的不同方面。据《汉书》记载，周末的思想有九家：儒家、道家、墨家、阴阳家、法家、名家、纵横家、农家、杂家。当时最有影响的是儒家、道家、墨家。周末所著的书里，几乎每一部都告诉我们，这三家都在为其生存而奋斗。

延展阅读

《中国哲学史新编》

冯友兰先生在生命的最后十年，以惊人的毅力完成了七卷本的《中国哲学史新编》。他在这本书的自序中说："中国是古而又新的国家。《诗经》上有句诗说：'周虽旧邦，其命维新。'旧邦新命，是现代中国的特点。我要把这个特点发扬起来。"《中国哲学史新编》总结部分写得十分简明扼要，将哲学的历史与历史的哲学两条线索交织在一起进行论述，不仅成就了一部中国哲学的历史，而且还成就了一部中国的历史哲学。

《生命的学问》

牟宗三 著

本书针对技术时代的种种偏颇，探索人生的正途，旨在提高人的历史文化意识，点醒人的真实生命，开启人的真实理想。

关于作者

见《中国哲学的特质》之“关于作者”。

荐读理由

《生命的学问》是著名哲学家牟宗三先生关于人生问题的一部专著，共收录24篇文章。

在本书中，“生命”一词是有特定指向的，它不是指“生命的外部”，而是指“生命的内部”。所谓“生命的内部”，则是指道德政治层面，即精神领域的“生命”，是较高层次的生命。牟宗三在书中说：“征服世界容易，征服自己困难。人最后的毛病都在自己，这个时代的灾难最后也都在人本身，而不是在原子弹。”

在本书中，“生命”的意义在中国古代文化中更具开创性。“中国文化生命，则自始即首先把握‘生命’，以生命为对象而期有以润泽调获安顿之。”自夏、商、周以来，中国哲学的着眼点就落在了关心人自己身上。最初的表现就是对“德”观念的清醒认识，这一个观念形态即表示中华民族首先是向生命处用心。因为向生命处用心，所以对自己就要正德，对人民就要利用厚生。后来，孔子就是在这清楚、分明观念的基础上奠定了儒家传统。牟宗三认为，“儒家之所以为儒家，即在点出这一点，亦即在完成这一个‘德’。当时周文罢弊，儒家之以质救文，即在德性的觉醒。从德性的觉醒恢复人的真实心，人的真性情、真生命，藉以恢复礼乐，损益礼乐，创制礼乐”。

牟宗三认为，人类哲学除了以西方哲学作为一个骨干之外，还有另外一个骨干，即作为“生命的学问”的中国哲学。而且，这“生命的学问”由于是“直承心性”而开出，故它可以实现对西方哲学的“转进”。牟宗三在《生命的学问》中进而对以儒家为主体的中国文化的传衍进行了疏解。他认为，在孔子等原始儒家之后，汉学主要是继承了儒家的经典，这是汉学的重要贡献。而且，汉代的典章制度深深影响了后世社会，形成了以儒家文化为主的“政治文物”的主流。“两汉四百年，为后世历史之定型时期。一经成型，则礼俗传统，于焉形成。”后来，魏晋时代的中国思想发展为以道家的精神为主。在南北朝以至隋唐时期，中国的思想主要吸收了佛教的教理。不过，到了隋唐时期，其典章制度又回到了原有的轨道上。

这样，在与西方哲学的对照下，牟宗三以“生命的学问”对儒学乃至整个中国哲学的特征进行了诠释。牟宗三认为，作为“生命的学问”的儒学是高于、优于西方哲学的哲学形态的。尽管儒学在“智”的方面始终没有独立地“彰著”，在科学与民主方面滞后于西方，但作为“生命的学问”和“圆而神”的精神，儒学可实现对西方哲学的超越和“转进”。牟宗三说：“最成熟的智慧是主观性与客观性的统一，是普遍原理与当下决断的互相摄契。我看西方哲学在这一方面的活动所成的理想主义的大传统，最后的圆熟归宿是向中国的‘生命之学问’走。不管它如何摇摆动荡，最后向这里投注。”

统观全书，牟宗三在书中对“生命的学问”进行了细致的阐释。

他认为，“生命的学问”即是“大学之道”，包括个人和社会两个层面的内容：前者是指个人修身方面的事情，后者是指治国、平天下方面的事情，这两个方面“沟通为一”，相互包容。

先睹为快

由认识主体进而实践主体，智、意、情三度立体形之彻底形成，就是人生宇宙骨干。智、意、情之客观性原理性之彻底透出各正其位，是无取的反省的而唯是以显露主体为职责的哲学活动之登峰造极。孔子说：“兴于《诗》，立于礼，成于乐。”这也是意与情之彻底透出之立体形。唯其“兴于《诗》”一语只表示生命灵感之悱启，相当于“原始的宇宙之悲怀”（仁之根）。而智一层，即认识主体，则在儒家并未彻底转出。吾人现在的哲学活动须补上这一度，以补前人之不足。唯有一点可说者，即认识主体必是下级的，而实践主体——意与情，则是上级的。立体之所以为立体，唯赖此“上级的”之透出；而若只是智，只是认识主体，则未有不落于平面者。只知科学知识者，或只是理智主义者，则于“实践主体”完全不能接触，视意与情为浮游无根之游魂，让其随风飘流而漫荡，故亦不敢正视人生宇宙也。此其所以为干枯的浅薄的理智主义，所以流入理智的唯物论之故也。而若知“认识主体”之限度，进至“实践主体”之建立，把意与情之客观性原理彻底树立起，则向之浮游无根，飘流而漫荡者，实正居于人生宇宙之背后而为擎天柱，亦曰“实现原则”也。其为漫荡者实只自限之智之作茧自缚而封闭以成者。

积极的精神，在静定平实中澄清出来。我从历史生命文化生命的贯通发展中，看出人类的积极精神不过是三种：一、综合的尽理之精神，二、综合的尽气之精神，三、分解的尽理之精神。相应此三种精神，广义地言之，中国文化生命中有前两者，而无后一者。西方的文化生命有后一者，而无前两者。照这样分法，西方在分解的尽理之精神下，有宗教、科学及民主政治，即这三种东西皆是“分解的尽理之精神”之所贯注。中国在前两种精神下，有儒者的圣贤境界及英雄豪杰的天才境界，总之是德慧的与艺术性的。圣贤境界在综合的尽理之精神下完成。何谓综合的尽理？即是超越的理想在践形尽性的本末贯彻中表现。“形”是形而下的，亦可曰“形气”。“唯圣人为能践形。”践形亦就是“尽气”。唯圣人的尽气是在“尽性”中贯通着的，所以形而下的“形气”是在心气天理的通透中涵融育化而不落于纯粹的“物气”。唯因通彻到践形而表现着超越理想，所以才是综合地尽理的，亦可曰理性的尽气之综合。而天才境界则是在“综合的尽气之精神”下完成。唯天才为能尽气。而天才的尽气是不自觉的，亦未通过尽性之贯彻的。若不是天才，则只是堕落干枯，阴私邪僻，纯成为物气，而不能说是“尽气”。天才能尽气，这是他的天资高，生命充沛，所以虽未通过尽性之贯彻，亦有暗合于道处。这就是朱子所说的汉唐。所以唯天才为能尽气，唯尽气者如能接受理想。他的生命充沛不滞，常常能接受善言而客观化其生命，这就是他的暗合于道处。这种“天才的尽气”亦是一种综合。因为由于他的生命洋溢，而未经过抽象的分解破裂，所以是一种艺术性的性格。这种综合，亦可叫它是天才的尽气综合。这种精神，不独表现在政治上的英雄豪杰身上，凡有艺术天才的皆可说是“综合地尽气的”。

延展阅读

《康德的道德哲学》

本书是作者的另一部精品。

牟宗三是亚洲最著名的康德哲学专家之一，一生研究东西方哲学，配合康德哲学消化中国哲学和文化，以康德哲学为桥梁融通中西哲学，在与西方大哲学家的对话中把中国哲学推向世界。此译本首次在大陆推出，是康德哲学的权威译本。

《佛教常识答问》

赵朴初　著

本书国内印行已达数十万册，被译成日文、英文、韩文等多国文字，是快速了解佛教的最佳入门书。

关于作者

赵朴初（1907—2000），安徽太湖人，杰出的爱国宗教领袖、诗人、书法家。

1907 年，赵朴初生于安庆。赵朴初自青年时期，开始认真研究社会主义学说。他早年求学于苏州东吴大学，著有大量的诗、词、曲作品。

1937 年上海“八一三”抗战后，赵朴初亲眼目睹了帝国主义的野蛮侵略，以及在封建地主的残酷剥削下广大农民蒙受的苦难，从而立下救国救民的远大抱负。他积极进行抗日救亡宣传活动，组织妇女支前，动员和掩护 300 多名青壮年奔赴前线，千方百计地救济、安置难民。上海沦陷后，他冒着生命危险，积极与新四军联系，把经过培训的千余名中青年难民，分批送往皖南新四军总部，其后陆续送往苏南、苏北等地参加抗战。

1938 年，赵朴初参加职业界救亡组织“上海益友社”，并担任理事长，参加了上海各界人士抗日统一战线组织星二聚餐会及其核心组织星六聚餐会，积极宣传抗日主张，团结爱国人士，开展秘密斗争。抗战胜利后，赵朴初痛恨国民党反动独裁的黑暗统治，积极参加争取民主、反对内战、解救民众的爱国民主运动，迎来了上海的解放。

1945 年 12 月 30 日，赵朴初与马叙伦、王绍鳌、林汉达、周建人、雷洁琼等在上海成立以“发扬民主精神，推进中国民主政治之实现”为宗旨的政党——中国民主促进会。50 年代初期，新中国百废待兴。赵朴初在担任华东民政部、人事部副部长期间，为华东地区和上海的经济恢复和安定群众生活做了大量工作。

1980 年后，赵朴初任中国佛教协会会长，中国佛学院院长。赵朴初佛学造诣极深，在国内外宗教界有着广泛的影响，深受广大佛教徒和信教群众的尊敬和爱戴。赵朴初将佛教的教义圆融于中国共产党领导的建设有中国特色社会主义伟大事业之中；圆融于维护民族和国家的尊严，捍卫国家领土和主权的完整，促进祖国和平统一的伟大事业之中；圆融于促进中国佛教界与世界各国佛教界友好交往的伟大事业之中。他编纂的《佛教常识答问》等著述深受佛教界推崇，多次再版，流传广泛。

此后，赵朴初历任民进上海分会副主任，民进上海市委主委，民进中央委员、常委、副主席，民进中央参议委员会主任，是中国民主促进会德高望重的卓越领导人。

荐读理由

本书是学习佛教知识的最通俗读本，是了解佛教文化的首选入门书。

赵朴初曾经说过，编辑《佛教常识答问》的用意之一即是节省读者的时间，让读者在较短的时间内获得较多的知识。因此，本书采取简明易懂的答问形式，对佛教的源流、佛学的基本内容和学佛态度作了详细的表述，涉及佛教方方面面的知识。由此，本书也被称为是赵朴初先生“小题大做”成就的佛学经典。

本书是赵朴初先生一生对佛学进行研究的总结，共分五章：“佛陀和佛教的创立”，“佛法的基本内容和佛教经籍”，“僧伽和佛子”，“佛教在印度的发展、衰灭和复兴”，“佛教在中国的传播、发展和演变”。

书中对佛教的创立及创始人作了历史的而不是神话的阐述，对佛法的基本内容、佛教典籍的形成、僧团和戒律作了精辟的介绍。对于佛教在印度的兴衰、在中国的传播与演变，尤其是佛教与人们日常生活的关系、对社会文化发展所起的作用作了深入的论述与分析。

本书体现了赵朴初先生对佛学的严肃的态度。赵朴初先生写这本书的时候，社会还没有今天这样开放、活泼的气氛，人们对宗教还有许多误解、曲解之处，“左”的影响也很严重。作者能本着讲事实、不渲染的精神，就佛教的教义、历史、现状作出客观的阐述，努力做到不谀不谤、不偏不倚，非大家不能为。

赵朴初用答问的方式回答了佛教 2500 年来所涉及的问题，言简意赅，态度公允。因此这本书可以说是作者提出的佛学大纲，勾画出中国佛教的全貌，对读者了解佛教起一个正确导入的作用，对学者研究佛教与佛学起到启发思路、找到切入点的作用，为中外人士了解佛教，尤其是中国佛教的全貌提供了全方位的素材。

先睹为快

问：什么是佛教？

答：佛教，广义地说，它是一种宗教，包括它的经典、仪式、习惯、教团的组织等等；狭义地说，它就是佛所说的言教；如果用佛教固有的术语来说，应当叫作佛法（Buddha Dharma）。

问："法"是什么意思？

答："法"字的梵语是达磨（Dharma）。佛教对这个字的解释是："任持自性、轨生物解。"这就是说，每一事物必然保持它自己特有的性质和相状，有它一定轨则，使人看到便可以了解是何物。例如水，它保持着它的湿性，它有水的一定轨则，使人一见便生起水的了解；反过来说，如果一件东西没有湿性，它的轨则不同于水的轨则，便不能生起水的了解。所以佛教把一切事物都叫作"法"。佛经中常见到的"一切法"、"诸法"字样，就是"一切事物"或"宇宙万有"的意思。照佛教的解释，佛根据自己对一切法如实的了解而宣示出来的言教，它本身也同样具有"任持自性、轨生物解"的作用，所以也叫作法。

问：佛是神吗？

答：不，佛不是神。他是公元前六世纪时代的人，有名有姓，他的名字是悉达多（Siddhārtha），他的姓是乔达摩（Gautama）。因为他属于释迦（Sākya）族，人们又称他为释迦牟尼，意思是释迦族的圣人。

问：为什么称他为佛呢？佛的意义是什么？

答：佛字是"佛陀"的简称，是Buddha的音译（如果用今天的汉语音译，应当是"布达"），佛陀的意义是"觉者"或"智者"。"佛陀"是印度早就有了的字，但佛教给它加了三种涵义：①正觉（对一切法的性质相状，无增无减地、如实地觉了）；②等觉或遍觉（不仅自觉，即自己觉悟，而且能平等普遍地觉他，即使别人觉悟）；③圆觉或无上觉（自觉觉他的智慧和功行都已达到最高的、最圆满的境地）。

问：除释迦牟尼外，有没有另外的佛？

答：佛教认为过去有人成佛，未来也会有人成佛，一切人都有得到觉悟的可能性，所以说："一切众生，皆有佛性，有佛性者，皆得成佛。"

问：如来佛是不是释迦牟尼，还是另一人？

答："如来"这个名词是从梵语 tathāgata 译出来的。"如"字就是"真如"（tathāta），即一切法（事物）的真实状况，它又包含"如实"（Yathābhūtam）的意义。佛经对"如来"的解释是"乘真如之道而来"，又说"如实而来"。"如来"是一个通用名词，它是"佛陀"的异名。如释迦牟尼佛，可以称释迦牟尼如来；阿弥陀佛，可以称阿弥陀如来。

问：阿弥陀佛和释迦牟尼佛不是一个人吗？

答：不是。阿弥陀佛是另外一个世界上的佛。阿弥陀佛是梵语 Amitābha 的音译，意义是"无量的光明"。

问："南无佛"是什么意思？为什么读起来是"那摩佛"？

答："南无"是梵语 Namo 的音译，念成"那摩"，是保持原来古代的读音。现代广东、福建一部分地区，仍保持这个古音，它的意义是"敬礼"。今天印度人相见，互道"那摩悉对"，就是说"敬礼了"。

问：释迦牟尼的一生可以简略介绍一下么？

答：可以。释迦牟尼的时代，约当公元前六世纪中叶，正是我国春秋时代，与孔子同时。他是当时迦毗罗卫国（Kapilavastu，今尼泊尔境内）国王的长子，父亲名净饭（Suddhodana），母亲名摩耶（mā yā）。摩耶夫人生产前，根据当地风俗，回到母家去，路过蓝毗尼园（Lumbini），在树下休息的时候，生下了悉达多王子。

问：蓝毗尼园现在还有遗址留存下来吗？

答：公元七世纪时，我国玄奘法师曾到过蓝毗尼。根据他的记载，他曾经看到在他之前八百多年阿育王（Aśoka）在那里建立的石柱，标志着佛陀诞生之处，但当时石柱已被雷击破，柱头倒在地下，已经是衰落的情景了。后来由于没有人能够识得柱上的文字，因此佛陀诞生的地址久已湮没无闻。直到 1897 年才被人发现了阿育王的石柱，考古学家认出上面的文字，这才发掘出蓝毗尼园的遗址，并且在附近发掘出古代的市镇，其中有些可以相信是属于当时的迦毗罗卫城的。今天尼泊尔政府已经把这个地方作为圣地加以建设和保护。

延展阅读

《赵朴初说佛》

本书介绍了赵朴初对佛的体悟和他从事佛教工作的人生经历。内容包括：上求佛道、无常无我、下化众生、禅机日用、佛教是文化、人间佛教六个方面。本书内容真切朴实，语言直白，从说佛中道出了因缘、无常、无我、生死等等一系列困扰现代人的问题，表达了佛教更应该以出世的心态积极入世、有所作为的观点，令人耳目一新。

《人性的，太人性的》

〔德〕弗里德里希·威廉·尼采　著

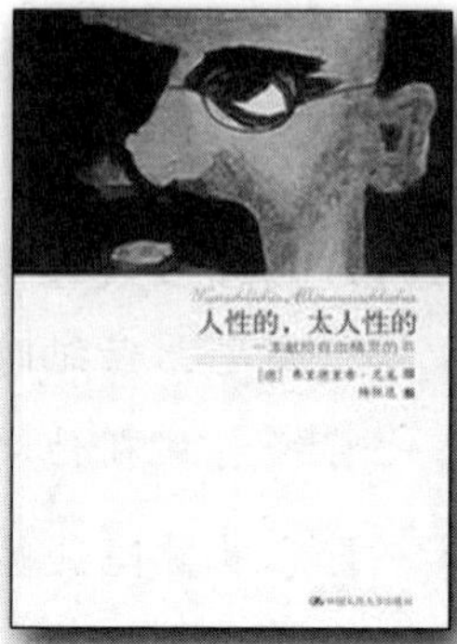

关于作者

见《悲剧的诞生》之“关于作者”。

荐读理由

《人性的，太人性的》一书的第一部分最初于 1878 年出版，尼采在 1879 年出版了增补的第二部分《各种看法和原则》，1880 年出版了第三部分《流浪者及其阴影》。三个部分一起在 1886 年以《人性的，太人性的：一本献给自由精灵的书》为名出版。本书代表了尼采创作生涯“中期”的开端，抛弃了德国浪漫主义和瓦格纳的影响，开始显现出完全的实证主义的倾向。

何谓“自由精灵”？尼采解释说，“自由精灵”是一种“已经决定性地经历了一场大解脱”的面向未来的精灵类型，“它以前是一种格外受到束缚的精灵，似乎永远被束缚在它的角落与柱子上。是什么东西束缚得最结实？什么样的绳索几乎扯不断呢？在高级的、精选的人种那里是应尽的责任：那种青年人应有的崇敬之情，那种在一切受尊敬、受推崇的古老事物面前的畏惧与温柔，那种对他们从中成长起来的大地、对引导他们的那只手、对他们在其中学会如何顶礼膜拜的圣地的感激之情——他们的关键性时刻本身将他们最结结实实地捆绑起来，使他们负起最持久的责任。大解脱突然像地震一般降临到那些受到如此束缚的人们头上：年轻的心灵一下子受到震颤，扯断了束缚，解脱出来”。

尼采猛烈地揭露和批判传统的基督教道德和现代理性。在认识论上，尼采是极端的反理性主义者，他对任何理性哲学都进行了最彻底的批判。基督教伦理约束人的心灵，使人的本能受到压抑，要使人获得自由，必须杀死上帝。尼采认为，基督教的衰落有其历史必然性，它从被压迫者的宗教转化为统治者、压迫者的宗教，它的衰落是历史的必然。在书中，尼采将批判的矛头直指那些束缚人类自由心性的所谓“高级的、精选的人种应尽的责任”——道德、理性、真理、宗教、科学、信仰、圣者、正义。它们都曾经被人顶礼膜拜，被视为受尊敬、受推崇的“人之责任”，而在尼采看来，这些“人性的，太人性的”内容不过是束缚人类自由心灵的绳索而已，必须予以坚决的扯断和抛弃。

尼采要建立新的哲学，将生命意志置于理性之上的哲学。人生虽然短暂，只要具有强力意志、创造意志，成为精神上的强者，就能实现自己的价值。强力意志作为最高的价值尺度，一方面肯定了人生的价值，另一方面也为人世间的不平等作了辩护。在尼采看来，人类与自然的生命一样，都有强弱之分，强者总是少数，弱者是多数。历史与文化是少数强者创造的，他们理所当然地统治弱者。尼采推翻了神的等级制度，肯定了人的等级制度。

本书采用崭新的语体风格——格言体，以数百条格言编汇而成，有时只有一句话，有时则长达一页或两页之多。这本书的主要内容是揭发出许多错误的假设，而不是对这些假设提出解释。尼采本人把

《人性的，太人性的》这本书定义为自我精神探索的一个“危机的里程碑”——它既是对尼采早期哲学思想的一次总结和清算，同时又预示了尼采后期哲学所要探讨的诸多重要命题，带有明显承前启后的过渡和转折意味。

先睹为快

所谓戏剧家（以及一般艺术家）当真创造了性格，这种说法乃是哗众取宠和夸大其词，由于这种说法的存在和流传，艺术得以庆祝其意外的、似乎额外的一个胜利。事实上，当我们举出一个真正的活人的这样那样性格时，我们对他所知不多，概括得十分肤浅。我们这种对人极不完善的态度与诗人相致，他给人描画的肤浅草图，正和我们对人的认识一样肤浅。在艺术家创造出的这些性格中有许多虚假；这根本不是有血有肉的自然产品，反而和画家一样有点儿过于单薄，它们经不起近看。即如所谓一般活人的性格往往自相矛盾，戏剧家所创造的性格是浮现在自然面前的原型，这种说法也是完全错的。一个真实的人是一个整体、一种完全必然的东西（哪怕在所谓矛盾时），不过我们并非始终认识这种必然性。虚构的人物、幻象也欲表示某种必然的东西，但只是在那些人面前，这些人在一种粗略的、不自然的简单化中理解真实的人，以致一些常常重复的粗线条，配上许多光，周围涂上许多阴影和半影，就完全满足他们的要求了。他们很容易把幻象当作真实必然的人，因为他们惯于把一个幻象、一个投影、一种任意的缩写当作整个真实的人。——画家和雕塑家要表现人的“观念”，这更是空洞的幻想和感官的欺骗。谁这样说，他就是被眼睛施了暴政，因为眼睛只看到人体的外表和肌肤；而内脏同样也属于观念。造型艺术想使性格见之于皮肤；语言艺术借言词来达到同一目的，用声音模拟性格。艺术从人的自然的无知出发，越过了人的内在的东西（无论是肉体上的还是性格上的）：因为艺术不是属于物理学家和哲学家的。

对艺术家和哲学家的信仰中的自我评价过高。——我们都以为，倘若一件艺术品、一位艺术家吸引住我们，震撼我们，其优秀就算得到证明了。可是，在这里必须首先证明我们自己在判断和感觉方面的优秀才行，而事实并不尽然。在造型艺术领域里，有谁比贝尔尼尼更令人心醉神迷呢？在狄摩西尼之后，有谁比那个引进亚细亚风格并使之占统治地位达二百年之久的演说家影响更大呢？支配整个世纪丝毫不能证明一种风格的优秀和持久效用：所以不应当执着于对某一位艺术家的衷心信仰。这样一种信仰不但是相信我们的感觉真实无欺，而且是相信我们的判断正确无误，其实，判断和感觉可能分别或同时发展得太粗糙或太精细、太紧张或太松弛。一种哲学、一种宗教给人以幸福感和慰藉，同样丝毫不能证明它们的真理性，就像疯子因他的固定观念感到幸福丝毫不能证明这观念的合理性一样。

延展阅读

《瓦格纳事件》

本书是作者的另一部精品，出版于 1888 年，副标题为“一个音乐家的问题”。这是一本篇幅很小的书，共有序、正文 12 节，还有 2 则附言。尼采在书中称赞比才的音乐而贬抑过去好友瓦格纳及其代表的浪漫主义为颓废的音乐。他认为瓦格纳是欧洲近代文化疾病的表现，因此写了此书来分析。

《生命是什么?》

〔奥〕埃尔温·薛定谔　著

关于作者

19世纪末、20世纪初是物理学革命风云际会的时代，奥地利物理学家埃尔温·薛定谔（1887—1961）无疑是时代的骄子——他是波动力学之父、“薛定谔的猫”猜想的提出者、量子力学集大成者之一。

薛定谔自幼酷爱生物学，是一位达尔文主义的追随者。1906年，薛定谔进入维也纳大学物理系学习，毕业后留校任教。他主要的研究方向是有关热学的统计理论问题，并写出了有关气体和反应动力学、振动、点阵振动（及其对内能的贡献）的热力学以及统计等方面的论文。他与科尔劳施合写了关于大气中镭A（即Po）含量测定的实验物理论文，获得了奥地利帝国科学院的海廷格奖金。

1925年底到1926年初，薛定谔在爱因斯坦关于单原子理想气体的量子理论和德布罗意的物质波假说的启发下，从经典力学和几何光学间的类比，提出了对应波动光学的波动力学方程，奠定了波动力学的基础。他最初试图建立一个相对论性理论，得出了后来称之为克莱因—戈登方程（见场方程）的波动方程。其后，他又改用非相对论性波动方程——以后人们称之为薛定谔方程——来处理电子，得出了与实验数据相符的结果。得出这一结论后，他一连发表了四篇论文，题目都是《量子化就是本征值问题》，系统地阐明了波动力学理论。薛定谔因此与狄拉克共获1933年的诺贝尔物理学奖。

1944年，薛定谔著《生命是什么?》一书，试图用热力学、量子力学和化学理论来解释生命的本性。这本书使许多青年物理学家开始注意生命科学中提出的问题，引导人们用物理学、化学方法去研究生命的本性，使薛定谔成为蓬勃发展的分子生物学的先驱。

晚年，薛定谔研究有关波动力学的应用及统计诠释、新统计力学的数学特征以及它与通常的统计力学的关系等问题。他还探讨了有关广义相对论的问题，并对波场作相对论性的处理。此外，他还写出了有关宇宙学问题、哲学问题的一些论著，如《科学和人文主义——当代的物理学》等。

1961年1月4日，薛定谔在奥地利的阿尔卑巴赫山村病逝。

荐读理由

1944年，薛定谔出版了《生命是什么?》一书，此书堪称一部石破天惊的生物学、遗传学作品。

薛定谔在书中提出了一系列天才的思想和大胆的猜想：物理学和化学原则上可以诠释生命现象；基因是一种非周期性的晶体或固体；突变是基因分子中的量子跃迁引起的，突变论是物理学中的量子论，基因的持久性和遗传模式长期稳定的可能性能用量子论加以说明；染色体是遗传的密码本；生命以负熵为生，是从环境抽取“序”维持系统的组织……这些观念在当时的确是十分新奇的，也是特别引人入胜的。

《生命是什么?》完成了力图使物理学和生物学统一起来的认真尝试。诚如薛定谔在本书的序言中所说：“知识的各种分支在广度和深度上的扩展使我们陷入了一种奇异的两难境地。我们清楚地感到，一方面我们现在还只是刚刚在开始获得某些可靠的资料，试图把所有已知的知识综合成为一个统一的整体；可是，另一方面，一个人想要驾驭比一个狭小的专门领域再多一点的知识，也已经是几乎不可能的了。除非我们中间有些人敢于着手总结那些事实和理论，即使其中有的是属于第二手的和不完备的知识，而且还敢于冒把自己看成蠢人的风险，除此之外，我看不到再有摆脱这种两难境地的危险的其他办法了。否则，我们的真正目的永远不可能达到。”

在薛定谔著述的影响下，一批物理学家投身到生物学和遗传学的研究中去。1962 年诺贝尔生理学或医学奖的得主沃森、克里克和威尔金斯告别了粒子物理等研究区域，向生物学进发，最终发现了 DNA 双螺旋分子结构模型。不仅他们，其他诺贝尔奖得主，如卢利亚、查尔加夫、本泽等，也都受到《生命是什么?》的感染，贝塔朗菲的生命系统论和普里高津的耗散结构理论也从该书中获益匪浅。

在 1991 年为该书所写的前言中，物理学家罗杰·彭罗斯这样评价薛定谔及他的作品：“我总是发现他的著作很吸引人，包含令人兴奋的新发现，能使我们对生活其间的这个神秘世界获得一些真正的新了解。在他的论著中，没有比他的短篇名著《生命是什么?》更具有上述典型特征的了。我认识到这本书一定会跻身于 20 世纪最有影响的科学著作之列。它代表了一个物理学家力图理解一些真正的生命之谜的有力尝试，这位物理学家的深刻洞察力在很大程度上已经改变了人们对世界组成的理解。”

先睹为快

如果有机体的感官不是这么迟钝，而是能敏锐地感觉到单个原子，或者即使是几个原子都能在我们的感官上产生一种可知觉的印象——天哪，生命将像个什么样子呢？有一点是要着重指出的：可以断言，一个那种样子的有机体是不可能发展出有秩序的思想的，这种有秩序的思想在经历了漫长的早期阶段后，终于在许多其他的观念中间形成了关于原子的观念。

尽管我们单单谈了上面这一点，下述的一些考虑对于大脑和感觉系统以外的各个器官的功能也是适用的。然而对我们自身来说，最感兴趣的唯一的一件事是：我们在感觉、思维和知觉。对于产生思想和感觉的生理过程来说，大脑和感觉系统以外的所有其他器官的功能只是起辅助作用，假如我们不是从纯客观的生物学观点来看，至少从人类的观点来看是如此的。此外，这将大大有利于我们去拣那种由主观事件紧密伴随着的过程来进行研究，尽管我们对这种紧密的平行现象的真正性质是一无所知的。其实，据我看来，那是超出了自然科学范围之外的，而且也许是完全超出了人类理解之外的。

于是，我们面临着下述问题：像我们的大脑这样的器官以及附属于它的感觉系统，为了使它的物理学上的变化状态密切地对应于高度发展的思想，为什么必须由大量的原子来构成呢？大脑及感官，作为一个整体的功能，或是在它直接同环境相互作用的某些外周部分中的功能，跟一台精巧而灵敏到足以反映并记录来自外界的单个原子的碰撞的机器相比，根据什么理由说它们是不相同的呢？

理由是，我们所说的思想：（1）它本身是一个有秩序的东西，(2) 只能应用于具有一定程度的秩序的材料，即知觉或经验。这有两种结果。第一，同思想密切对应的躯体组织（如密切对应于我的思想的我的头脑）一定是十分有秩序的组织，那就意味着在它内部发生的事件必须遵循严格的物理学定律，至少是有高度的准确性。第二，外界其他物体对于那个物理学上组织得很好的系统所产生的物理学印象，显然是对应于相应思想的知觉和经验的，构成了我所说的思想的材料——知觉和经验。因此，在我们的系统和别人的系统之间的物理学上的相互作用，一般来说，它们本身是具有某种程度的物理学秩序，就是说，它们也必须遵循严格的物理学定律并达到一定程度的准确性。

延展阅读

《量子力学的现状》

本文是薛定谔在 1935 年发表的一篇论文。在这篇论文中，他发表了著名的“薛定谔的猫”猜想，为量子力学的发展作出了贡献。

《宽容》

〔美〕亨德里克·威廉·房龙 著

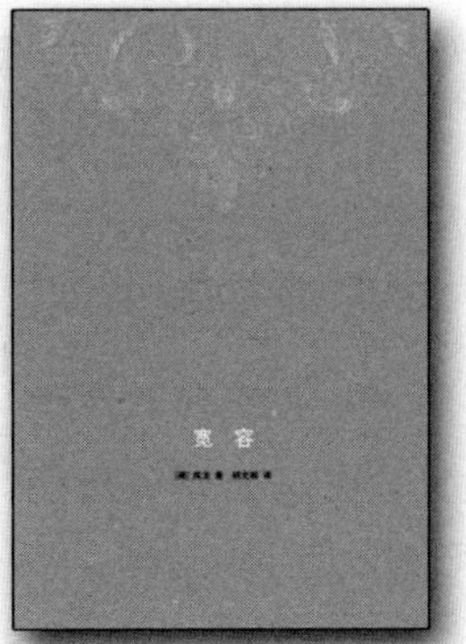

关于作者

亨德里克·威廉·房龙（1882—1944），荷裔美国人，著名学者。房龙是出色的通俗作家，伟大的文化普及大师，在历史、文化、科学等方面都有著述。

房龙青年时期先后在美国康奈尔大学和德国慕尼黑大学学习，获得博士学位。在上大学前后，房龙经济拮据，屡经漂泊，当过教师、编辑、记者和播音员，在各种岗位上历练人生。房龙一直刻苦学习写作，一度还曾经专门到通俗剧场中学习说话技巧。1913 年起他开始写书，虽然风格新颖，但读者的反响却十分冷淡。

直到出版商霍雷斯·利弗奈特独具慧眼，发现了房龙的才华。在与霍雷斯接触的十年里，房龙先后和他签约写了《文明的开端》、《人类的故事》、《圣经的故事》、《宽容》等作品。1921 年，房龙凭借《人类的故事》一举成名，饮誉世界。此后，房龙又先后出版了《荷兰共和国的衰亡》、《发现简史》、《宽容》、《美洲的故事》、《房龙地理》、《太平洋的故事》等一系列脍炙人口的作品。

房龙多才多艺，能说和写十种文字，能够拉小提琴，还会画画，他的著作的插图便全部出自自己手笔。

1938 年，他出版《我们的奋斗——对希特勒所著〈我的奋斗〉的回答》，摆出了与德国纳粹势不两立的架势。在德国入侵他的故国荷兰、野蛮轰炸了他的出生地鹿特丹之后，房龙自称“汉克大叔”，在美国通过短波广播对被占领的荷兰进行宣传，以他特有的机智向受难的同胞传递了许多信息。

郁达夫先生曾经这样评价房龙：“实在巧妙不过，干燥无味的科学常识，经他这么一写，读他的书的人，无论大人小孩，都觉得娓娓忘倦了。”房龙为写作历史耗费了毕生的精力与健康，用他平易近人、生动流畅的文笔把高深、晦涩的历史知识和理解、宽容和进步的思想普及到广大普通读者中，向无知与偏执不懈地挑战，其精神与功绩都值得后世的赞扬。

荐读理由

《宽容》于 1925 年出版，以独特的视角审视了自东罗马帝国开始到法国大革命结束这长达千年有余的西方文明发展历程。

本书中使用的“宽容”是广义上的宽容，囊括了自由、民主、理性。房龙指出，“宽容”这个词从来就是一件奢侈品，购买它的只是智力特别发达的人。事实上，有史以来，所有的不宽容都是以某种神圣的名义垄断真理，从而扼杀个人权利和个性自由。房龙强调，在现今的世界上，对宽容的需要超过了其他一切。他让我们看到，现代的不宽容，无非“用机关枪和集中营武装起来”以代替“使用地牢和缓慢燃烧的火刑柱”的中世纪的不宽容，历史不见得有什么进步。而距离真正的宽容的社会还需要一万年，或者十万年的时间。

房龙认为，对于现代人来说，宽容只是一种乌托邦。他在《宽容》

中写道："只要这个世界还被恐怖所笼罩，谈论黄金时代，谈论现代化和发展，完全是浪费时间。"他接着说："只要不宽容是我们的自我保护法则中必不可少的一部分，要求宽容简直是犯罪。"宽容不是纵容，在这里提倡宽容，即意味着跟不宽容的势力、"偏执和暴徒精神"作斗争。

本书意图告诉读者，"大凡为宽容而战的人，不论彼此有什么不同，都有一点是一致的：他们的信仰总是伴随着怀疑；他们可以诚实地相信自己正确，却又从不能使自己的怀疑转化为坚固绝对的信念"。房龙最反对的是世俗权力和精神信仰结合后施加给所有信徒及非信徒精神和肉体上的暴政。在他看来，任何绝对的信念，都包含着潜在的暴力，一旦信念找到了通往世俗权力的门径，它的暴虐本性就会显露出来。

对此，房龙给出的解决是怀疑。在房龙的眼中，大部分信念信仰的开端都是朴素的，甚至可以说是浪漫的，但一旦稳定发展起来，就会落入功利主义的魔爪。对任何的观念、理论、思维方式都要用怀疑来冲淡它繁殖、复制、独裁的本性，就连自己都要怀疑。怀疑一切，用怀疑给一切以改善发展的余地。

先睹为快

生活的秘密只能从生活中发现，"为智慧而智慧"就像"为艺术而艺术"、"为食物而晚餐"一样危险。

苏格拉底说："世界上没有一个人，有权告诉他人应该信仰什么，也无权剥夺别人自由思考的权利。"他还说："假如一个人不违背自己的良知，他可以做任何事，哪怕没有朋友的支持，哪怕身无分文，哪怕没有家庭或住所。但不对每个问题正反两方面意见进行彻底研究，就不可能得出正确结论。因此，必须给人们提供机会，使其能够充分自由、不受权贵干涉地讨论所有问题。”

基督教会将罗马人的效率和犹太人的不宽容结合起来，其结果是，它在人类的思想领域建立了恐怖统治。这个统治十分高效，但缺乏理性。

历史还有一条奇怪法则，那就是事情看起来变得越快，越是根本没变。

“贫穷”从城市的前大门进来，“艺术”就从后门溜走了，再也不露面。“资本”坐上了方圆一百里内最快的船。由于知识是个很昂贵的奢侈品，所以从此就不可能维持好学校了。

如果有人对伯里克利时代的一个希腊人说，有一本据说是神圣的书，他会觉得稍微有点儿好笑。这本书中包括一点儿没有被很好理解的民族史，一些似是而非的情歌，半疯癫的预言家的难以名状的幻觉，还有整章整章最凶恶的诅咒，而被诅咒的人，只不过是因为某种原因，被认为冒犯了亚洲很多部落神中的一位罢了。

愿意为自己的原则而死的人，必然一向是很少的。

在一个管理规范的国家里，每个体面的公民，只要他不干涉邻居们的快乐和幸福，不反对讲礼貌的社会的礼仪，遵守当地警察局的规章制度，那他就应该有权谈论、思考、表达他自己认为正确的东西。

简单地说，个人的不宽容，只能是在自由国家的大多数公民都对其听之任之的情况下存在，再往前就不可能走下去了。而官方的不宽容则基本上是万能的。它除了自己的权力之外，再不承认别的权威。它对无辜的受害者大发雷霆，受害者却无处可诉。它不容分说。而且，它总是求助于神，来支持自己的决定，然后试图解释天意，就仿佛解开存在之谜的钥匙，完全掌握在最新选举获胜的那些人手里。

纯种族的概念促使大多数部落和民族认为自己是独一无二值得

被称为真正的人民的人。伴随着这种奇怪的排外和优越感的种族意识，还有对宗教、道德、风俗这些不同但至关重要的问题的特定信仰。结果每个集团无论大小，都总是居住在壁垒森严的城堡里，用偏见和固执这个坚固的屏障抵御外界和外来的影响。

延展阅读

《人类的故事》

本书是房龙的成名之作，描写西方文明发展史，主要读者对象是少年。这本书在1921年11月推出，立即成为畅销书。房龙因此书曾获得美国图书馆协会和美国儿童读物协会颁发的两枚奖章，以表彰他在美国儿童读物领域“所作的杰出贡献”。《圣经的故事》、《人类的故事》、《宽容》并列为房龙的三大名著，自出版以来，一直饱受赞誉，传读不衰。

《等待戈多》

〔爱尔兰〕萨缪尔·贝克特　著

关于作者

萨缪尔·贝克特（1906—1989），著名作家、评论家和剧作家，创作的领域包括戏剧、小说和诗歌，尤以戏剧成就最高。他是荒诞派戏剧的重要代表人物。1969 年，他因“以一种新的小说与戏剧的形式，以崇高的艺术表现人类的苦恼”而获得诺贝尔文学奖。

贝克特出生在爱尔兰首都都柏林的一个犹太家庭，父亲是测量员，母亲是虔诚的教徒。大学毕业后，贝克特曾当过教师，参加过抵抗运动。二战结束后，贝克特成为职业作家。

贝克特一生的创作经历，以话剧《等待戈多》的上演为标志而被划分为前后两个时期。前期主要创作小说，而后期则主要写剧本。尽管如此，贝克特的文学风格却始终没有很大变化，而是从一开始就选择了一条远离现实主义传统的道路。贝克特在创作上深受乔伊斯、普鲁斯特和卡夫卡的影响，他的作品以惊人的诙谐和幽默表现了人生的荒诞、无意义和难以捉摸。这些剧作无论就内容或形式来说都是反传统的，因此被称为“反戏剧”。其中戏剧《等待戈多》及小说《马洛伊》三部曲最受评论界重视，被称为20世纪的杰作。

贝克特世界观的焦点在于两种不同的悲观，一种是轻易的、不在乎思索一切的悲观；另一种是在无法避免的悲惨境遇中，痛苦地面对现实而产生的悲观。前者的悲观由于认为一切事物皆没有价值，因此有其极限；而后者则试图从相反的观点去解释，认为既然没有价值可言，也就谈不上再降低其价值。这就是内在的净化及来自贝克特的黑色悲观主义的生命力量。而且，这种悲观主义以其博大丰富的同情，拥抱了对全人类的爱。因为这种达到痛苦顶峰的绝望已达到变化的极限，从而深知如果没有了同情，所有的境界都将消失。贝克特的作品发自近乎绝灭的心境，似乎已承担了全人类的不幸。

贝克特的主要作品包括：《等待戈多》、《剧终》、《最后一局》、《尸骸》等。其中成名作《等待戈多》1953年在巴黎演出时引起轰动，连演了300多场，成为战后法国舞台上最叫座的一出戏。

荐读理由

1953年首演的《等待戈多》是戏剧史上真正的革新，也是第一部演出成功的荒诞派戏剧。

《等待戈多》是一出两幕剧。第一幕，两个身份不明的流浪汉弗拉季米尔和爱斯特拉冈，在黄昏小路旁的枯树下，等待戈多的到来。他们为消磨时间，语无伦次，东拉西扯地试着讲故事、找话题，做着各种无聊的动作。他们错把前来的主仆二人波卓和幸运儿当作了戈多。直到天快黑时，来了一个小孩，告诉他们戈多今天不来，明天准来。第二幕，次日黄昏，两人如昨天一样在等待戈多的到来。不同的是枯树长出了四五片叶子，波卓成了瞎子，幸运儿成了哑巴。天黑时，那孩子又捎来口信，说戈多今天不来了，明天准来。两人大为绝望，想死没有死成，想走却又站着不动。剧作无论从剧情内容到表演形式，都体现出了与传统戏剧大相径庭的荒诞性。

贝克特主张："只有没有情节、没有动作的艺术才算得上真正的艺术。"他的确把《等待戈多》的情节与动作减到了极低的限度，这出戏没有人们通常所理解的故事情节和戏剧冲突。用剧中人物的话说：他们在前一天"谈了一天的空话"，"做了一场噩梦"，但今天又是这些空话和噩梦的重复。这正是贝克特虚无主义人生观的体现，这种虚无主义包含着对现实的极端不满，他笔下的人物对生活的空虚不堪忍受。

贝克特以戏剧化的荒诞手法，揭示了世界荒谬丑恶、混乱无序的现实，写出了在这样一个可怕的生存环境中，人生的痛苦与不幸。剧中代表人类生存活动的背景是凄凉而恐怖的。人在世界中处于孤立无援、恐惧幻灭、生死不能、痛苦绝望的境地。"我们腻烦得要死，这是没法否认的现实。""咱们已经失去咱们的权利。"剧中主人公弗拉季米尔和爱斯特拉冈总是唠叨不停，这样可以证明他们自己还存在，可以不必思想，从而逃避现实。他们的唯一希望是等待戈多，可戈多究竟是谁？他代表什么？剧中没有说明，观众更是无人知晓。

西方评论界对《等待戈多》有各种各样的解释，而贝克特始终拒绝对自己的这部作品作出解释。比较通行的看法是：戈多是一种象征，可能象征着"虚无"、"死亡"，也可能是某种被追求的超验。戈多代表了生活在惶恐不安的现代社会的人们对未来若有若无的期盼。英国评论家马丁·艾林斯认为："这部剧作的主题并非是戈多而是等待，是作为人的存在的一种本质特征的等待。"

先睹为快

爱：咱们到哪儿去？

弗：离这儿不远。

爱：哦不，让咱们离这儿远一点吧。

弗：咱们不能。

爱：干吗不能？

弗：咱们明天还得回来。

爱：回来干吗？

弗：等待戈多。

爱：啊！（略停）他没来？

弗：没来。

爱：现在已经太晚啦。

弗：不错，现在已经是夜里啦。

爱：咱们要是不理会他呢？（略停）咱们要是不理会他呢？

弗：他会惩罚咱们的。（沉默。他望着那棵树）一切的一切全都死啦，除了这棵树。

爱：（望着那棵树）这是什么？

弗：是树。

爱：不错，可是什么树？

弗：我不知道。一棵柳树。

[爱斯特拉冈拖着弗拉季米尔向那棵树走去。他们一动不动地站在树前。沉默。]

爱：咱们干吗不上吊呢？

弗：用什么？

爱：你身上没带绳子？

弗：没有。

爱：那么咱们没法上吊了。

弗：咱们走吧。

爱：等一等，我这儿有裤带。

弗：太短啦。

爱：你可以拉住我的腿。

弗：可是谁来拉住我的腿呢？

爱：不错。

弗：拿出来我看看。（爱斯特拉冈解下那根系住他裤子的绳索，可是那条裤子过于肥大，一下子掉到了齐膝盖的地方。他们望着那根绳索）拿它应急倒也可以。可是它够不够结实？

爱：咱们马上就会知道了。攥住。

[他们每人攥住绳子的一头使劲拉。绳子断了。他们差点儿摔了一跤。]

弗：连个屁都不值。

[沉默。]

爱：你说咱们明天还得回到这儿来？

弗：不错。

爱：那么咱们可以带一条好一点的绳子来。

弗：不错。

[沉默。]

爱：狄狄。

弗：嗯。

爱：我不能再这样下去啦。

弗：这是你的想法。

爱：咱俩要是分手呢？也许对咱俩都要好一些。

弗：咱们明天上吊吧。（略停）除非戈多来了。

爱：他要是来了呢？

弗：咱们就得救啦。

[弗拉季米尔脱下帽子（幸运儿的），往帽内窥视，往里面摸了摸，抖了抖帽子，拍了拍帽顶，重新把帽子戴上。]

爱：嗯？咱们走不走？

弗：把你的裤子拉上来。

爱：什么？

弗：把你的裤子拉上来。

爱：你要我把裤子脱下来？

弗：把你的裤子拉上来。

爱：（觉察到他的裤子已经掉下）不错。

[他拉上裤子。沉默。]

弗：嗯？咱们走不走？

爱：好的，咱们走吧。

延展阅读

《马洛伊》三部曲

在贝克特早期的小说作品中，最重要的是三部曲系列《马洛伊》、《马洛伊之死》和《无名之人》。贝克特作为一流小说家的地位是由这三部连贯的作品奠定的。这三部小说所表现的主题和贝克特的长篇小说《莫菲》是基本类似的，却在形式上作出了很多革新。贝克特吸取了法国诸多文学流派的元素，包括象征主义和意识流技法。在内容上，故事和情节已经被彻底淡化，主人公被限定在极小的空间内，甚至形体本人也已经非人化，如同是一些在寻找替身的符号系统。这种特质远远超出了现代主义的范畴，已经具有某些后现代主义的气质了。贝克特的小说在结构上独树一帜。他的小说大多采用一种环形封闭的结构，情节不断繁衍而又不断消解。主要情节被不断打结和扯断，直至被叙事彻底解构。

《思想家》

〔英〕布莱恩·麦基　著

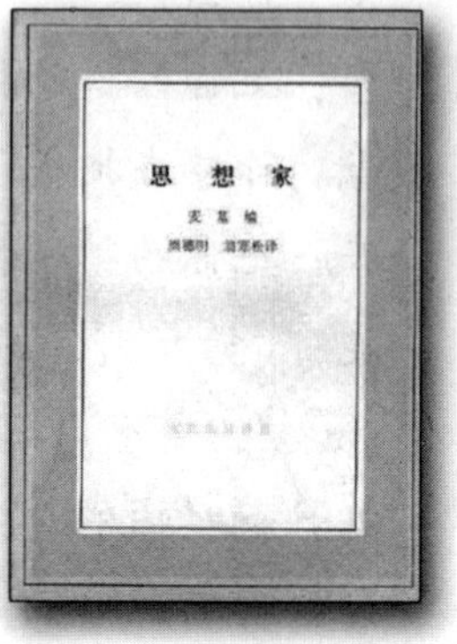

关于作者

布莱恩·麦基，曾就读牛津大学，获得过史学、哲学、政治学和经济学学位，做过牛津公学的主席。

1956 年，布莱恩·麦基获得了耶鲁大学哲学系的奖学金，之后离开学院，成了一名独立撰稿人、批评家和播音员。麦基被称为“学者型”的主持人。他曾在英国广播公司主持了一个哲学访谈节目，后根据访谈内容集结成文集《思想家》，广受好评。

1970 年，麦基重返大学，成为牛津大学巴里奥学院的哲学教师。他对胡塞尔和海德格尔的哲学都持批评态度。与此同时，麦基在媒体领域继续勤耕不辍，为《时代》周刊撰写专栏。

1984 年到 1994 年，麦基成为伦敦大学国王学院思想史的荣誉高级研究员，如今他还是这个学院的客座教授。

荐读理由

20 世纪 70 年代中期，英国广播公司播放了电视系列节目《思想

家》，邀请五位当代西方著名的哲学家（包括以赛亚·伯林、马尔库塞、奎因、乔姆斯基、德沃金等）到节目中与主持人布莱恩·麦基对谈，直接面对非专业的、很少哲学知识背景的观众。这种在电视中进行哲学对话的形式，十分新颖，很受欢迎。随后，麦基整理了哲学对话的内容，编纂成哲学通俗读本《思想家》。

本书汇集了当下哲学界的经典叙述，以浅显易懂的方式呈献给读者。在本书中，伯林谈为什么要学哲学，马尔库塞谈法兰克福学派，巴雷特谈海德格尔和存在主义，奎因谈维特根斯坦，艾耶尔谈逻辑实证主义，威廉斯谈语言学哲学，爱尔谈道德哲学，奎因谈他自己的思想，西尔勒谈语言哲学，乔姆斯基谈他自己的思想，普特兰谈科学哲学，德沃金谈哲学与政治，默尔多赫谈哲学与文学，盖尔耐尔谈哲学的社会背景。

在对话中，麦基并非以抛砖引玉的方法与哲学家对话，而是直接提出质疑、追问甚至是挑战。这些“诘问”激发了访谈者在当下环境中对经典问题的重新思索。以麦基与伯林的对话为例：他首先问怎么让普通人对哲学感兴趣，然后问为什么普通人会拒绝追究假定的东西，再要求伯林举例说明哲学家是怎么质疑假定的前提的，接下来他的问题是：什么是哲学的命题、为什么有那么多语言的问题、什么类型的问题是有解的、怎么在回答模糊问题时取得实质性的成果等等。在麦基的追问下，伯林将哲学的本质分析得十分清晰，使读者有一目了然之感。

在本书中，读者可以看到这些当今思想大师怎样通俗简明地阐发自己的主张，从而了解 20 世纪西方主要哲学思想的源流、发展与现状。本书深入浅出，通俗易懂，历来颇受大学生和哲学“门外汉”们的青睐。

先睹为快

作为入门的先导，首先提出几个最根本的问题：为什么应该对哲学感兴趣？哲学的重要性何在？究竟什么是哲学？

首先，哲学本身就是十分有趣的，它们涉足的对象往往都是一些作为许多寻常信念的基础的假设。受柏拉图影响的苏格拉底说：未经审视的生活是无价值的生活。《柏拉图对话集》是论述最终价值——即对传统世故提出质疑的最早和最丰富的泉源。每一个好的哲学家都是传统观念的挑战者。

你根本不知道应该怎样去解答这些问题，或者说，当你有了一个令人辗转反侧的问题而又不清楚应该如何去解答它时，这便是哲学的开端了。每一类学科、每一科活动都有自己的哲学，哲学可以用来阐释任何概念，可以用来分析任何活动。

"什么是光?"、"什么是好?"、"什么是时间?"之类的问题，极像小孩子问的问题，哲学家们就是那种不为这类问题所厌烦、所吓唬而愿意尽力去解答它们的人。儿童由于大人的厌烦最终不会再去提出这些问题，而那些不完全被条件限制的儿童有时就成了哲学家。

马克思主义哲学必定是出现于近150年间，甚至更长一个时段中的最具影响力的哲学。在所有哲学问题中，马克思主义哲学的确给了人们所有的答案，的确对世界、对历史、对整个生活作了全面的阐释，的确为所有的人、所有的事物规定了目的。

马克思主义试图消灭传统意义上的哲学，而用以它自己为代表的社会的科学取而代之。人的发展被解释成依赖于物质生产能力的增长的发展。生产及产品如何分配决定社会的全部结构。社会的经济结构决定法律、政治、艺术、科学和社会的正统观念。

人们的一切行动、思想和欲望都必须反映统治阶级的利益。历史在这里成了一部不同经济阶级相互对抗、无穷争斗的剧本。一切是非善恶、真伪美丑，都由阶级利益决定。马克思主义者试图用雄辩来取消哲学，而把它变成一种社会科学。这种社会科学的目的，与其说是为了解决哲学问题，不如说把哲学问题变成实际问题，尤其是变成马克思主义自称找到了科学答案的那些社会的和政治的实际问题。这就是马克思主义一些最难令人信服的地方。

人类社会要想发展走出最原始的状态，就必须专业化，而一旦专业化，个人就必须依赖于他人，也就是说，他成了一架生产机器。这就叫“异化”，所有这一切都起源于劳动的分工。

共产主义，是这样一种理想社会，它不仅消除异化，而且也不存在任何形式的内部分裂。马克思主义对必然性的坚信，却给暴力行为提供了便利，由此他们接受了一种可以用暴力摧毁一个制度的观念，这是他们的救世主希望的一个特征。

从某种意义上说，马克思主义是一种应用于政治的关于战争的永恒理论。有人说，像苏联这样的社会是马克思主义理论的误用，理论走上歧途。但也有另外的学派对此加以否定，认为这一结果一直隐含在马克思理论中。有人曾断言如果列宁的观点付诸实践，一定会产生一个警察国家。

马克思主义的观点是：革命之后随之而来的应当是一个民主、自律的社会。最后泰勒说：列宁是一个伟大的政治战略家和那个领域的一个非常清晰的思想者。对于斯大林，还是少说为妙。但是期望这些人都成为哲学家也未免过分。

延展阅读

《哲学的故事》

本书是麦基对从古希腊至今的西方哲学 2500 年思想史的综述。本书阐明了主要哲学问题，关注了重要的问题，分析了伟大哲学家的代表作，是西方思想史的入门书。

《一生的学习》

〔印〕克里希那穆提　著

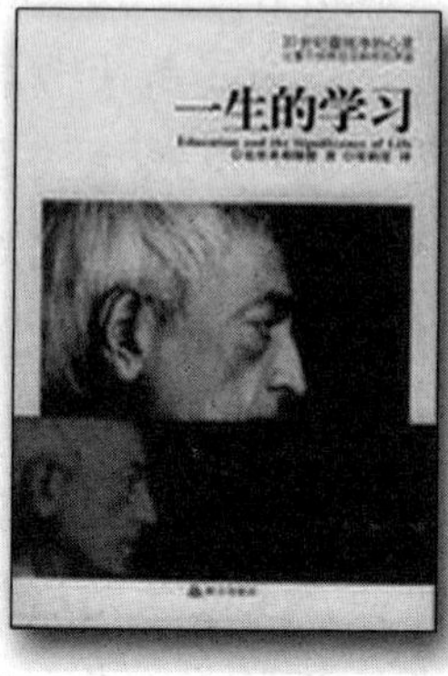

关于作者

见《人生中不可不想的事》之“关于作者”。

荐读理由

本书文字浅显，娓娓道来，但其中蕴含的哲理却需要一品再品、并随着一字一句慢慢去体会。书里面并没有丝毫宗教主义和神秘主义的色彩，凝聚着作者纯净的人生体会。

在《一生的学习》中，克里希那穆提谈得最多的是教育问题：我们配做父母吗？想想我们曾经受过的教育，想想我们是如何一天天变得平庸的。如果教育只是像用模具来塑造各种标准样式的人，教导人们去寻求安全感、成为重要人物，或是早日过上舒服日子，那么，教育只有助长这个世界的不幸与毁灭；如果教育只是一个职业、一项赚钱的方法而已，那么老师怎么会用爱心去帮助每一个学生，让他们对自己和这个世界充满好奇？

从这些问题出发，作者对教育提出了三点建议：首先，教育从心开始，追求心灵的宁静；第二，教育在爱与善良中升华；第三，教育在自我认识中超越。克里希那穆提认为教育不应该鼓励人去附和社会或与社会消极地和谐相处，而应经由公正探讨和自我发觉去发现人的真正价值。他还认为教育的功用在于培养具有智慧的完整的人，而通过考试、掌握知识和技能的人并不一定有智慧。正确的教育不仅仅是传授知识，更重要的是培养学生的独立思考能力，让他们了解自身、消除恐惧，因为真理是无限的，纯属于个人的领悟。

关于自我认识的话题在本书中也多有提及：固定的思维方式往往限制了人们的行为，我们在思考问题的时候可能大多是考虑某某事情要如何做、某某问题要怎么解决，从来很少考虑这些问题应该是怎样的、为什么会这样。习惯了一种东西或是一种思维方式，不想改变的时候，也许正是危险的时候。对此，本书给出了睿智的解答：要发现事物的真正意义，我们必须先觉察自己的心理过程而唤醒我们的智慧，我们必须着手探究一切将我们封闭于其中的价值观。

传统的教育，使独立思考变得极端困难，附和随从导致了平庸；教育的真正意义是自我了解，因为整个生活汇聚于我们每个人的身心。本书无论是对教师还是父母，都在教育观念上提供了高屋建瓴的思考方式，为人们开展教育活动另辟蹊径。

先睹为快

无知的人并不是没有学问的人，而是不明了自己的人。当一个有学问的人信赖书本、知识和权威，借着它们以获取了解，那么他便是愚蠢的。了解是由自我认识而来，而自我认识，乃是一个人明白他自己的整个心理过程。因此，教育的真正意义是自我了解，因为整个生活是汇聚于我们每个人的身心。

目前我们所谓的教育，只是由书本聚集见闻、知识，这是任何懂得阅读的人都办得到的。这种教育提供了一条巧妙的逃避自我之途，如同其他所有的逃避方式一样，它无可避免地制造出有增无减的苦难。冲突和混乱，是由于我们和他人、事物、概念之间差错的关系而产生，除非我们了解此项关系而改变了它，否则，仅仅知识的学习和堆砌，各种技能的获取，都只会将我们导向更深的混乱和毁灭。

在我们现在的社会里，我们将子女送入学校，学习一些技能，借此在来日谋生。我们对孩子最急切的渴望，就是将他塑造成一个专家，希望给予他一个安全的经济地位。然而，技术的训练能使我们了解自己吗？

虽然，显而易见的，懂得念书写字、学习土木工程或其他某种职业，是必需的，然而技术能给予我们了解生活的能力吗？技术，无疑地，是次要的；如果技术是我们唯一奋力以求的东西，那么我们就摒弃了生活中最主要的东西了。

生活，是痛苦、喜悦、美、丑、爱，一旦我们将它整体地加以了解，那么这项了解在各方面都会创出它应有的技术。不过，相反的说法就不是真的了：技术永远无法产生创造性的了解。

今日的教育已全盘地失败，因为它过分强调了技术。由于这种技术的过分强调，我们便毁灭了人。磨炼技能和效率，然而对生活却不了解，对思想、欲望的行踪不能领悟，只会使我们变得日益残暴无情，以至于触发战争，危害了我们肉体上的安全。由于单单培养技术，已经制造出许多科学家、数学家、造桥工程师、征服太空的人，但这些人了解生活的整体过程吗？一个专家能把生活加以整体地体验吗？唯有当他不是专家时，这才有可能。

人要令自我消散，生活在爱与善之中。而达到这一点的前提是要有智慧，即思考自己的天赋与能力，看清自己与其他个人、社会的关系，以生活在自由之中，而不是根据某个理想或模式去套自己，让自己不自由。

教育的目的，就是让学生得到做人的智慧。让他们学会思考分析自己的人生。达到这一目的的方法，就是教师在爱与善中关怀他，让他按自己的需要去发展，而不要加以限制。

延展阅读

《谋生之道》

本书是作者的另一部精品。

作者在本书中探讨了我们每天都须忙碌却并不一定都肯投入的工作方式。置身于疯狂的生产、制造、消费和浪费的世界中时，我们很少有人花时间去想，我们的工作是否在扭曲自己？是否在危害我们的生存环境？我们能否偶尔停下来，欣赏一下生活的美？我们一天之中，至少要花三分之一的时间去读书、去劳动、去伤脑筋，这是为了什么？只为了一件事——为现在和以后的生计而努力。因此谋生之道这个问题，实在是我们每个人最切身又无法漠视的重要课题。

《帕斯卡尔式的沉思》

〔法〕皮埃尔·布尔迪厄　著

关于作者

皮埃尔·布尔迪厄（1930—2002），出生于法国贝恩亚厄，是当代法国最具国际性影响的思想大师之一，曾任巴黎高等研究学校教授、法兰西学院院士。早在1972年布尔迪厄就已出版了经典的社会学著作《实践理论概要》，1975年布尔迪厄创办了《社会科学的研究行为》杂志，1980年布尔迪厄出版了另一部重要著作《实践的逻辑》。

布尔迪厄的国际性学术影响是从20世纪80年代后期开始急速上升的，他几近百科全书式的作品完全无视学科界限，从人类学、社会学和教育学到历史学、语言学、政治科学、哲学、美学和文学研究，都有所涉猎。布尔迪厄向当今的学科分类提出了多方位的挑战。他在涉及范围极广的不同领域中提出了很多专业性的质询：从对农民、艺术、失业、教育、法律、科学、文学的研究，到对亲属关系、阶级、宗教、政治、体育、语言、住房问题、知识分子、国家等的分析。布尔迪厄还具有融合各种不同的社会学风格的能力，从艰苦的人种论阐述到统计学模式，到抽象的、元理论的和哲学的论辩等等，布尔迪厄一律照单全收，他向已被公认的社会科学的思维模式提出了多方位的挑战。

布尔迪厄认为古典社会体现了主观论与客观论的一种对立。主观论者往往对信念、欲望、行动者的判断等估计过高，而客观论者则力图从物质、经济条件、社会结构或文化逻辑等方面来解释社会思想与行为，并把这些因素看成是非同一般的，比行动者的象征结构、经验和行为更为强有力的东西。布尔迪厄认为，无论是客观论还是主观论都不可能真正理解社会生活。在他看来，社会生活必须从下列角度来理解，即既要公平对待客观物质、社会的和文化的结构，又要公平对待正在建构的实践和个人与团体的经验。布尔迪厄在许多文章中还试图克服与之相关的两种知识之间的对立，即一方面是外部观察者建构的有关社会世界的理论知识，另一方面是由那些对他们自己的世界具有实践性把握的人所运用的知识。最终，布尔迪厄试图超越科学与其对象之间的对立。他把科学看作社会场的一部分，把科学家看作社会场的产物。他认为科学场并不拥有不同于其他场的特权；它也是行动者为了改善其地位而通过权力来建构的。科学在分析行动者的观念对建构社会现实所作的贡献时，同时也认识到那些观念经常也会误认社会现实。同样的，科学家对自身现实的建构（科学场和科学行为的动机），也会经常误认科学场的现实。正是在这个意义上，布尔迪厄认为必须倡导一门反观性的社会科学，必须克服主体与客体、文化与社会、结构与行为等普遍存在的理论对立面。正是在这个意义上，布尔迪厄有效地把现象学和结构方面的探索融入一种完整的、认识论的连贯性模式之中，这一模式是具有普遍运用价值的社会质询的模式，是康德意义上的人类学，但却是一种具有高度区分性的人类学，因为它包含了对分析者自身活动的分析，而分析者正是通过这一活动从理论上来解释他人实践的。

荐读理由

本书是一本研究帕斯卡尔哲学思想的书籍。书中内容包括：对经院理性的批判、经院错误的三种形式、理性的历史基础、通过身体的认识、象征暴力与政治斗争、社会存在、时间和存在的意义等。本书是阐明作者哲学思想的著作，但这不是一种脱离社会生活的经院式哲学，而是实践的哲学，关于强力、习惯、身体、想象、偶然的哲学，揭示了关于人的观念。取得一定成就的人文科学，应该得出一种关于人的观念，这种观念被这门科学的方法和结果包含，但基本上处于不言明的状态。这种揭露，对于更好地从事科学并让人更好地理解和接受它都是必要的。

布莱士·帕斯卡尔是法国著名的数学家、物理学家、哲学家和散文家，主要贡献是在物理学上，发现了帕斯卡定律，并以其名字命名压强单位。同时他在哲学上的贡献也不容忽视，在其哲学著作《思想录》里，帕斯卡尔对人作了全面的分析，认为人不能不追求真理却达不到真理，不能不追求善良却达不到善良，不能不追求幸福却达不到幸福。所求的达不到，达到的非所求，这就是人的悲剧。它甚至不仅指贫困的生活、令人绝望的专制、失意的爱情，连那些人们自以为是幸福的东西其实也是危险和不幸。

因为帕斯卡尔的人类学思考针对经院观点只能忽视的人类存在特征：强力、习惯、自动机、身体、想象、偶然、可能性；还因为他提供了人文科学为了实现其解放应该进行的一种象征革命的口号：真正的哲学嘲弄哲学，所以《帕斯卡尔式的沉思》一书在帕斯卡尔的影响下开展了对一系列状况的合理批判，最主要的包括：对思想的最激进的质疑实际上却没有考虑所有精神作品的一种隐藏的或被压制的条件。这是因为它们是在闲暇、娱乐与世界和实践保持距离的状态下产生的。但这种状态是有系统的、认识论的、伦理的或审美的错误的根源，应该对这种根源进行一种合理的批判。

先睹为快

因为我们包含在这个世界中，所以在我们对它的想法和说法中就有不言明的东西。为了让思想摆脱不言明的状态，我们不应该满足于这种有思维能力的思想回归自身，我们一般把这种回归与反思性观点相联系；只有对思想万能的幻想才能让人相信，最根本的怀疑能够搁置某些前提，这些前提与我们纳入我们思想中的各种各样的加入、归属、包含有关。无意识，就是历史——产生思想范畴的集体历史，以及这些范畴由以灌输给个体历史：比如，我们可以从（在所有历史中是最平常的，但在哲学的或其他的思想史中不存在的）教育制度的社会史和我们与这些制度的（被遗忘或被压制了的）独特关系史中期待几个关于客观和主观结构（分类、等级、问题体系等）的真正发现，这些结构总是不由自主地支配着思想。

人文科学其实通向一种否定哲学。这种否定哲学，对最基本的前提，尤其是一个自由的和对自身透明的“主体”的前提提出了质疑，而且多亏了维特根斯坦、奥斯汀·杜威或皮尔斯这些异端哲学家，它更新了对于暴力、权力、时间、历史、普遍性甚至生存意义的传统提问。由此而来的是一种无疑令人惊异的，也许令人反感的人类形象，因为这种形象与自发的观念决裂。而学术观念对这种观念的认可，大大超出了它以为的程度。

存在着经院场自主的一个对立面和经济隔绝支持的社会隔绝的一种代价。尽管相对于一切决定性的独立性自认为是自由的且有选择性的，但它只能在一种相对于经济和社会必要性（它通过这种必要性与在性别和社会等级中占据特权地位密切相连）的有效距离之中并通过这种距离获得和实现。经院空间及其所有产物——由一种绝对特权实现的普遍成果——的基本模糊性，建立在这个事实上，即与生产世界的经院隔绝既是解放性的中断，又是包含一种歪曲的可能性的分隔、分离：如果对经济和社会必要性的搁置允许出现自主的场，即只知道和承认其固有法则的各种（帕斯卡尔意义上的）等级，那么这种搁置也有将经院思想禁锢在被忽视或被压制的前提的限制之中的危险，除非特别警觉，因为脱离现实世界包含着这些限制。

延展阅读

《实践理性：关于行为理论》

本书是布尔迪厄对自己数年来探讨的“行为理论”的一个总结。通过对空间、时间、实践、卡比利亚的礼仪和亲属关系、文学作品、国家精神、艺术感知范畴、学校制度等诸方面多维度的深化探索，对诸如“场域”、“习性”、“资本”、“象征”等概念进行了全面而深入的阐释。作者致力于就法国特殊情况而构建的模式的普遍性。这些模式建立在关系的哲学和性情倾向的行为哲学上。

《你的第一本哲学书》

〔美〕托马斯·内格尔　著

关于作者

见《人的问题》之“关于作者”。

荐读理由

《你的第一本哲学书》是一本简短的哲学导论。该书最早于1987年由牛津大学出版社出版，在美国与罗素的《西方哲学史》齐名，是哲学入门的必读书目，同时风靡全球，已被译成20种文字。

就像书名所表达的那样，作者是想通过“你的第一本哲学书”，让那些一般读者将之作为自己在哲学方面拥有和阅读的第一本书，这样的书理所当然是入门书，因为内格尔说出了一个引人深思的问题。看到它的人也许都会开始跟着作者一同思考，当身处这个世界中时，我们周围千姿百态的事物到底都意味着什么，具有什么含义？不难发现，这其实就是哲学最开始的困惑，也是人生在世相当基本的谜题。

在对哲学问题的具体讨论中，内格尔的著述不像其他哲学导论或哲学史作者所写的那样，将哲学问题以及对哲学问题的探讨，变成一种与数量繁多的哲学家和哲学理论交织在一起的文本。后者正是我们观念中理所当然的哲学导论写法，因为在哲学史上，有许多值得重视的哲学理论和哲学家，所以，即使一些篇幅不是特别长的哲学导论，对那些最具代表性的哲学家和哲学理论进行介绍更是无法避免的事情。然而，《你的第一本哲学书》恰恰与常见的哲学导论著作写法相反，全书不仅看不到任何一位哲学家的名字，而且也基本看不到那些名目繁多的哲学理论与五花八门的“主义”。之所以说“基本看不到”，是因为在行文和论证的过程中，内格尔还是用到了非常有限的几个专门术语，例如唯我论、怀疑论、决定论、二元论以及物理主义等，但我们可以看出，内格尔已尽可能地将繁冗的哲学概念过滤掉了。

全书共九章，除去导言之外，九个章节的内容分别对应作者精心选择的九个不同的哲学问题。按照哲学类型的区分，它们可划归在三个分支领域里，其中包括认识论、知识论的“外部世界是否存在”、“词语的意义”，心灵哲学的“他人的心灵”、“身心问题”，以及伦理学的“自由意志”、“对与错”、“公正”、“死亡”和“生命的意义”。这些不同的哲学问题乃至哲学领域其实也正是内格尔本人最为倾心的部分，在多年的哲学思考中，作者一直对这些问题进行着持续的辨正。

而本书的目的不是要给出答案，而是以一种非常平易的方式把读者引向哲学问题。与其先学上一大堆哲学理论，不如首先对这些理论所要尝试解答的问题产生困惑：我们如何知道外部世界的存在？我们如何知道他人心灵的存在？身体与心灵的关系是怎样的？词语的意义何在？我们有自由意志吗？什么样的行为是对的，什么样的行为是错的？什么样的不平等是不公正的？内格尔用生动的语言、高超的分析技巧，以及深刻而冷静的洞察力向我们充分展现了哲学思考的真正旨趣。

先睹为快

在掌握有关这个世界的大量知识之前，我们的分析能力往往就已经高度发达了。大概 14 岁左右，许多人就开始独自思考哲学问题：什么东西真实存在？我们能够确切地知道某事吗？是否真的有是非对错？生命有意义吗？死亡是结束吗？几千年来，关于这些问题有许许多多哲学著作，但是，哲学的素材直接来自于我们生活于其中的世界以及我们与它之间的关系，而不是以往的著作。因此，即使是那些从未读过这类著作的人，也会一而再、再而三地想到这些问题。

哲学的核心在于一些特定的问题，而在面对这些问题时，具有反思能力的心灵就会自然而然感到困惑。开始学习哲学的最好方式就是直接思考这些问题。一旦你开始了这种思考，你就可以更好地理解那些想要解决同样问题的人们的著作了。

哲学不同于自然科学和数学。它不像自然科学那样依赖于实验或观察，而只是依赖于思想；它也不像数学那样有形式化的证明方法。研究哲学只是提出问题、进行论证、形成观点，并且思考对它们可能的反驳，从而弄清楚我们的概念究竟是如何工作的。

我们每天都使用一些平平常常的概念，却从未加以反思；而哲学的主要工作就是去询问和理解这些概念。历史学家可能会问在过去的某个时间发生了什么，但是哲学家会问："时间是什么？"数学家可能会探索数之间的关系，但是哲学家会问："数是什么？"物理学家可能会问原子的成分是什么，或者重力是由什么引起的，但是哲学家会问："我们怎么知道在我们自己的心灵之外，还会有别的东西存在？"心理学家会去研究孩子是如何学会一门语言的，但是哲学家会问："是什么使得一个词意指某个东西？"任何人都可以问，不买票溜进电影院是不是错误的，但是哲学家会问："是什么使得一个行为有对错之分?”

如果我们在一生的大多数时间里，不把时间、数、知识、语言、对错等等这些观念看成是天经地义的，我们就无法生活；但是，在哲学中，我们探究的是这些观念本身。这样做的目的就是为了更深入地理解这个世界以及我们自身。当然这并不容易。你要探究的概念越是基础，可以帮助你的工具也就越是匮乏。这里没有多少东西可以让你不假思索地相信，或者视为理所当然。所以说，哲学思考是一种多少有点让人感到眩晕的活动，而且其成果中没有多少可以长期免于非议。

延展阅读

《哲学入门九堂课》

本书是作者的另一部精品。

除了阅读哲学史和哲学家的著作、与哲学大师对话之外，还有一种认识哲学的入门方法：直接思考哲学问题本身。为此，托马斯·内格尔特别开设了九堂哲学入门课，带领所有想要一窥哲学奥秘的初学者直接、一步步地思考与我们切身相关的九个哲学问题，包括我们如何知道外部世界存在、他人之心、身心关系问题、语词的意义、自由意志、对与错、公正、死亡、生命的意义。在这九堂入门课中，我们不需求助于古往今来的哲学家，就能像哲学家一般地思考。上过这九堂课之后，我们不仅能对哲学有基本的认识，更可以成为具有独立思考能力的小小哲学家，进而让哲学成为安顿心灵的工具。

图书在版编目（CIP）数据

一生读书计划. 哲学书架 / 主编潞潞; 编著韩沛奇, 刘新华. -- 太原 : 山西教育出版社, 2016.7

ISBN 978-7-5440-8270-9

Ⅰ. ①一… Ⅱ. ①潞… ②朱… Ⅲ. ①哲学-推荐书目-世界 Ⅳ. ①Z835

中国版本图书馆CIP数据核字(2016)第010430号

yishengdushujihua zhexueshujia

一生读书计划 · 哲学书架

主　编　潞　潞　朱晋平

编　著　韩沛奇　刘新华

出 版 人　雷俊林

选题策划　孙　铁

出版统筹　魏雪萍

责任编辑　樊丽娜

排版统筹　许艳秋

装帧设计　后声 HOPESOUND Pankouyugu@163.com 小海馬·书装

出版发行　山西出版传媒集团 · 山西教育出版社

（太原市水西门街馒头巷7号　邮编　030002）

印　　装　山东临沂新华印刷物流集团有限责任公司

开　　本　787 × 960　1/16

印　　张　27.5

字　　数　300千字

版　　次　2016年7月第2版　2016年7月第1次印刷

书　　号　ISBN 978-7-5440-8270-9

定　　价　43.90元
